大学教官歴 35 周年記念著作

# 地方創生と労働経済論

中央大学経済研究所客員研究員

## 木村武雄 著

五絃舎

# 緒　言

　還暦時に新たに３つのローンに加え，４つのローンを抱えることになった。以前からあるローンは１回目の大学院博士課程の時代に日本育英会から借りたもの。１回も返済金に滞たことがない。自分の貯金を下ろして払ったこともあった。やっと 30 年以上もかかって 63 歳で返済が終了。その間にいつの間にか日本育英会は日本学生支援機構に名称が変わっていた（東京世田谷区の新聞専売所に住み込んで，４年間学費と生活費を全額賄った）。

　二つ目のローンは，父の相続を機に，自宅兼アパートの建設資金の銀行ローンで 30 年のものである。返し終わるのは，私が 90 歳の時である。三つ目と四つ目のローンは，二人の妹たちから借りた利息（当該銀行ローンとほぼ同じ率）付きの父相続金の後払い金。この資金は実家の建設資金の一部となった。これは 20 年のローンで，返し終わるのは，私が 80 歳の時である。銀行ローンは二人の妹たちへのローンの合計とほぼ同じ額。貸家からの家賃は，後者の３つのローンと固定資産税（長妹名義になったものも含め）とアパートの修理代等の雑費でほぼ収支均衡。したがって還暦時に結婚した妻との生活費は，私の大学の非常勤（60-61 歳週１コマ，62-63 歳同２コマ，64 歳同３コマ）で賄わなければならない。足らない分は，父の相続金，大病に備えた予備の貯金や生命保険を取り崩し（妻に残すものがない）で補った。早朝の単純労働に恥を忍んで夫婦で勤務したこともあった。生きることは大変なこと。でも一つだけ救われたことは妻という畢生の至宝を得たことであった。孫も視野に入ってきた。それを励みにしたい。前向きに生きることが重要である。

　閑話休題，本書は『10 ヵ国語経済・ビジネス用語辞典』，『地方創生と日本経済論』に続く「大学教官歴 30 年超シリーズ」第３弾である。

　本書の特徴を次に掲げる。

① 労働経済論を部分的・体系的・理論的把握すると共に，労働経済の評価や経済用語の解釈に当たっては，拙著『10ヵ国語経済・ビジネス用語辞典』（創成社）の標準的方法論及び概念規定を参考にした。

② 基礎から応用への架橋を心がけた。本格的専門書の入門編であることに徹して，各論にはより高度な内容に導ける最新の参考文献を巻末に発行年順の参考文献表も掲げた。

③ 労働経済論を補強するために周辺学問領域の連携も必要である。日本経済や経済思想の考え方を重んじ，第1部で日本経済の労働活力の源泉である地方経済を取り上げた。2014年の「地方消滅」に叛旗を掲げた地方の活力を体現した地方自治体を分析した。1年分の講義用の「地方創生論」である。網羅的ではないものの，いわば日本経済のミクロ分析である。第2部は「経済思想」である。これは高崎経済大学経済学部で4年間教えた「現代経済思想」の講義ノートをベースに，「労働経済」や「日本経済」に関する部分を詳述した。経済学史略年表や経済思想家列伝を巻末に付し，完璧を期した。

　最後に本書の刊行に際しては，株式会社五絃舎の長谷雅春取締役社長をはじめスッタフの皆様に大変お世話になりました。記して厚く御礼申し上げます。そして新妻福美の理解と献身的な協力にも付言したい。


2017年黄金週間，　鎌倉の寓居にて

木村武雄

# 目　次

## 緒　言

### 第1部　地方創生

第1講　愛媛県と今治市のタオル業 —————————— 2

第2講　大分県と日田市の大山町農協 ————————— 5

第3講　岐阜県と郡上市の小水力発電 ————————— 9

第4講　埼玉県と入間市の金・同合金展伸材 ——————13

第5講　熊本県と天草市の地場産業 —————————16

第6講　愛知県と飛鳥村の臨海工業地帯 ———————19

第7講　栃木県と下野市の干瓢 ———————————23

第8講　宮城県と山元町の苺 ————————————26

第9講　千葉県と八街市の落花生 —————————29

第10講　新潟県と燕市の金属洋食器 ————————32

第11講　山形県と鶴岡市のハイテク蜘蛛の糸 ————35

第12講　富山県と高岡市の銅再生地金 ———————39

第13講　和歌山県と北山村のじゃばら ———————42

参考文献 ——————————————————46

### 第2部　経済思潮

第1講　経済思潮史概論 ——————————————50

第2講　ケネーと重農主義 ————————————58

第3講　アダム・スミスと英国古典派 ———————65

第4講　リカードと比較生産費説 —————————72

vi

第 5 講 マルサスと人口論 ——————————————77

第 6 講 ミルと賃金基金説 ——————————————80

第 7 講 古典派経済学の整理 ——————————————84

第 8 講 リストとドイツ歴史学派 ——————————————86

第 9 講 マルクスと労働力 ——————————————91

第 10 講 限界革命と欧州 ——————————————95

第 11 講 メンガーとオーストリア学派 ——————————99

第 12 講 ワルラスと一般均衡理論 ——————————104

第 13 講 ジェヴォンズ ——————————————108

第 14 講 マーシャルとケンブリッジ学派 ——————112

第 15 講 ケインズとマクロ経済 ——————————116

第 16 講 古典派・限界派・ケインズ派 ——————120

第 17 講 シュムペーター ——————————————122

第 18 講 ピグーと厚生経済学 ——————————126

第 19 講 ミーゼス，ハイエクと社会主義計算論争 ——129

第 20 講 フリードマンと自然失業率仮設 ——————133

第 21 講 サミュエルソンと新古典派総合 ——————136

第 22 講 ヒックスとIS・LM分析 ——————————139

第 23 講 コースと企業理論 ——————————142

第 24 講 ゲーム理論 ——————————————145

第 25 講 クズネッツと近代経済成長 ——————148

第 26 講 ソローと経済成長 ——————————154

第 27 講 ルーカスと合理的期待形成 ——————158

第 28 講 マーコヴィッツと金属工学 ——————161

第 29 講 センと経済倫理 ——————————164

第 30 講 レオンチェフと産業連関分析 ——————167

第 31 講 マンデルとオープン経済論 ——————172

第 32 講 ミードと国際収支 ——————————180

第 33 講 オリーンと貿易理論 ——————————183

第34講　ルイスと二重経済————————————191

第35講　トービンと q 理論 ————————————195

第36講　シュルツ，ベッカーと教育の経済学————————199

第37講　経済思潮各派と経済政策————————————203

## 第3部　労働経済論

第1講　労働経済学とは何かと M 字カーヴ——————————208

第2講　労働供給とバック・ベンド——————————————214

第3講　労働需要と完全競争市場——————————————219

第4講　失業と自然失業率仮説————————————————223

第5講　賃金とその決定及びトレード・ユニオン————————231

第6講　賃金格差と人的資本—————————————————236

第7講　労働者と差別及びアファーマティヴ・アクション————242

第8講　非正規の労働者とサービス経済化——————————246

第9講　女性労働者と雇用均等法——————————————252

第10講　高齢者雇用とラジアー理論—————————————256

第11講　雇用調整とレイ・オフ———————————————261

第12講　労使関係と囚人のジレンマ—————————————266

第13講　経済の構造変化と雇用制度及び社会システム—————270

巻末付録

　キーワード一覧（経済思想）————————————————276

　研究課題（経済思想）———————————————————278

　経済学史略年表——————————————————————285

　経済思想家列伝——————————————————————291

索引（事項）————————————————————————299

索引（人名）————————————————————————301

# 第1部　地方創生

# 第1講　愛媛県と今治市のタオル業

## 1. 愛媛県の日本における位置づけ

### (1) 歴史的位置づけ

　古代史で開発は古く，愛比売の名は『古事記』にも見られる。奈良時代には今治に国府や国分寺が置かれ，平安時代には荘園が発達した。15世紀には河野氏が勢力を振るったが，16世紀半ば過ぎに国内が乱れ，長曽我部元親の支配を許した。秀吉の四国征伐後は，小早川氏・福島氏・戸田氏が統治。関ヶ原後，今治に藤堂高虎，松山に加藤嘉明が封じられて築城した。江戸時代伊予は松山・今治・西条・宇和島・小松・吉田・大図・新谷の8藩と天領に分かれ，松山に四国目付役として松平氏がいた。明治維新の廃藩置県では9県に細分され，間もなく松山・宇和島の2県になったが，1873（明治6）年に愛媛県に統一された。1876年から讃岐と伊予を合わせて愛媛県となったが，1888年に香川県が分離，現在の県域になった。松山・今治・新居浜・西条の4大都市を含み，11市9町0村（2014.3.31）からなる。

### (2) 経済的位置づけ

　1人当たり県民所得（2011年度）は267.3万円で全国平均（291.5万円）を下回っている（東京の6割弱）。経済センサスによると，全国の製造業の売上高は299兆8千億円の内，愛媛県は4兆4千億円（1.46%），同付加価値額48兆5,929億円の内，愛媛県は4,836億円（0.99%）に過ぎないが，従業員1人当たりの製造品出荷額等は山口県（6,833万円），大分県，千葉県，和歌山県に次ぐ全国

5位 (5,398万円) である (2011年)。品目別工業製品年間出荷額の「非鉄金属」は全国(2012年)8兆9,228億円の内，1位愛媛県6,998億円，2位茨城県6,872億円，3位大阪府6,565億円，4位埼玉県5,472億円。愛媛県の西条市4,960億円，新居浜市1,988億円の寄与が大きい。主な生産物は，伊予柑 (2011年) 全国シェア91% (全国1位)，裸麦 (2013年) 同31% (同1位)，キウイフルーツ (2013年) 同26% (同1位)，養殖真鯛 (2012年) 同54% (同1位)，タオル (2012年) 同53% (同1位)，祝儀用品 (2012年) 同48% (同1位)，障子紙・書道用紙 (2012年) 同42% (同1位)，養殖真珠 (2012年) 同37% (同1位)。

## 2. 今治市とタオル業

①厳しい現実

　中国産により，生産量は4分の1，500社から156社。しかし，セーフガード発動せず。

②過去の成功例の呪縛

　㋐1960年代―日本一の産地。四国のマンチェスター。いいものを作っていれば売れる。職人的なプライド。㋑1970年代―海外ブランドのOEMで生産量UP。複雑で繊細な柄を表現できる技術。メーカーの発想。

③過去の成功体験を払拭し，ゼロ・ベースで見直し。×「白いタオル＝贈答用の安物」→「白いタオル」を高付加価値に集約→吸水性に徹底的に拘泥する。→ロゴを統一し，厳しい品質管理。そして，各メーカーが「品質基準」に留意しつつ，独自要素をブレンドして競争する。しかし，組合各社がスクラムを組んで，「値下げ交渉」に対抗。

　ヨーロッパ中世時のギルド制を彷彿させる。

④国内・海外市場でそれぞれ違うブランドを発信する。共通項は「白いタオル」。

⑤国内市場は日本人の感性に訴える戦術。つまり，日本人好みの優しい繊細なイメージを追求。品がよくて，優美な感性。高価格・高品質路線。おしゃれで一味違う上品さ。

4

⑥㋐新宿伊勢丹で常設販売。

　白い色のタオルで豊かな表現。1万円のバスタオルでプレミアム感を演出。

　㋑南青山にアンテナ・ショップ。

　白木張りのディスプレイ。タオル・ソムリエとコミュニケーション。

⑦海外市場は外国人向けに厳かで，荘厳な雰囲気を醸し出すイメージ戦略。

⑧㋐フィンランドの展示会「ハビターレ」に出展。　白木張りの内装で，寿司
　カウンターと神社をイメージ。毎年出展して，「ジャパン・ブランド」の浸
　透を図る。

　㋑インテリア見本市「100％デザイン」

**（引用文献）**

1.　増田寛也監修『地方創生ビジネスの教科書』文藝春秋，2015 年 8 月 30 日。

2.　『データで見る県勢 2015 年版第 2 4 版』矢野恒太記念会，2014 年 12 月 1 日。

3.　『都市データパック 2014 年版』東洋経済新報社，2014 年 7 月 16 日。

4.　『民力 2015　2014-2015』朝日新聞出版，2015 年 8 月 30 日。

5.　『地域経済総覧 2015 年版』東洋経済新報社，2014 年 10 月 1 日。

6.　『地方自治体財務総覧 2015 年版』東洋経済新報社，2015 年 7 月 8 日。

**キーワード**

国分寺，長曾我部元親，藤堂高虎，加藤嘉明，OEM，マンチェスター，中国産，ロゴ，
ブランド。

**研究課題**

今治のタオル業は何故成功したか。

# 第2講　大分県と日田市の大山町農協

## 1.　大分県の日本における位置づけ

### (1) 歴史的位置づけ

　大化の改新(645年)により，豊前・豊後に国府が置かれ，太宰府に統括された。1190年代大友能直が豊後国守護として入国し，土着豪族を征服して多くの荘園を治め，武家政治体制を確立した。豊後は鎌倉・室町幕府を通じて大友氏が支配したが，17代義鑑，18代義鎮（宗麟）の時代にその勢力は九州北半全域に及んだ。1593（文禄2）年大友氏転封後は，豊臣氏・徳川氏の小藩分立政策で全く統一を欠き，幕末には中津・杵築・府内の譜代大名のほか，外様大名・神領・天領・他国大名の飛び地が介在する複雑さであった。廃藩置県で9県になった豊後国は，その後大分県に統合，後小倉県の一部が編入され現在の県域が確定した。現在14市3町1村（姫島村）（2014.3.31）。

### (2) 経済的位置づけ

　1人当たり県民所得（2011年）は248.8万円で全国平均291.5万円を下回って30位（東京の56.9%）。有効求人倍率（2013年）は0.78。従業員1人当たり製造業出荷額等（2012年）は山口県6,502万円に次ぐ2位の6,124万円である。人口10万人当たりの病院の病床数は1,704.2床で全国10位，同一般診療所（ベッド数19以下）は全国2位の349.4床。主な生産物（2011・2012年）は，カボス（全国シェア96%），乾燥椎茸（同48%），温泉湧出量（同11%）以上全国1位，本格焼酎（同18%）は全国3位。

## 2. 日田市と大山町農協

①「ひた」の由来は4世紀頃, 当地を治めていた久津姫の名が略され,「久津の国」「久の国」となり。更に訛って「比多」の国となった。日田市は県西部に位置し, 福岡・熊本両県に接する。津江山系を源流とする諸河川が日田盆地で三隈川となり筑後川へと下る。北部九州の交通の要衝として栄え, 江戸時代は天領として独特の町民文化が繁栄。梅や花卉（観賞用植物）, わさび栽培等も盛ん。大山町を含む周辺5町村を2005年3月に日田市に編入合併。しかし, 大山町農協は独立を保つ。

②五馬媛の里

収穫イベントや里山散策を楽しんでもらう広大な「テーマパーク」。

2015（平成27）年3月20日開園。東京ドーム5個分に相当する22ヘクタールに200種類を超す樹木1万8千本以上が植えてある。野鳥が囀り, 雉が住み着いていて周囲は長閑の一言。五馬媛は古墳時代にこの地にいたという女性指導者の名に由来する。

③桃源郷

梅, 桜, 躑躅, 紫陽花, 等の花が季節ごとに山を覆う桃源郷のような里山が出現した。

④梅・栗植えてハワイに行こう

大山町農協が1961年「ウメ・クリ植えてハワイに行こう」のキャンペーンで高付加価値農業を推進した。稲作や牛の飼育をやめて有機栽培の高付加価値農業にいち早く着手。体験学習と位置づけたハワイ旅行は毎年継続している。72年天候に左右されないキノコ栽培や少量多品種（エノキ, ハーブ, クレソン）と食品（柚子胡椒）に重点。90年農産物直売の先駆け「木の花ガルテン」を開店。2001年「木の花ガルテン」にレストラン部門を開設。2015年「五馬媛の里」をオープンに至った。農林水産省出身で農村活性化の事例に通暁している太田豊彦大分県副知事は「身の丈に合った投資で地域の活性

化に取り組んでいる」と評価。

⑤元祖一村一品の町

大分県知事の発案の「一村一品運動」のモデルで，農業の6次産業化の先駆けでもある大分大山町農業組合が新しい挑戦を始めた。里山で都市生活者との交流で，商業化を図る。

⑥農業の6次産業化

農業経済学者今村奈良臣東大名誉教授の発案。農民自ら生産した農畜産物を加工し，消費者への直達を通じて農村地域に雇用と付加価値を創出して所得向上を目指す。農業の生産（第1次産業）＋食品加工（第2次産業）＋流通・販売（第3次産業）。農業で自立するための手段。今村は後に農地・農業の喪失は $0 \times 2 \times 3 = 0$ となる警鐘から，グリーンツーリズム等とのネットワーク化を含め，積「第1次産業×第2次産業×第3次産業＝第6次産業」と再定義。これには流通が加工を，加工が農業生産者を支配する $3 \times 2 \times 1 = 6$ 化への危惧と否定の意味もある。2013年の政府「成長戦略」に掲げられたが，今村の危惧は流通より資金需要に着目した金融の支配で具現するかもしれない。

⑦木の花ガルテン

1990年直売店「木の花ガルテン大山本店」を開店。今では福岡，大分に9店まで拡大。2001年からはレストラン部門を始めた。木の花ガルテンの来客は年間100万人。約7キロ離れた「五馬媛の里」には将来，その半分の50万人の来客が目標。

⑧大山ブランド

農村活性化のパイオニアである大山町農協が「五馬媛の里」を始めるのは「大山ブランド」の強化。椎茸，エノキ，ハーブ，クレソン，柚子胡椒等。

⑨稼ぐ農業で若者定着

大山町農協は大山町地区の5人に1人が正会員。2014年春，3人を新卒採用した。全員が農家の後継者で，大学を卒業して地域に戻る。矢羽田組合長は「サラリーマンと同収入があり，週休3日換算の労働時間で足りる。これ

8

なら後継者は自ずから出てくる」。

⑩人口は半世紀で半減

2015年3月末，同地区の人口は2,900人と50年前に比べ半減。しかし隣接する前津江町や中津江地区の人口は20%〜40%減で，周辺に比べ減少率は低い。その要因は強い農業にある。


**(引用文献)**

1. 「地域で克つ　大分・大山町農協，新たな挑戦」『日本経済新聞』2015.5.18 朝刊。
2. 『データで見る県勢 2015』
3. 『都市データパック 2014 年版』


**キーワード**

大友義鎮，豊前，豊後，比多，五馬媛，桃源郷，ハワイ，一村一品，6次産業化，大山ブランド。


**研究課題**

大山町の挑戦はどんな所が日本で先駆的なのか。

# 第3講　岐阜県と郡上市の小水力発電

## 1.　岐阜県の日本における位置づけ

### （1）歴史的位置づけ

　先史時代(旧石器時代～弥生時代, 6世紀半以前, 550年以前)の遺跡分布をみると, 石器や縄文式土器は飛騨地方, 弥生式土器は濃尾平野を中心に美濃地方から多く出土, 両地方の開けた年代が異なることを示す。古墳時代には美濃の開発が次第に進み, 大和朝廷の勢力は西濃から東濃方面へ広がった。大化の改新（645年）により, 美濃と飛騨の行政区画が明白となり, 美濃の国府は現在の不破郡垂水町府中に, 飛騨の国府は吉城郡国府村広瀬に置かれた。美濃は古くから東西交通の要衝をなし, 清和源氏の祖源経基の子孫が代々美濃守としてこの地を治め, 南北朝時代（1336-1392）には土岐氏が幕府と結び勢力をふるった。戦国時代にはいると, 美濃・飛騨の豪族が入り乱れる戦乱の舞台と化し, 斎藤氏は土岐氏を滅ぼして美濃を支配したが, のち尾張の織田信長に屈した。江戸時代, 美濃国は幕府直轄領や多くの大名・旗本領等に分割されるに至り, 飛騨国は幕府直轄領となった。1871(明治4)年の廃藩置県により, 美濃はぎふとなり, 飛騨は筑摩県に合併後, 76年には岐阜県に編入, 現県域が決定した。現在21市19町2村（2014.3.31）からなる。

### （2）経済的位置づけ

　1人当たり県民所得（2011年度）は265.7万円（27位）で, 全国平均（291.5万円）を大幅に下回っている(東京の60.8%)。しかしながら, 有効求人倍率(2013

*10*

年）は 1.08 で，東京 1.33，愛知県 1.31 に次ぐ北陸 3 県（富山県・石川県・福井県）と一緒のグループに属する。全国屈指の就職状況である。従業員 1 人当たり製造品出荷額等（2012 年）は 2,450 万円で，全国平均（3,708 万円）を大幅に下回る。最下位は秋田県 1,736 万円，次は高知県 1,926 万円，鳥取県 2,159 万円，新潟県 2,299 万円，島根県 2,306 万円，山形県 2,336 万円，鹿児島県 2,369 万円，沖縄県 2,379 万円についで当該県の岐阜県。主な生産物（2012 年）は，理髪用刃物（全国シェア 70%），タイル（同 59%），包丁（同 56%），油圧シリンダー（同 49%），陶磁器製和飲食器（同 42%），提灯（同 42%）給排水用バルブ・コック（34%），以上全国 1 位。

## 2. 郡上市と小水力発電事業

①郡上市のプロファイル（豊かな水の町）

「ぐじょう」の由来は公募により決定。平安時代に「郡」として成立した歴史的にも由緒ある名前であることから。平成 16（2004）年 3 月 1 日に，八幡町・大和町・白鳥町・美並村・明宝村・和良村の 7 町村が合併し誕生。岐阜県の粗中央部に位置し福井県に接する。市域には高原が広がり，また 24 本もの一級河川が流れ，雄大な自然と美しい水に恵まれる。岐阜市，高山市，福井市，高山市等に通ずる交通の要衝。400 年以上の歴史ある郡上踊りで有名。郡上市は「快適で活力溢れる”和”の郷」を基本理念，産業振興や生活環境の向上そして伝統文化の伝承と人づくりを目指す。

②郡上市の福井県県境にある「石徹白地区」の小水力発電事業

豊富な水資源を活かした小水力発電を行い，売電収入で，地域に根差した産業を生み出し，若者の定住化を図ろうとする計画。

③「石徹白農業用水農業協同組合」（小水力発電を目的とした極めて珍しい農協）

石徹白地区では，農業用水で小水力発電を行う際の出資を募る為，「石徹白農業用水農業協同組合」を設立。地区の約 100 世帯粗全てが出資し，岐阜県，郡上市からの補助金を得て総額 2 億 6,000 万円の事業。2016 年に発電能力

100 キロワット時の小水力発電を稼働。発電所が計画どおり稼働すれば，集落の実質的な電力自給率が 100% を満たすばかりか，年間約 2,000 万円の売電収入が見込める。

④「地域再生機構」2006年設立。岐阜県を中心とするネットワーク型NPO法人。副理事長（2007 年〜）平野彰秀氏が「県内で持続可能な地域づくり」の研究会に参与していた関係から駒宮博男理事長がスカウト。平野氏の石徹白地区への小水力発電導入の提案を受け入れ，実施。同機構の目的は「地域の自治の再生を通じて，持続可能な社会の実現を目指す」。個人同士が網状組織（ネットワーク）状に繋がっている組織。

⑤「やすらぎの里いとしろ」（地域ＮＰＯ法人）高電力料で休業中だった事業再開の副産物

2008 年から農協，再生機構と協働で農業用水路に３機の水力発電機を順次設置。この過程で，今まで電気代が嵩む為「稼働しない方がまし」だった地域の食品加工所の電力の一部を賄えるようになり，加工所再開に繋がった。

⑥石徹白地区の特産物は糖度の高い玉蜀黍

従来，石徹白地区は夏場，昼夜の温度差を利用して栽培する糖度の高い玉蜀黍をそのまま出荷していた。加工所が再開したことにより，玉蜀黍の乾燥製品も商品化できた。また，冬場には他地域から蜜柑や甘藷等の乾燥製品づくりの請負も可能になり，年間を通じて加工所が稼働することによって，産業として成立した。

⑦将来展望

売電収入を活かして木質チップによる発電構想。昔は山の財産区に出ていた補助金が粗ゼロになり，森林資源の手入れが行き届かなくなった。間伐材を木質チップにして発電する仕組みが出来れば，治山に繋がる。持続可能な社会実現にも繋がる。『山の利息』で長い時間をかけて（暮らしが）成立するのが山間地の姿だと期待をよせている。

⑧戦前・終戦直後の石徹白地区

石徹白地区は，岐阜・福井両県境に聳える霊峰・白山への「白山信仰」の拠

点として歴史的に栄えた。明治維新後に開削された重要な農業用水路。冬場は2〜3メートル積もる豪雪地帯なので，雪を被った山に囲まれた原野を勢いよくながれる用水路は生命線。小水力発電もこの先人が作った用水路が前提。大正時代には小水力発電を設置し，地区の消費電力を全量賄っていた。第二次大戦後には復興需要で林業関係者が移住し，1950年代には約1300人が生活していた。昭和40年代には地元の出資でスキー場を開設した。

⑨郡上市は「消滅可能性」自治体。日本創生会議が指摘。これに対し，地元NPO法人が反発。

⑩石徹白ビジョン

2009年「地区唯一の小学校を30年後も残そう」。

⑪地域づくりのこつ（行政との適度の関係が必要）（平野彰秀）

1行政に頼り過ぎない，2行政のせいにしない，3行政を敵視しない。

⑫石徹白地区の移住者増加への取り組み

40代の住民がホームページで，地元のメリットをPR。2009年以降，Iターンだけでも7世帯20人が定住。


**（引用文献）**

1. 『データで見る県勢2015』
2. 『都市データパック2014年版』
3. 時事通信社編『全論点人口急減と自治体消滅』284-287頁。


**キーワード**

縄文式土器，飛騨，美濃，斎藤道三，小水力発電，若者定住，地域再生機構，農業用水路，行政の役割。


**研究課題**

1. 郡上市の石徹白地区は地域振興に成功したといえるか。
2. 小水力発電は石徹白地区ではどのような役割を負ったか。
3. 地域再生と行政との関わりはどのような形態が望ましいか。
4. 石徹白地区では地域再生の伝統が続いているのか。

# 第4講　埼玉県と入間市の金・同合金展伸材

## 1．埼玉県の日本における位置づけ

### (1) 歴史的位置づけ

　大化の改新（645年）により，武蔵国が置かれ，後に高句麗（高麗）・百済・新羅等の帰化人が移住して大陸文化を伝え，山麓地方を中心に開発を進めた。平安後期には関東地方各地に武士団が成立，ことに＜武蔵七党＞が勢力を張っていた。鎌倉末期から南北朝時代末期に架けてこの地でも戦乱が相次ぎ，室町幕府の成立によって関東管領の支配下に置かれた。戦国時代には上杉・北条・武田諸氏の抗争の場となったが，やがて北条氏の治下に置かれ，江戸時代になると，川越・岩槻・忍三藩と幕府直轄領に別れた。江戸に近接する地であることから，幕府は治水・産業育成に努める一方，中山道・奥州街道・日光御成街道等が整備され，その沿線には多くの宿場町・市場町が発達した。1871（明治4）年の廃藩置県後，埼玉・入間の両県が設置，73年入間県は群馬県に統合され熊谷県となった。76年熊谷県を廃止，旧入間県を埼玉県に併合して現県域が粗決定した。埼玉県は40市22町1村（2014.3.31.）。

### (2) 経済的位置づけ

　1人当たり県民所得（2011年度）は，278.5万円で全国平均（291.5万円）を下回っている（東京の63.7％）。東京を100とすると指数では，2位茨城県69.6，3位栃木県67.6，4位神奈川県66.9，5位群馬県66.1，6位千葉県64.5，7位埼玉県63.7。5位，6位，7位は年度により入れ替わる傾向である。

有効求人倍率（2013年）の0.62も関東1都6県で最低の数値である。1位東京1.33，2位群馬県1.02，3位栃木県0.86，4位茨城県0.82，5位千葉県0.73，6位神奈川県0.68，7位当該県。この0.62という数値は沖縄県の0.53に次ぐワーストである。10万人当たりの病床数は856.2床で，神奈川県815.8床に次ぐ全国でワーストである。主な生産物（2012年）は，金・銅合金展伸材（全国シェア73%），光学レンズ（同44%），節句・雛人形（同43%），香辛料（同35%），一般インク（同32%），医薬品製剤（同15%），中華麺（同14%），小松菜（同17%）以上，全国シェア第1位。

## 2. 入間市と金属加工工業

①入間市のプロファイル

「いるま」の市の名称は一般公募による。万葉集で「いりま」と歌われ，和名抄では「いるま」と呼ばれたことから。入間川が市北部を流れていることも理由。県南西部，東京都心から40km圏に位置。地形は起伏に富み，武蔵野の面影を多分に残し，自然環境に恵まれた住宅都市として発達。鎌倉時代から茶が栽培され，狭山茶の主産地。地場産業である製茶業及び繊維業に加え，武蔵工業団地や狭山台工業団地を中心に電機・機械産業等が立地。

②金属加工業による雇用の創出，産出高（経産省調査統計グループ）

埼玉県の製造業事業所数（2012年）は，1万2,184（内入間市306）社，同従業員数は，37万2,308(内入間市1万14,484)人，同出荷額等は，12兆1,393億3,800万円（内入間市3,872億4,100万円）。製造業出荷額等の内，非鉄金属1,151億3,300万円で，入間市が，県下トップである。これは，市町村別ランキングでは全国11位である。因みに第1位西条市(愛媛県)4,960億円，2位大分市4,575億円，3位日立市3,871億円，4位直島町（香川県）3,829億円，5位六ヶ所村（青森県）3,316億円，6位堺市（大阪府）2,659億円，7位射水市（富山県）2,287億円，8位新居浜市（愛媛県）1,988億円，9位名古屋市港区1,635億円，10位真岡市（栃木県）1,398億円，11位入間

市（埼玉県）1,151 億円，12 位大阪市此花区 1,104 億円。

**(引用文献)**

1. 『都市データパック 2014 年版』東洋経済新報社，2014 年 7 月 16 日。
2. 『地域経済総覧 2015 年版』東洋経済新報社，2014 年 10 月 1 日。
3. 『データで見る県勢 2015 年版第 2 4 版』矢野恒太記念会，2014 年 12 月 1 日。
4. 『民力 2015　2014-2015』朝日新聞出版，2015 年 8 月 30 日。

**キーワード**

武蔵国，武蔵七党，万葉集，いりま，製造業事業数，製造業従業員数，製造業出荷額，
非鉄金属。

**研究課題**

入間市と金属加工業について書け。

# 第5講　熊本県と天草市の地場産業

## 1. 熊本県の日本における位置づけ

### (1) 歴史的位置づけ

太古より「火の国」または「肥の国」と呼ばれ，大化の改新（645年）の頃，肥後の国府が現熊本市に置かれた。中世（鎌倉・室町時代）には阿蘇氏と菊池氏が権勢をほこり，戦国時代（1467-1573年）にはさらに相良氏が大友・島津氏らと争ったが，秀吉の天下統一により佐々成政が肥後の領主となった。関ヶ原後（1600年）は加藤清正が肥後一円を支配し，熊本城を築き，治水・干拓等の工事を進めて領地の開発に努めた。1632（寛永9）年，小倉から細川氏が移封されて，54万石を領し，養蚕・製蠟（蜂 or 鯨 or 綿から取るワックス）・製紙等の産業を興し，教育振興を図った。明治維新後，神風連の乱・西南の役等の舞台ともなったが，1876（明治9）年，今の県域による熊本県が成立。現在14市23町8村（2014.3.31）からなる。

### (2) 経済的位置づけ

1人当たり県民所得（2011年度）は239万円，全国36位で，全国平均（291万円）を遥かに下回っている（東京の5割弱）。有効求人倍率（2013年）は，0.84倍で，全国平均（0.93）を下回っている（東京1.33）。生活指標で，特筆に値することは，10万人当たりの病床数は1956.7床で，全国3位。1人当たり医療費（2011年）35.2万円で全国9位，10万人当たりの医師数266.4人全国10位，平均寿命（2010年）男子80.29才全国4位（79.59才），女子86.98

才全国4位（86.35才）。従業員1人当たり製造品出荷額（2012年）は2,657万円で全国32位。主な生産物（2011/2013年），デコポン（全国シェア35%），夏蜜柑（同26%），トマト（同16%），葉たばこ（同15%），すいか（同15%），メロン（同15%）以上全国1位。

## 2. 天草市と地場産業

①天草市のプロファイル

「天草」の由来は，天草諸島の中心にあるため。天草とは，古事記に「天両島」とあり，海土の民草を意味し，海洋民族の島とも言える。日本創成会議から2040年には人口が6割以上減少すると予測された熊本県天草市。06年3月2市8町が合併し，県内では熊本市，八代市に次ぐ3番目に大きな都市。人口は約8万7千人だが，1950年代の17万人から半減した。九州西部に浮かぶ天草諸島の中心部に位置し，新鮮な海産物に恵まれ，南蛮文化を伝えるキリスト教遺産も点在する。観光地としての人気も高いが，人口減少や高齢化，小規模企業の廃業がとまらない。天草市の課題は人口減少で特に20~24才の若年層が域外に大量流出してしまうことである。

②豊富な農林水産資源，南蛮文化等の観光資源をもとにした起業家の育成。

若者定着，人口増加の目的，大規模企業の誘致困難。

③起業創業・中小企業支援センター」の設立。

2015年度に設立し，17年度までの3年間に100社の法人設立，300人の雇用創出を目途。

④商店街の隣接地に今まで市庁舎内にあった，市の「まちづくり支援課」「観光振興課」を移す。

⑤節約により財源確保

老朽化した市役所庁舎取りやめ。68億→48億円。

⑥浮かせた財源で，地域振興策や保険医療・福祉政策費用

小学校3年生までの子供医療費無料化を2014年秋に中学3年生までに引き

*18*

上げた。

⑦子育て支援の強化。

15 年度からは保育園の保護者負担軽減。保育園が整備され，待機児童ゼロに。その結果，

⑧合計特殊出生率は 1.85。

全国平均（1.38）を上回る（東京 1.11）。熊本県は 1.61。県下の人吉市が最高の 1.94 に次ぐ数値。水俣 1.83，合祀 1.74，上天草 1.72，阿蘇 1.70，荒尾 1.70，菊池 1.69，八代 1.65，山鹿 1.64，宇城 1.62，宇土 1.61，玉名 1.56，県都の熊本市が最低値 1.49。

**（引用文献）**

1. 中村五木「地場産業育成と中心商店街の活性化をてこに」時事通信社編『全論点 人口急減と自治体消滅』時事通信社，2015 年 2 月。
2. 『データで見る県勢 2015 年版第 24 版』矢野恒太記念会，2014 年 12 月 1 日。
3. 『都市データパック 2014 年版』東洋経済新報社，2014 年 7 月 16 日。

**キーワード**

古事記，肥後，佐々成政，加藤清正，起業家，財源確保，待機児童，大企業の誘致。

**研究課題**

天草市は人口増加で成功したと言えるのか。

# 第6講　愛知県と飛鳥村の臨海工業地帯

## 1. 愛知県の日本における位置づけ

### (1) 歴史的位置づけ

昔の尾張・三河2国に当たり，古来東西交通の要地となり，戦国時代（1467-1573年）末期には，全国を統一した織田信長・豊臣秀吉・徳川家康がこの地から出た。1871（明治4）年の廃藩置県では，名古屋県等13県を経て2県となり，翌72年現在の愛知県となった。現在38市14町2村（飛鳥村，豊根村）(2014.3.31) からなる。

### (2) 経済的位置づけ

1人当たり県民所得（2011年度）は310.5万円は東京，静岡県に次いで3位である（平均291.5万円，東京の71%）。有効求人倍率（2013年）1.31（東京に次ぐ2位）は，平均0.93を大きく上回っている。2014年4~6月季節調整値データでは東京1.55を上回る1.57をマークしている。工業統計（2012年）では特筆の事項は，工業製品の付加価値額11兆9,385億円，製造品出荷額等40兆1,978億円で2位を2倍以上引き離して断トツ1位である。生活指標（2013年）では10万人当たりの病床数908.4床で神奈川県，埼玉県に次ぐワースト3位。総理府「2012年度都道府県決算状況調」で，全国の地方財政歳出の民生費（老人福祉費,児童福祉費含む）は7兆3,024億円で1人当たり（1億2,751万人）で計算すると，5万7,269円。愛知県4万2,533円で全国平均の74%。東京は6万2,970円で全国平均の109%。神奈川県は3万7,406円

で全国平均の 65% でワースト。主な生産物（2012 年），電動工具（全国シェア72%），梳毛（サージ・ウーステッド・ギャバジン）洋服（同 58%），ガスコンロ（同52%），パチンコ，スロット（同 48%），衛生陶器（41%），輸送用機械器具（同38%），あさり（同 64%），観葉植物（2013 年，同 52%）以上全国 1 位。

## 2. 飛鳥村のプロファイル

　名古屋市に隣接する愛知県飛鳥村は，人口 4,500 人足らず。面積が約 22.53平方メートルしかない小規模自治体である。 海に面し，村の殆どが海抜ゼロメートル以下である。村の南部は名古屋港の一角を占め，日本でも有数の港湾物流拠点となっている。コンテナ埠頭が整備され，木材や鉄鋼，航空機産業，さらに火力発電所といった各種事業所が集積する。狭い村内に一大臨海工業地帯を抱えているのである。その一方で，村の北部には長閑な田園風景が広がる。飛鳥村は元々江戸時代に干拓によって開発され，純農村地帯として発展した経緯がある。現在も米・麦・ネギ・ホウレンソウ・花卉（観賞用植物）等の栽培が盛んに行われている（相川俊英『反骨の市町村』）。

①財政力指数 2.13（全国 1 位）

　飛鳥村の税収は 38.1 億円（2010 年度決算，以下同概数）で，内 76% が固定資産税。村内に集積する事業所からの納税が主である。当該村の基準財政収入額 31.6 億円」に対して，基準財政需要額 14.2 億円。借金残高 6.1 億円，累積した繰越基金は 71.6 億円で，49.5 億円の村の年間歳出規模を大きく上回っている。超黒字自治体である。巨額の借金返済に苦しんでる北海道夕張市（2012 年度）「財政力指数」は「0.18」とは対極の存在である。

②充実している子育て支援

　子供の医療費無料は 2012 年度から 18 歳までに拡充した。

③金があっても，人を呼べない。人口減少問題。

　埋立地のため，住宅を建設出来ない市街化調整区域が殆ど。

④西部臨海工業地帯

1971 年 12 月，名古屋湾内の埋立地「西部臨海工業地帯」の西外れの地区に飛鳥村が指定され，村の税収も激増。編入前と比べて，3.6 倍に跳ね上がった。

⑤小中一貫教育

村に 1 校ずつあった小学校と中学校を統合し，小中一貫教育校「飛鳥学園」を開校。

⑥村民子弟の中学 2 年の夏休みに姉妹都市へ短期留学費用全額，村負担。

⑦純農村地帯（江戸時代に干拓）

換金作物の栽培

**(引用文献)**

1．相川俊英『反骨の市町村』講談社，2015 年 3 月 18 日。第 3 章。

2．『データで見る県勢 2015』。

3．『都市データパック 2014 年版』。

**キーワード**

尾張，三河，純農村地帯，臨海工業地帯，財政力指数，医療費無料。

**研究課題**

飛鳥村から得られる教訓を引き出せ。

| 順位 | 都道府県 | 自治体 | 人口（人） | 財政力指数 | 順位 | 都道府県 | 自治体 | 人口（人） | 財政力指数 |
|---|---|---|---|---|---|---|---|---|---|
| 1 | 鹿児島県 | 三島村 | 326 | 0.05 | 1 | 愛知県 | 飛島村 | 4,666 | 2.13 |
| 2 | 鹿児島県 | 十島村 | 604 | 0.06 | 2 | 北海道 | 泊村 | 1,839 | 2.07 |
| | 沖縄県 | 渡名喜村 | 403 | 0.06 | 3 | 青森県 | 六ヶ所村 | 10,972 | 1.62 |
| 4 | 山梨県 | 丹波山村 | 632 | 0.07 | 4 | 長野県 | 軽井沢町 | 19,814 | 1.53 |
| | 島根県 | 知夫村 | 588 | 0.07 | 5 | 神奈川県 | 箱根町 | 12,675 | 1.51 |
| | 鹿児島県 | 大和村 | 1,643 | 0.07 | 6 | 千葉県 | 浦安市 | 162,155 | 1.49 |
| 7 | 北海道 | 島牧村 | 1,719 | 0.08 | 7 | 茨城県 | 東海村 | 38,332 | 1.48 |
| | 北海道 | 西興部村 | 1,146 | 0.08 | 8 | 新潟県 | 刈羽村 | 4,829 | 1.47 |
| | 福島県 | 昭和村 | 1,484 | 0.08 | 9 | 山梨県 | 山中湖村 | 5,906 | 1.45 |
| | 新潟県 | 粟島浦村 | 333 | 0.08 | 10 | 東京都 | 武蔵野市 | 139,535 | 1.43 |
| | 沖縄県 | 伊平屋村 | 1,310 | 0.08 | 11 | 茨城県 | 神栖市 | 94,442 | 1.34 |
| 12 | 北海道 | 初山別村 | 1,361 | 0.09 | 12 | 大阪府 | 田尻町 | 8,422 | 1.31 |
| | 北海道 | 中頓別町 | 1,928 | 0.09 | 13 | 愛知県 | 東海市 | 111,362 | 1.28 |
| | 青森県 | 西目屋村 | 1,493 | 0.09 | 14 | 福島県 | 大熊町 | 10,942 | 1.27 |
| | 山梨県 | 小菅村 | 758 | 0.09 | | 千葉県 | 成田市 | 130,469 | 1.27 |
| | 奈良県 | 野迫川村 | 491 | 0.09 | | 佐賀県 | 玄海町 | 6,300 | 1.27 |
| | 島根県 | 海士町 | 2,297 | 0.09 | 17 | 静岡県 | 長泉町 | 41,912 | 1.26 |
| | 高知県 | 檮原町 | 3,750 | 0.09 | | 三重県 | 川越町 | 14,552 | 1.26 |
| | 長崎県 | 小値賀町 | 2,796 | 0.09 | 19 | 埼玉県 | 戸田市 | 128,345 | 1.24 |
| | 大分県 | 姫島村 | 2,291 | 0.09 | 20 | 群馬県 | 上野村 | 1,370 | 1.20 |
| | 鹿児島県 | 宇検村 | 1,896 | 0.09 | 21 | 東京都 | 調布市 | 223,220 | 1.19 |
| | 沖縄県 | 渡嘉敷村 | 707 | 0.09 | 22 | 静岡県 | 御前崎市 | 34,702 | 1.17 |
| | 沖縄県 | 粟国村 | 775 | 0.09 | 23 | 福岡県 | 苅田町 | 36,066 | 1.16 |
| | | | | | 24 | 新潟県 | 聖籠町 | 14,254 | 1.15 |

出典：総務省「平成24年度市町村別決算状況調」
＊人口は、住民基本台帳に登載された2013年3月31日現在のもの。
［引用文献］　相川俊英『反骨の市町村』66頁。

# 第7講　栃木県と下野市の干瓢

## 1.　栃木県の日本における位置づけ

### （1）歴史的位置づけ

　栃木県の全県域が下野国に当たる。平安（794 ～ 1185 年）後期には，小山・足利・宇都宮・那須氏らの豪族が，また中世（鎌倉・室町時代）には小山・宇都宮氏らの守護が勢力をふるった。江戸時代（1603 ～ 1867 年）には小藩が分立，天領・旗本領も各地に分布し，政治区画は錯綜していたが，日光街道・奥州街道の宿駅が整備され，河川交通も盛んで，江戸との関係は密接であった。1871（明治 4）年の廃藩置県で，栃木・宇都宮の二県を設置，73 年宇都宮県を栃木県に併合，次いで 76 年一部を群馬県に移し，現県域が決定した。14市 12 町 0 村からなる（2014.3.31）。

### （2）経済的位置づけ

　1 人当たり県民所得（2011 年度）は全国 8 位の 295.5 万円で全国平均を上回っている（東京の 67.6%）。有効求人倍率（2013 年）は 0.86 で全国平均 0.93 を下回っている。乗用車の 100 世帯当たり保有台数（2013 年）は福井県 174.2 台・富山県 170.8 台・山形県 167.6 台・群馬県 165.4 台に次ぐ全国 5 位の 162.8 台である。公共交通機関が未整備，稠密でない点が大きい。主な生産物（2012.2013年），干瓢（全国シェア 98%），ウド（同 34%），大麦（25%），いちご（同 16%），カメラ用交換レンズ（同 62%），医療用 X 線装置（同 58%）以上，全国シェア 1 位。

## 2. 下野市と干瓢

### (1) 下野と下野市（3町が合併して市制施行，新生文化都市へ）

　下野市の由来は，下野薬師寺跡（国指定），下野国分寺跡（同），下野国分尼寺（同）等の歴史的遺産を有することからなる。2006年1月，南河内町・石橋町・国分寺町が合併して，市制施行。関東平野の北部，県中南部に位置し，東京85km圏。下野薬師寺跡，下野国分寺跡，児山城跡等の歴史的資源が点在，江戸時代には日光街道の宿場町として栄えた。充実した広域交通網を有し，古くから物流・交通の要衝として発展。JR自治医大駅を中心にニュウタウンによる新市街地が広がる。自治医科大学・同附属病院との協業により，高度地域医療施設の集積と地域医療の充実が図られる。「市民が主役の協業のまちづくり」を推進する為，14年度より自治基本条例に基づくまちづくりを開始。高松市と「歴史文化交流協定」と「災害時に於ける相互支援協定」を締結。町セールスを推進する為下野ブランド認定制度を導入，14年2月に特産物3品，文化財等地域資源4件を追加認定。

### (2) 干瓢—日本一の生産量

　江戸時代から続く300年の伝統。国内シェア98％，生産農家戸数425戸。作付面積157ヘクタール，収穫量393トン（2008年）。

### (3)「かんぴょう」とは

　干瓢は，ユウガオの果実を細く切って乾燥させた食品。寿司（巻寿司）・煮締め・昆布巻等に用いられ，精進料理の出し汁に使うと味がよく出る。一度水に浸けて，柔らかくしてから茹でて，味付けをして用いる。利尿，解毒の効があると言われ，古くから食用とされた。栃木・茨城の両県が主産地。

## （4）食料品生産額（干瓢を含む）

　全国の食料品「製造品出荷額等」の生産額（2012 年）は 24 兆 3,020 億円
の内，栃木県は 4,822 兆円（従業員 4 人以上の事業所）。佐野市 614 億円，さく
ら市 442 億円，栃木市 428 億円，下野市 355 億円が続く。下野市（2012 年度）
で，食料品の「製造品出荷額等」の業種別位置付けの構成比は，輸送 24.6%，
食品 21.0%，木材 8.6% で，高いシェアを占めている。

### （引用文献）
1. 『データで見る県勢 2015 年版第 24 版』矢野恒太記念会，2014 年 12 月 1 日。
2. 『都市データパック 2014 年版』東洋経済新報社，2014 年 7 月 16 日。
3. 『原色現代新百科事典』学研，1968 年。

### キーワード
JR 自治医大駅，ニュウタウン，干瓢，ユウガオ，食料品製造。

### 研究課題
下野市の干瓢生産の問題点は何か。

# 第8講　宮城県と山元町の苺

## 1. 宮城県の日本における位置づけ

### (1) 歴史的位置づけ

大化の改新（645年）以降陸奥国に属し，奈良時代（710-784年）蝦夷地経営の拠点として多賀城（現多賀城町）が置かれ，そこに国府・鎮守府も置かれた。その前線基地として桃生城・伊沼城や牡鹿・新田・玉造等の城柵が作られた。平安時代（794-1184年）初期に坂上田村麻呂の蝦夷討伐が行われ，鎮守府を胆沢城（岩手県水沢市）に移し，多賀城には国府が残った。後期には陸奥に藤原清衡の政権が生まれ，奥州藤原氏100年の治世が始まったが，源頼朝の藤原氏討伐後は葛西氏が奥州総奉行として石巻に居城を定めた。戦国時代（1467-1573年），葛西・大崎・伊達氏の争乱が続いたが，結局伊達正宗の手に帰し，関ヶ原の戦い（1600年）後，仙台に城を移した伊達氏が，江戸時代を通じ，奥州一の大名（62万石）として順調に藩政を進めた。しかし，幕末期に飢饉や水害が増え，明治維新に際しては，奥州列藩同盟を結んで戊辰戦争を引き起こしたため28万石に減封された。廃藩置県後，諸県を合併（1876年）して宮城県となった。現県は13市21町1村（2014.3.31）からなる。

### (2) 経済的位置づけ

1人当たり県民所得（2011年度）は246.1万円で全国32位（東京の56.3%）。東北地方で最高値で他の5県が30台から40位前後に続く。有効求人倍率（2013年）は1.26で全国屈指の数値である。1.24の福島県が続くが

震災復興の影響である。全国最高値は東京の 1.33（平均 0.93）。総理府「2012
年度都道府県決算状況調」で，全国の地方財政歳出の民生費（老人福祉費，児
童福祉費含む）は 7 兆 3,024 億円で 1 人当たり（1 億 2,751 万人）で計算すると，
5 万 7,269 円。宮城県の民生費総額は 3,645 億円で，その年の人口 232.5 万
人で計算すると，15.6 万円で全国平均の 3 倍の水準。因みに福島県は同 9.2
万円。主な生産物（2012 年）は，サメ類（全国シェア 46%），養殖わかめ（同
36%）以上，全国シェア第 1 位。普通合板（同 14%）で全国シェア 2 位。

## 2. 山元町と IT 高級 苺

### (1) 山元町のプロファイル

　宮城県の太平洋沿岸の南端で，福島県の北部相馬と接する。宮城県の仙台エ
リアの 12 都市圏の中の「岩沼都市圏」に属している。岩沼都市圏（2014.1.1）
は岩沼市（4.3 万人），柴田町（3.8 万人），亘理町（3.3 万人）と最小の山元町（1.3
万人）からなる（『民力 2015』）。行政的には亘理郡に亘理町と共に属している。
苺栽培と自動車部品製造を主たる産業とする海辺の町。東北一の日照時間，1
日の気温差が著しいこと，冷たい南西の風が吹き，美味しい苺栽培に最適な自
然環境。被災前の苺出荷額は年間 13 億円で，町の予算 50 億円と比べてわか
るように町の基幹産業だった。

### (2)「復興」でなく「創造」

　2011 年 3 月 11 日，この長閑の町を悲劇が襲い，壊滅的打撃を被った。人
口 1.6 万人の町で 700 人あまりの人が亡くなった。130 軒ある苺農家は 9 割
被災。高齢化と後継者難でただでさえ衰退ぎみだった所に津波が追い打ちをか
け，一時は復興が危ぶまれた。

### (3) いちご名人に弟子入り

　山元町出身で東京に進学しプログラマーだった岩佐大輝がたまたま震災ボラ

ンティア活動で苺農家に派遣されたことからこの物語が始まった。

### (4) IT 農業

IT 農業先進国で農業輸出大国のオランダ視察で，電算機管理されたハウス栽培は 3 倍の生産性があることを学ぶ。

### (5) ブランド化

「みがきいちご」と命名し，「食べる宝石」の概念で，高付加価値化。

### (6) 東京の百貨店へ販路

新宿伊勢丹で高付加価値の苺で販売。

### (7) 印度へ輸出

「農業輸出」を試みる。

### (8) 「固定費」にメス

農業生産法人を立ち上げ，農林水産省から補助金を得て事業化。摘み取りのパック詰めが死角だった。ここが固定費のきもだった。


**(引用文献)**

1. 『データで見る県勢 2015 年版第 24 版』矢野恒太記念会，2014 年 12 月 1 日。
2. 『都市データパック 2014 年版』東洋経済新報社，2014 年 7 月 16 日。
3. 増田寛也編著『地方創生ビジネスの教科書』文藝春秋，2015.8.30.


**キーワード**

陸奥, 多賀城, 藤原清衡, 伊達政宗, 固定費, IT 化, PDCA サイクル, 苺名人, 破壊的創造。


**研究課題**

IT 化に死角はないのか。

# 第9講　千葉県と八街市の落花生

## 1．千葉県の日本における位置づけ

### (1) 歴史的位置づけ

　貝塚分布密度は国内屈指で，堀之内・姥山・加曽利等著名な貝塚があり，菅生，田子台等の住居跡がある。大化の改新（645年）後，上総・下総両国が置かれ，後上総には安房国が独立した。上総は市原，下総は市川（国府台），安房は館山付近が国府・国分寺の所在地で，当時の中心であった。平安時代（794-1185年）の平将門・平忠常の乱後は忠常の子孫千葉氏が勢力を張り，戦国時代（1467-1573年）の争乱を経て，徳川家康の手に帰した。幕府は江戸に隣接する藩屏（垣根）の地として重視し，天領や譜代の小藩に分割，新田・塩田・水運等の開発に努め，地引網漁業等の発展もみたが，佐倉宗吾の事件等著名な農民の反抗もあった。幕末の16藩は1871(明治4)年廃藩置県で24県となり，さらに木更津・印旛の2県に統合，73年千葉県となった。現域決定は75年。当該県域は37市16町1村からなる（2014.3.31）。

### (2) 経済的位置づけ

　1人当たり県民所得（2011年）は282.0万円（全国15位）で全国平均（291.5万円）を下回っている（東京の64.5%）。有効求人倍率（2013年）は0.73で全国平均0.93を下回っている。関東1都6県で，ワースト3の5・6・7位を千葉県・神奈川県・埼玉県が年度により入れ替わる。2012・2013年は5位。製造品出荷額等（従業員1人当たり）（2012年）は6,013万円で，山口県・大

分県に次いで全国3位。10万人当たりの病床数は923.3床で神奈川県・埼玉県・愛知県に次ぐワースト4である。主な生産物（2012/2013年），落花生（全国シェア78%），かぶ（同27%）いわし類（同16%），ネギ（同14%），日本なし（同14%），醤油（同29%），みりん（同27%），ロックアイス（同24%），以上全国1位。

## 2. 八街市と落花生（南京豆）

### (1) 八街市のプロファイル

「やちまた」の由来は明治新政府の施策で，江戸幕府の放牧地だった小金・佐倉両牧を開墾した際，市内の牧の開墾が8番目だったことによる。県のほぼ中央部，東京から50km圏内，京葉工業地帯から20km圏内，成田空港から10kmに位置している。明治期に開墾が進み，鉄道開通後は農産物の集積地として栄えた。落花生や西瓜，人参，里芋等の産地。緑豊かな環境から宅地開発が進み，人口は増加基調にあったが，近年は微減傾向。八街市の完全失業率（2010年）は11.7%で全国813市区で801位，同若年層は807位。総務省「国勢調査」で，「完全失業率」は労働力人口に対する完全失業者の割合。「完全失業者」は，調査週間中に収入になる仕事を少しもしなかった人のうち，仕事に就くことが可能であって，かつ公共職業安定所に申し込むなどして積極的に仕事を探していた人。なお，「若年層」は15〜29歳。

### (2) 南京豆（落花生）

双子葉植物・マメ科の1年草。ペルー及び伯剌西爾の原産で世界各地に栽培されている。一名落花生，英名ピーナッツ。草丈30センチ内外。葉は羽状複葉で互生し，夏に葉の脇に黄色の蝶形花を開く。花は受精すると子房の柄が伸びて地中に入って結実する。品種によって，茎が直立すると匍匐するもの，また粒形に大粒と小粒がある。大粒種は蛋白質に富み，主に煎って食用とし，小粒種は脂肪に富み，落花生油を絞る。

## （3）らっかせい（2013年度）

　農林水産省「作物統計」によると，全国で 16,200 トンの生産量の内、千葉県 12,700 トンはシェア 78.4% で全国 1 位，茨城県 2,000 トンで同 12.3% で 2 位となっている。千葉県産は八街市が主産地。

**（引用文献）**

1.　『データで見る県勢 2015 年版第 24 版』矢野恒太記念会，2014 年 12 月 1 日。
2.　『都市データパック 2014 年版』東洋経済新報社，2014 年 7 月 16 日。

**キーワード**

菅生，上総，下総，平将門，藩屏，落花生，完全失業率，完全失業者。

**研究課題**

落花生生産の問題点は何か。

# 第10講　新潟県と燕市の金属洋食器

## 1.　新潟県の日本における位置づけ

### (1) 歴史的位置づけ

　旧越後・佐渡両国が当該県の県域。古くは越の国の一部で，大化の改新（645年）頃ぬ足・磐舟の柵が設けられ，蝦夷経営の前哨地として，こしびと（蝦夷）との闘争の歴史が繰り返された。7世紀末越後国を設置，8世紀中葉越後から佐渡が分離。平安時代（794-1185年）以降，両国とも流人の地として知られ，親鸞・順徳上皇・日蓮等がこの地に流された。中世（鎌倉・室町時代），守護の佐々木・名越・上杉氏（越後），大仏氏（佐渡）らの支配を経て，戦国時代（1467-1573年）末期には，長尾輝虎（上杉謙信）の勢力下に入った。江戸時代（1603-1867年）には初期の高田藩の例を除いて小藩分立したが，農民の積極的な新田開発によって米の生産が飛躍的に増大，また市島・白瀬家等の大地主の発生をみた。一方佐渡は金山を控えて全島江戸の直轄地となり，巨額の金の産出は，幕府の重要財源となるとともに，間接的には佐渡をも潤してきた。1871（明治4）年の廃藩置県により，新潟・柏崎・相川県等が置かれたが，その後柏崎・相川県が相次いで新潟県に併合され，86年福島県から東蒲原郡を移管，現県域が決定した。20市6町4村からなる（2014.3.31）。

### (2) 経済的位置づけ

　1人当たり県民所得（2011年度）は266.8万円で，全国平均（291.5万円）を下回っている（東京の61.0%）。有効求人倍率（2013年平均）は0.96で，（統

計の取れる範囲内で）常に全国平均を上回っている。2014 年 4-6 月の平均季節調整値（新潟県 1.18，全国平均 1.09）。経済センサス（2011 年度）で，農林漁業の売上高で全国 6 位，付加価値額で 3 位に列挙される。工業統計で従業員 1 人当たり製造品出荷額等（2012 年）2,299 万円で全国平均 3,708 万円の 62% に当たる。主な生産物（2012 年）は，金属洋食器（全国シェア 95%），石油ストーブ（同 77%），切餅・包装餅（同 66%），米菓（同 53%），ピストンリング（同 52%），舞茸（同 63%），米（同 2013 年 8%），以上全国 1 位。

## 2. 燕市と洋食器生産

### (1) 燕市のプロファイル（金属加工の町）

「燕」は古くは「津波目」と書かれた。津は港，目は中心の意で，信濃川を通る舟の着くところを意味し，それがいつごろからか「燕」に変わった。越後平野の中央部，新潟・長岡両市の中間点に位置する。北陸自動車道（三条燕 IC）と上越新幹線（燕三条駅）を擁する交通の要衝。水源・日照に恵まれた穀倉地帯。江戸初期の農村の副業としての和釘づくりに始まった金属加工業を基幹産業とする工業都市。良寛ゆかりの地でもある。燕市の置市は 1954 年 3 月 31 日だが，2006 年 3 月に吉田町・分水町と合併して新「燕市」に。全国 813 市区（2014 年度）『都市データパック』による燕市の上位ランクを拾ってみると，町の人の行住坐臥がわかる。待機児童ゼロで小児医療費助成も充実している。1 世帯当たり人員は 2.96 人で全国 813 市区の内 37 位。労働力率（30 〜 40 代女性）は 82.0% で 70 位，同（高齢者）26.3% で 90 位。就業人口構成（第 2 次産業）は 41.0% で 19 位。持家世帯比率 80.8% で 140 位。住宅延床面積 150.6 平米で 56 位。世帯当たり乗用車保有台数 1.78 台で 64 位。

**(引用文献)**

1. 『データで見る県勢 2015』矢野恒太郎記念会，2014 年 12 月 1 日。
2. 『都市データパック 2014 年版』東洋経済新報社、2014 年 7 月 16 日。

**キーワード**

越の国，長尾景虎，金属加工業，金属洋食器，燕市，就業人口構成，待機児童ゼロ，労働力比率，持家世帯比率，世帯当たり乗用車保有台数。

**研究課題**

1. なぜ燕市に金属洋食器が発達したか。
2. 燕市の金属洋食器業に死角はないのか。
3. 燕市の就業人口構成からわかることは何か（30 ～ 40 代女性，高齢者）。

# 第 11 講　山形県と鶴岡市のハイテク蜘蛛の糸

## 1.　山形県の日本における位置づけ

### (1) 歴史的位置づけ（羽前の国）

　当地は古くから蝦夷が居住していたが，7世紀中葉以降朝廷による蝦夷の防衛及び征服同化が推進され，同期間712（和銅5）年，庄内地方と置賜・最上地方を統合し出羽国が成立。平安時代（794-1185年）には荘園が発達，また天台宗[法華経を根本経典とする大乗仏教の一派。575年隋の智顗が天台山（浙江省天台県）にこもって大成。日本へは奈良時代（710-794年）に唐僧鑑真が初めて伝え，平安初期に最澄が比叡山に延暦寺を建て開宗。のち山門派と寺門派，更に真盛派に分離。]の寺院も建造され文化的にも発展した。室町時代（1392-1573年），諸豪族が割拠したが山形城を根城とする斯波兼頼が次第に擡頭，その子孫最上義光が戦国時代（1467-1573年）末期豊臣秀吉に，その後徳川家康に属し，関ヶ原の戦い（1600年）に功をたて57万石の大名となった。江戸時代（1600-1867年），義光の死後2代で移封，そのあと鳥井忠政が封ぜられ，他に米沢（上杉）・庄内（酒井）・新庄（戸沢）等諸藩が分立，山形藩の領主は目まぐるしく交替した。廃藩置県（1871年）後，酒田・置賜・山形の3県に分けられたが，1876（明治9）年現県域に統一した。13市19町3村からなる（2014.3.31）。

### (2) 経済的位置づけ

　1人当たり県民所得（2011年度）は240.3万円（34位）で全国平均（291.5万円）を下回っている（東京の54.9%）。有効求人倍率（2013年）は0.99倍で全国平

均 0.93 倍を僅かに下回っている（東京 1.33 倍）。上記二つの数値は東北地方では中央値に近い。完全失業率（モデル推計値，年平均％）は統計値が取れる範囲では何れも東北地方で最低値を示している。1997 年 2.1%，2000 年 3.2%，2005 年 3.8%，2010 年 4.5%，2011 年 4.3%，2013 年 3.2% は東北地方で何れも最良の値である。全国的には標本数が少なく必ずしも統計的には有意と言い切れない。従業員 1 人当たり製造品出荷額等（2012 年）は 2,336 万円で全国平均 3,708 万円の 62.9% である。乗用車の 100 世帯当たり保有台数（2013 年）は 167.6 台で福井県 174.2 台，富山県 170.8 台に次ぐ 3 位の数値である。公共交通サーヴィスが未発達で，県民がある程度裕福でないと出来ない数値である。主な生産物（2013，2012，2011 年）は，アケビ（全国シェア 88%），おうとう（同 75%），西洋梨（同 63%），なめこ（同 16%），蒲萄（同 9%），スイカ（同 9%），以上全国 1 位。当該県は 13 市，19 町，3 村（2014.3.31）からなる。

## 2. 鶴岡市と先端生命科学研究所

### (1) 鶴岡市のプロファイル

「鶴岡」の由来は江戸時代の城下町名「鶴ヶ岡」による。江戸期より庄内藩の城下町として栄え，以来，庄内地域に於ける政治・経済・文化の拠点として発展。05 年 10 月に鶴岡市・藤島町・羽黒町・櫛引町・朝日村・温海町が合併し，県内第 2 の人口規模となる新「鶴岡市」に。その面積は県下一番だけでなく東北一，日本で 7 番目に位置している。名峰月山を仰ぐ市域の 7 割を占める森林，庄内米を産する平野，42km に及ぶ日本海の海浜・砂丘地等，多彩な自然相を有する都市。山形大学農学部，鶴岡高専，東北公益文科大学（大学酒田・大学院鶴岡），慶應義塾大学先端生命科学研究所，鶴岡市先端研究産業支援センター，ヒューマン・メタボローム・テクノロジーズ，スナイパー（バイオベンチャー）等の高等教育・研究機関の集積もある。地域エリアでは，山形県西北部の「酒田・鶴岡エリア」に含有される。同エリアは酒田市，庄内町，遊佐町からなる「酒田都市圏」と，鶴岡市と三川町からなる「鶴岡都市圏」で構成さ

れる（民力 2015）。だだちゃ豆の産地，学校給食発祥の地，市立加茂水族館の海月（クラゲ）展示数（世界一），絹織物の養蚕からの一貫生産（国内唯一），波力発電の実証実験。2015年ミラノ国際博覧会日本館に出展。

## (2) ハイテク蜘蛛の糸の開発

### A. 蜘蛛の糸（天然の蜘蛛の糸を化学的に分析し，素材として工業化ができないか）

　自然界の蜘蛛が張る直径1センチの太さの蜘蛛の巣は，離陸するジャンボ機を受け止めることができる強靭さを誇る。強度は鋼鉄の4倍。ナイロンよりもずっと柔軟性があり，耐熱性は約300度。鉄，プラスチック，ガラス等に続き，「素材」の分野に於ける一大イノベーションの可能性を秘めた，まさに夢の素材。防弾チョッキにも使用されている既存の高機能合成繊維ケプラーを遥かに凌ぐ強靭性。しかも衣服にさえ応用できるしなやかさを合わせ持つ。とはいえ，蜘蛛は肉食ゆえ飼育に不向き。蜘蛛の遺伝子配列を，微生物に組み込んで糸を作らせたらどうか。シルク，酵素，皮膚は，どれも蛋白質でできている。伸縮性や強靭性は，20種類のアミノ酸の配列で決まる。それらの配列が200~300個繋がっているのが蜘蛛の糸。

### B. ハイテク・バイオ・ベンチャーを惹きつける研究環境（地方発の大学ベンチャー）

①オフィスがワンフロア

　土地が安価なので，オフィスを多層階のビルにする必要がない。吹き抜けのワンフロアで毎日顔を会わせていれば，社員同士の意思疎通が密接になる。

②低廉な生活費

　生活費も家賃も，東京に比べると驚く程安い。

③スクリーニング効果

　最初から，場所に関係なく，このチームに仲間入りしたい，この仕事がしたいという人しか志願しない。

④職住接近

　通勤時間は数分。この生活に慣れてしまうと，もう満員電車には乗れない。

⑤研究競合が少ない（ライバルが少ない）

ベンチャーの数が限らているため，助成金を狙うにしても，東京よりはるか
に競争率が低く，同じことをしても，地方の方が注目されやすい。

⑥アウトドアを満喫できる

都会と比べて遊ぶ所が少ないわけではなく，遊べるスポットはいくらでもあ
る（但し，アウトドア限定）。

**（引用文献）**

1. 増田寛也監修・解説『地方創生ビジネスの教科書』文藝春秋，2015 年 8 月 30 日，
   15-31 頁。
2. 『データで見る県勢 2015 年版第 2 4 版』矢野恒太記念会，2014 年 12 月 1 日。
3. 『都市データパック 2014 年版』東洋経済新報社，2014 年 7 月 16 日。

**キーワード**

羽前，置賜，最上，大乗仏教，斯波兼頼，最上義光，酒田・鶴岡エリア，先端生命科学，
蜘蛛の糸，スナイパー，鋼鉄の 4 倍，ナイロン，耐熱性，蛋白質，アミノ酸，ケプラー。

**研究課題**

1. 「工業化への蜘蛛の糸」開発のメリットと，実現可能性はあるのか。
2. 「工業化蜘蛛の糸」開発コストはいくらかかるか。採算性はあるか。

# 第12講　富山県と高岡市の銅再生地金

## 1．富山県の日本における位置づけ

### (1) 歴史的位置づけ

　全県域が越中国に当たる。射水・砺波地方は，国府・国分寺の所在地として奈良時代 (710-784年) から開け，東大寺の荘園も多く設けられた。平安末以降，越中国は関東・関西の武士団の勢力抗争の場となり，その間室町時代 (1336~1573年) 後期に一向一揆も大きな勢力を持ったが，江戸時代 (1603-1867年) には加賀前田氏及びその支藩の統治下に入り，以後明治維新まで続いた。1871 (明治4) 年の廃藩置県で，越中国の一部が富山県となり，間もなく新川県と改称，76年には石川県に併合されたが，83年越中国全域が富山県となって現県域が決定した。10市4町1村 (2014.3.31) からなる。

### (2) 経済的位置づけ

　1人当たり県民所得 (2011年度) は305.5万円の全国5位で全国平均 (291.5万円) を上回っている (東京の69.9%)。有効求人倍率 (2013年) は1.13倍で東京都1.33，愛知県1.31，宮城県1.26，福島県1.24，福井・岡山県1.23，香川県1.21，に次ぐ8位の数値である (全国平均0.93)。産業別有業者割合 (2012年就業構造基本調査) では第二次産業の割合が愛知県35.0%，滋賀県34.2%に次ぐ3位の33.5%である。製造品出荷額等 (2012年) は3兆3,328億円で，内5,415億円が化学工業 (シェア16.2%，これは徳島県32.0%，山口県24.3%，千葉県21.0%に次ぐ全国4位の数値)，3,604億円が金属製品 (シェア10.8%，全国

1位，新潟県10.4%，大阪府8.6%，岐阜県8.2%），3,442億円が非鉄金属（シェア10.3%,愛媛県17.3%,香川県12.9%,大分県11.0%に次ぐ全国4位）の出荷額である。黒部市のファスナー，砺波市のチューリップ球根，富山市の家庭薬，福光町の木工品（スキー・バット類），高岡市の銅器等全国的に有名なものが多い。全国レベルで確認すると（2012, 2013年），銅再生地金・銅合金（全国シェア49%），アルミサッシ（同34%），銅・鋼合金鋳物（同23%），球根類（同18%），以上全国1位。

## 2. 高岡市と銅器

### (1) 高岡市のプロファイル

「高岡」の由来は，加賀前田家二代当主前田利長公が詩経の「鳳凰鳴けり彼の高き岡に」から採ったとされている。万葉集と前田家ゆかりの歴史と文化の町。県西部の中核都市。越中文化発祥地で，万葉歌人大伴家持が国守としての在住。江戸時代は商工業で栄え，現在はアルミ，化学，パルプ工業，銅器・漆器の伝統産業，藩政時代以来の商業が基幹産業。05年11月に高岡市と福岡町が合併，新「高岡市」に。

### (2) 高岡銅器（加賀前田家の伝統工芸品400年）

①日本に於ける銅器の位置付け

日本に於ける銅器の生産額の95%を高岡産が占めている。梵鐘等の大きいものから，銅像等の細かい作品まで，その多彩な鋳造技術は全国的に有名。高岡市には，高岡大仏，古城公園，金屋町に様々な高岡銅器の銅像等の作品を至る所で見ることができる。

②沿革

高岡銅器の起源は1609年，加賀藩主の前田利家が高岡城へ入城した際，高岡の町の発展のため，現在の高岡市金屋町に鋳造師達を呼び寄せたことに始まる。当初は日用の鍋・釜といった鉄器を作っていたが，後に地域の需要に

応える形で銅器生産，多彩な金物生産に移行していった。明治時代になると廃刀令により職を失った刀職人が銅器産業に参入。

**（引用文献）**

1. 『データで見る県勢2015』矢野恒太郎記念会，2014年12月1日。
2. 『都市データパック2014年版』東洋経済新報社、2014年7月16日。

**キーワード**

越中，射水，砺波，前田利家，伝統工芸品，刀職人，チューリップ，ファスナー。

**研究課題**

1. 後継者の育成は順調か。
2. 銅器生産の将来展望はどうか。

# 第13講　和歌山県と北山村のじゃばら

## 1. 和歌山県の日本に於ける位置づけ

### (1) 歴史的位置づけ

　大化の改新（645年）後紀伊国となったが，交通不便な山国であったため，海岸部（御坊，田辺，新宮）・県北部（和歌山，海南，有田，橋本）・高野山（高野町）以外は畿内［「畿」は王城から500里四方の地」，京都に近い国々，山城・大和・河内・和泉・摂津の五か国］との交流が少なく，発展が遅れた。江戸時代，徳川家康の子頼宣が南伊勢・大和の一部も合わせて全域を統治，紀伊藩は徳川御三家の一つとして繁栄が続いた。廃藩置県（1871年）後現県域が決定，9市20町1村（北山村）（2014.3.31）からなる。北山村は和歌山県の飛び地的存在で，奈良県と三重県に接している。

### (2) 経済的位置づけ

　1人当たり県民所得（2011年度）は265.5万円（28位）で全国平均（291.5万円）を下回っている（東京の60.7%）。有効求人倍率は0.89倍（2013年）。同年全国平均0.93，東京1.33。財政力指数（2012年度）は0.29683でワースト1の島根県0.22137，2番目高知県0.22833，3番目鳥取県0.24400，4番目秋田県0.26648，5番目沖縄県0.28249，6番目徳島県0.28694，7番目鹿児島県0.28977，8番目岩手県0.29038，9番目長崎県0.29140，10番目宮崎県0.29523の次の11番目。基準財政収入額（自治体が標準的収入としうる税収額）を，基準需要額（一定水準の行政しうるに必要とする一般財源）で除して得た数値。

この指数が高いほど，自主財源の割合が高く，財政力が強いとされる。和歌山県は標準需要額の3割しか自主財源がないことを意味している。経済センサスによると，製造業の従業者1人当たり出荷額は5,314万円で山口県，大分県，千葉県に次ぐ全国4位をキープしている (2012年)。全国平均は3,708万円 (東京2,467万円)。主な生産物 (2012, 2013年) は梅 (全国シェア64%)，スターチス (同51%)，柿 (同22%)，蜜柑 (同19%)，養殖鮎 (同18%)，丸編ニット生地 (同35%)，野菜・果実漬物 (同14%)，以上全国1位。

## 2. 北山村とじゃばら (まずいみかん)

### (1) 北山村のプロファイル

　和歌山県北山村は紀伊半島の南部に位置し，東西約20キロ，南北約8キロに広がる村の約97%を森林が占めている。北は奈良県，南は三重県と接しており，和歌山県でありながら和歌山県のどこの市町村とも接してない「飛び地」の村で，自治体の一部が飛び地の場合があっても，村全体が飛び地の所は，日本全国で唯一ここだけである。

### (2) じゃばら (花粉症の特効薬)

A. 1971年みかん研究の権威者田中諭一郎博士が「じゃばら」を新種と判定→即行動

B. 「じゃばらを品種登録→即行動

C. 自生のじゃばらを8ヘクタールの村営農園で集荷施設, 加工所を事業化。

### (3) たまたま，じゃばら (まずいみかん) を毎年大量購入する県外の婦人がいた。なぜか？

A. 購入目的は「花粉症の症状が軽くなる」から→即行動

B. モニター調査で検証。47%が効果あり。→即行動

C. 結果をネットで公表。テレビ番組でも紹介。

## (4) 逆転の発想①

A. 本州で一番少ない村

B. 自分たちでやるしかない。

C. 村イコール事業会社

D. 村営農園，村営集出荷施設，村営加工工場，村営ウェブサイト。


## (5) 逆転の発想②

A. 税収が 6,000 万円しかない。

B. 自分たちで稼げばいい。

C. 事業収入 3 億 5,000 万円

D. 内訳は特産品「じゃばら」の加工販売，観光 筏 下り，温泉宿泊施設。


## (6) 逆転の発想③

A. 大きな自治体と同じことをやっても勝てない。

B. まだ誰もやってないことに挑戦。

C. ブログポータル

D. 全国初の自治体運営ブログサイト「村ぶろ」を開設。


## (7) 逆転の発想④

A. 小さな村には重すぎる費用負担

B. 小さな村ならではの村長と村議会の距離の近さ

C. スピーディーな意思決定

D. 1000 万円の通販システム購入

E. 4000 万円のブログサイト構築。

## (引用文献)

1. 増田寛也監修解説『地方創生ビジネスの教科書』文藝春秋，2015 年 8 月 30 日，105-121 頁。
2. 『データで見る県勢 2015』矢野恒太郎記念会，2014 年 12 月 1 日。
3. 『都市データパック 2014 年版』東洋経済新報社、2014 年 7 月 16 日。

## キーワード

紀伊の国，徳川頼宣，逆転の発想，即行動，赤字続きのまずいみかん，飛び地，村ぶろ，花粉症，じゃばらフィーバー。

## 研究課題

1. 北山村の逆転の発想の例を挙げよ。
2. 北山村の即行動の例を挙げよ。

**第1部　地方創生　参考文献（発行順）2017年5月11日時点**

1. 日本政策投資銀行編『PPPではじめる実践"地域再生"』ぎょうせい2004年3月10日。
2. 西村清彦監修御園真一郎他編『地方再生システム論』東京大学出版会2007年10月日。
3. 森岡清志編著『地域の社会学』有斐閣，2008年3月5日。
4. 真山達志他編著『地域力再生の政策論』ミネルヴァ書房，2010年4月30日。
5. 山浦晴男『最新地域再生マニュアル』朝日新聞出版，2010年6月30日。
6. 清成忠男『地域再生への挑戦』有斐閣，2010年10月25日。
7. 中西穂高『地域活性化モデル』彩流社，2011年1月30日。
8. 松本源太郎他編『地方は復活する』日本評論社，2011年11月15日。
9. 筧裕介監修編他『地域を変えるデザイン』英治出版，2011年11月30日。
10. 森川稔他編著『地域再生　滋賀の挑戦』新評論，2011年11月30日。
11. 高崎経済大学編『イノベーションによる地域活性化』日本経済評論社2013年3月5日。
12. 高橋徳行他『地域が元気になるために必要なこと』同友館，2013年3月30日。
13. 中道實『地域再生の担い手たち』ナカニシヤ出版，2013年4月24日。
14. 川崎一泰『官民連携の地域再生』勁草書房，2013年5月25日。
15. 鳥塚亮『ローカル線で地域を元気にする方法』晶文社，2013年7月10日。
16. 海野進『人口減少時代の地域経営』同友館，2014年3月31日。
17. 二神恭一他編著『地域再生のための経営と会計』中央経済社，2014年4月25日。
18. 和田武他編著『市民・地域共同発電所のつくり方』かもがわ出版，2014年6月1日。
19. 鈴木克也編著『地域における国際化―函館をモデルに』エコハ出版，2014年8月20日。
20. 増田寛也編著『地方消滅』中央公論新社，2014年8月25日。
21. 池田潔『地域マネージメント戦略』同友館，2014年10月11日。
22. 山下祐介『地方消滅の罠』筑摩書房，2014年12月10日。
23. 椎川忍他『知られざる日本の地域力』今井出版，2014年12月8日。
24. 大川陸治『地方創生はアクティブシニアのワープステイから始まる』住宅新報社2014年12月19日。
25. 中央公論「脱「地方消滅」成功例に学べる」『中央公論』2015年2月号，1月10日。
26. 橋本行史編著『地方創生の理論と実践』創成社，2015年1月20日。
27. 高寄昇三『「地方創生」で地方消滅は阻止できるか』公人の友社，2015年2月16日。
28. 時事通信社編著『全論点　人口急減と自治体消滅』時事通信社，2015年2月20日。
29. 今村奈良臣『私の地方創生論』農村漁村文化協会，2015年3月20日。
30. 野口秀行他『「地方創生！それでも輝く地方企業の理由』ベストブック2015年3月

30 日。

31. 宇野輝『官製金融改革と地銀再編』金融財政事情研究会，2015 年 3 月 26 日。

32. 岩佐礼子『地域力の再発見』藤原書店，2015 年 3 月 30 日。

33. 宝島社『図解ひと目でわかる地方消滅』宝島社，2015 年 3 月 12 日。

34. 相川俊英『国に頼るからバカを見る反骨の市町村』2015 年 3 月 18 日。

35. 清丸惠三郎『北陸資本主義』洋泉社，2015 年 3 月 26 日。

36. 佐々木信夫『人口減少時代の地方創生論』PHP 研究所，2015 年 3 月 30 日。

37. 増田寛也監修編著『地方創生ビジネスの教科書』文藝春秋，2015 年 8 月 30 日。

38. 原田保（地域デザイン学会）他編著『安全・安心革新戦略』学文社，2015 年 9 月 5 日。

39. 生活クラブ編集委員会編著『一緒に生きてく地域をつくる。』影書房，2015 年 9 月 10 日。

40. 遠野みらいカレッジ編著『地域社会の未来をひらく』水曜社，2015 年 9 月 11 日。

41. 長瀬光市編著『地域創生への挑戦』公人の友社，2015 年 9 月 14 日。

42. 須田憲和『地域活性化を成功に導く 5 つの提言』2015 年 9 月 20 日。

43. 黒田成彦『平戸市は，ふるさと納税で日本一になれたのか？』KADOKA，15 年 10 月 2 日。

44. 喜多功彦『五輪を楽しむまちづくり』鹿島出版会，2015 年 10 月 20 日。

45. 諸富徹編著『再生可能エネルギーと地域再生』日本評論社，2015 年 10 月 20 日。

46. 竹本昌史『地方創生まちづくり大事典』国書刊行会，2016 年 1 月 25 日。

47. 牧野光朗編著『円卓の地域主義』事業構想大学院大学出版部，2016 年 2 月 1 日。

48. 公共選択学会編『公共選択』第 65 号 2016，木鐸社，2016 年 2 月 20 日。

49. 堀田和彦他編著『企業の農業参入による地方創生』農林統計出版，2016 年 3 月 10 日。

50. 浜矩子他箸『福島が日本を超える日』かもがわ出版，2016 年 3 月 11 日。

51. 青山公三他編著『地方創生の最前線』公人の友社，2016 年 3 月 28 日。

52. 桑子敏雄『わがまち再生プロジェクト』KADOKAWA，2016 年 3 月 30 日。

53. 細野助博他編著『新コモンズ論』中央大学出版部，2016 年 3 月 30 日。

54. 加藤恵正編著『都市を動かす』同友館，2016 年 3 月 31 日。

55. 地域デザイン学会編『地域デザイン』No.7，空海社，2016 年 3 月 31 日。

56. 飯田泰之他著『地域再生の失敗学』光文社，2016 年 4 月 20 日。

57. 木下斉『まちで闘う方法論』学芸出版社，2016 年 5 月 15 日。

58. 波形克彦他箸『地方創生とエネルギーミックス』同友館，2016 年 7 月 11 日。

59. 公共選択学会編『公共選択』第 66 号 2016，木鐸社，2016 年 7 月 30 日。

60. 読売新聞取材班編『ふるさと再生』中央公論新社，2016 年 8 月 25 日。

61. 牧野知弘『老いる東京，蘇る地方』PHP 研究所，2016 年 9 月 1 日。

62. 平井伸治『小さくても勝てる』中央公論新社，2016 年 9 月 25 日。

63. 木村武雄『地方創生と日本経済論』五絃舎，2016 年 9 月 25 日。

64. 忽那（くつな）憲治『地方創生イノベーション』中央経済社，2016 年 10 月 10 日。

65. 筒井義信他編著『未来がみえた』プレジデント社，2016 年 10 月 21 日。

66. 吉兼秀夫他編著『地域創造の観光マネージメント』学芸出版社，2016 年 11 月 25 日。

67. 山崎亮『縮充する日本』PHP 研究所，2016 年 11 月 29 日。

68. 中藤康俊『過疎地域再生の戦略』2016 年 11 月 30 日。

69. 芸術工学会編『日本・地域・デザイン史　Ⅱ』美学出版，2016 年 12 月 5 日。

70. 木村武雄「地方創生と日本経済」『経済学論纂（中央大学）』第 57 巻第 5・6 合併号，中野守教授古稀記念論文集，中央大学経済学研究会，2017 年 3 月 25 日，1-13 頁。

71. 矢尾板俊平『地方創生の総合政策論』勁草書房，2017 年 3 月 25 日。

**統計データ**

1. 榊原可人『実践的　日本経済データ解読法』シグマベイスキャピタル，2002 年 6 月 10 日。

2. 日本エネルギー経済研究所『図解エネルギー経済データ』省エネルギー，2011 年 10 月 12 日。

3. 矢部洋三編著『現代日本経済史年表 1868~2010 年』日本経済評論社，2012 年 2 月 15 日。

4. 東洋経済『会社四季報 2013 年 3 集夏号』東洋経済新報社，2013 年 6 月 14 日。

5. 寺島実郎監修『全 47 都道府県幸福度ランキング 2014 年版』東洋経済新報社，2 月 6 日。

6. 東洋経済『都市データパック 2014 年版』東洋経済新報社，2014 年 7 月 16 日。

7. 矢野恒太記念会編・発行『日本国勢図会 2014/15 年版』，2014 年 6 月 1 日。

8. 『地域経済総覧 2015』週刊東洋経済臨時増刊，東洋経済新報社，2014 年 10 月 1 日。

9. 矢野恒太記念会編・発行『データでみる県勢第 24 版』，2014 年 12 月 1 日。

# 第2部　経済思想

# 第 1 講　経済思潮史概論

　第 1 講では，本書第 2 部の流れのガイドラインを示すことを兼ねて，経済学がどのように生まれ，展開していったかを確認していく。学問としての成立過程を概観し，そこから経済学説の大きな流れをその時代背景も踏まえ展望する。それぞれの学説の内容については第 2 講以降で取り上げていく。

## 1.　経済学の発生

### （1）経済学の学問的位置づけ，歴史的アプローチ

　大学の起源は，中世の教会や修道院の付属施設に遡る。11 〜 12 世紀にかけて，教皇や皇帝の特許を得て，学問を研究する教授・研究者・学生がギルド的な組合を作り，このような組織が大学へと発展していった。因みに現在使用されている英語による「大学 =university」の語源はラテン語のウニヴェルシタ（組合）に由来している。

　最古の大学は法学で有名なイタリアのボローニャ大学（1088 年創設），2 番目は神学のパリ大学（1150 年頃），3 番目は神学のオックスフォード大学（1167 年）であり，4 番目は医学で著名なイタリアのサレルノ大学（1173 年）である。

　なお，当時これらの大学は，世俗的学問が神学から独立して独自の価値観を確立するという原則をすでに打ち立ててはいたが，しかし教会の許可なしに教育施設を設立することは認められなかった。4 ないし 5 学部（神学, 法学, 医学, 人文学（或いは哲学））と音楽に分けられたストゥディウム・ゲネラーレ（大学）の構想は，教会の勅許状によって具体化され，独立した学究組織が大学の管理を担当した。

## (2) 経済学の成立

中世の大学には,「経済学」という科目はなかった。しかしながら, 人々が集まり, 貨幣や物品による取引が行われる所に「経済」は存在する。統治者がいて, 政治や経済が複雑になれば,「経済思想」がそこから生まれる。すでに古代文明において経済思想らしきものが芽生えている。しかしこれは政治を支配している権力者の, 巨大になった一国の経営にかかわるものだった。「経済」は, 国を治めるために, 人々からいかに収入(税)を徴収するかにかかわっていた。つまり,「経済」は統治手段のひとつであり,政治の範疇にあった。「経済」という英語「エコノミー(economy)」はギリシャ語のオイコス(家政)に由来する。経済という漢字も, 『抱朴子』の経国済民(国家を治め民衆を救う)に由来する。経済が政治から分離し, 独立した領域で, 政治に影響を与えうるパワーをもち得た状況の中で「経済思想」が派生する。「経済思想」は近代になって, 資本主義が広まりつつあった時代に出現した。資本主義の先進国である英国において,アダム・スミスが学問的体系付けを行い,『国富論』を著したことをもって,「経済学」が成立する。

## 2. 古典派経済学

### (1) 古典派以前

アダム・スミス以前に経済学に貢献した思想家として,『経済表』を著した医師,フランソワ・ケネー(1694-1774),重商主義を唱えた法律家,ジェームズ・ステュアートがあげられる。ケネーは『経済表』(1758)で重農主義を説き,ステュワートは『経済の原理』(1767)で重商主義を説いた。しかし富の源泉を農業に置く重農主義や, 貨幣獲得に置く重商主義は産業革命時代の工業生産力に基づく資本主義経済を分析するには限界があった。

### (2) 古典派経済学

古典派経済学はアダム・スミスを始祖とし, 彼の影響を受けた経済学者の一

連の学問的体系を指す。代表的な学者として，古典派経済学の始祖アダム・スミス，スミスの理論をさらに精緻化していったトマス・ロバート・マルサス，デヴィッド・リカードが挙げられる。

経済学が学問としての姿を整え始めたのは，18世紀後半のことである。「経済学の父」と呼ばれたアダム・スミス（1723-90）が活躍したのもこの時期だ。彼は重商主義を批判し，自由主義政策を擁護する中で「政治経済学」の土台を構築した。

古典派経済学はある財に価値があるのはそれが労働の生産物であるからと考えた（労働価値説）。できる限り国家が介入しないで経済を「自由」にしておけば（見えざる手により）私的な利潤追求が結局公的利益に繋がる（ここでいう「自由」とは，社会正義や公正さを乱さない限り，人々の経済活動は制限されない，という意味である）。貨幣は実物経済に影響を与えず，実物を覆うヴェールにすぎないと考えた。

比較生産費説を提示したリカード（1772-1823）も創成期を生きた一人だ。彼は一種の経済モデルを使用し国際分業の意味を分析した。マルクス（1818-83）もスミスら古典派の研究者に影響され，簡単な数式で資本が拡大再生産される過程を分析した。こうした手法が蓄積され，経済理論の体系ができあがりつつあった。

## 3. 近代経済学

### (1) 限界革命

19世紀後半，ジェヴォンズ（1835-82），ワルラス（1834-1910），メンガー（1834-1921）らが「限界」「効用」といった概念を生み出したことで，経済学はより科学的な，精緻な分析手法を獲得し，幅広い経済事象を統一的，数理的に解明できるようになった。パレート（1848-1923）による，市場で成立する均衡や資源配分についての研究も貢献した。

限界革命の成果によって自由で競争的な市場での取引が価格の変化を通じて

資源の効率的な配分をもたらすという理論の枠組みができあがった。こうした分析手法をほぼ完成させたマーシャル（1842-1924）は，新古典派経済学の創始者といわれている。現在，主流をなす経済理論の殆どは，彼やその弟子らがまとめた原理を基礎にしているといってもよい。

## (2) ケインズ経済学ー新古典派からケインズ経済学へ

　資本主義に移行した国々は繰り返し不況に襲われるようになった。何故資本主義のもとでは景気循環が起きるのか，このシステムが果たして永続するのかといった新しい課題が経済学者達に与えられた。1929年，米国発の世界恐慌が起き新古典派にも衝撃を与えた。彼らは不況になっても，経済は市場原理によって均衡状態に復帰すると考えていた。例えば，働きたい労働者は全て職を得ると仮定する。失業者が増えても，その分，労働市場で賃金が下がるので企業は再び雇用を増やすと考えたからだ。こういった前提が不況の長期化によって揺らいだのである。

　ケインズ（1883-1946）もこの問題に取り組んだ。彼は新古典派が想定するほど市場原理がうまく働かない場合を想定した。例えば雇用量は，労働市場での需要と供給の関係よりも社会全体の消費や投資の大きさに左右されると指摘した。彼の理論は大恐慌を経験した世界で，「ケインズ革命」といわれるほど影響力をもつようになる。

　彼の後継者を自任したハロッド（1900-78）も，経済成長の安定性に疑問を投げかけた。経済が成長するには，労働や資本等が最適の条件で組み合わさる必要がある。だが，そのようなバランスが保たれるのは非常に難しいと考えたのである。

　今日，日本で繰り広げられている政策論争も，この時期にルーツがあるものが多い。例えばデフレ脱却のために物価目標を定め，通貨供給量を増やすべきだとする主張はフィッシャー（1867-1947）に近い。彼は貨幣供給量と物価は比例関係にあるという，古典派的な考えに基づいて処方箋を書いた。一方，物価を上げるには社会全体の需要を増やす必要があるとする主張は，ケインズ理

54

論の延長にある。

## 4. 非主流派経済学

経済学の本流は，アダム・スミスに始まる古典派と，その流れを受け継いだ新古典派によって形作られた。しかし，合理的経済人を前提にした分析手法や，市場原理への強い信頼に対しては常に批判が付きまとった。

最大の対抗勢力は，資本主義の破綻を予言したマルクスと，市場原理の限界を指摘したケインズの継承者達であろう。

### (1) マルクス

カール・マルクス（1818-1883）は，古典派と同じく労働価値説を基礎に経済がどのように再生産されるかを分析した。しかし古典派と全く異なる結論を導いた。つまり，資本主義経済は自動調節機能は働かず，資本家は労働者階級から搾取することで利益を得，両階級の貧富の格差は拡大する。究極的には，資本主義経済は恐慌革命を経て社会主義経済，共産主義経済に移行せざるをえない，と主張した。

### (2) ドイツ歴史学派

主流派経済学に対しては他の視点からも批判が加えられた。19 世紀半ば頃ドイツで誕生した歴史学派もその一つである。フリードリッヒ・リスト（1789-1846）は，例えば，英国とドイツが自由貿易を行うと，当然工業国英国が工業製品の輸出国になり，工業化の遅れたドイツが農産物の輸出国になる。

このような貿易関係を放逐しておくと，ドイツは永遠に農業国のままで終わりかねない。従って，ドイツが経済発展する為には，保護関税により競争力ある輸入品を阻止し，国内の将来発展の余地のある産業（幼稚産業）を育成すべきだと主張した。彼らは，均質な「個人」ではなく，歴史や社会構造に規定される「国民」を理論の前提に置いた。この為彼らは，普遍的な経済法則の発見

よりも，統計等を使った経済社会の実証研究に力を入れた。

### (3) 米国制度学派

ドイツ歴史学派の思想は 19 世紀以降，新古典派の影響力が強まりつつあった米国で，ヴェブレン（1857-1929）らに引き継がれた。経済主体と社会構造とのかかわりに注目する彼らは制度学派と呼ばれる。進化論の影響を受け，歴史や文化，慣習といった，個人や社会の質的な多様性と変化に注目するのが特徴である。ガルブレイス（1908-2006）も，制度学派の流れを組む経済学者として知られる。彼は，大企業が経済に支配的な力を発揮するようになった点に着目し，こうした社会で生じる様々な問題を分析した。

### (4) ハイエク

制度学派とは別に，市場の働きを社会論的に捉え直した経済学者としてはハイエク（1899-1992）がいる。彼は経済制度のなかで，「知識」が果たす役割や，市場社会で生じる秩序について分析し，社会主義に代表される設計主義的な社会制度に対する，自由主義の優位性を論じた。

## 5. 反ケインズ学派

1929 年の世界恐慌後市場原理の限界を指摘し，財政政策による調整が必要だと説くケインズの理論は，世界的に大きな影響力をもった。しかし，実際にその処方箋が普及すると，政府の介入がもたらす副作用を指摘する声も高まっていった。エリートが指導する賢明な政府の存在を前提としていたケインズ理論は，不況期には財政支出を増やし好況期には引き締めることで経済の安定が図られるとする。しかし実際には，政治家の多くが有権者の支持を得ようと財政支出は積極的に増やす半面，引き締めには消極的で，財政赤字が拡大しやすい。

## (1) 公共選択学派　ブキャナン

こうした民主主義と経済の関係については，ブキャナン（1919 -2013）らが，従来の経済理論を応用する形で分析した。理論的な裏付けを得ることで，政府の裁量に任せるより，最低限のルールを定めた上で民間の自由な経済活動に任すべきだとする，アダム・スミス以来の「小さな政府」論は，再び力をもつようになった。

## (2) 社会主義経済計算論争　ミーゼス　ハイエク

「小さな政府」のような自由主義論の背景には社会主義国の拡大がもたらす緊張感もあった。政府の介入を強く批判したハイエクも，社会主義陣営の研究者達と2つの経済体制の優位性を巡って論争している。

## (3) マネタリズム　フリードマン

70 年代になって，インフレを伴いがちなケインズ的政策に批判が出始める。マネタリズムは「長期的には金融政策は産出量や雇用量等の実物的な要因には影響を与えない」としてケインズ的国家介入政策の有効性を否定し，新古典派総合を攻撃する。フリードマン（1912-2006）はその代表格といえる。政府の介入には懐疑的で，裁量的な経済政策を排し，通貨供給量の伸びを一定に保つことが経済の安定に繋がるとするマネタリズムの創始者として知られる。

## (4) サプライサイド経済学

70 年代後半以降，それまでのケインズ経済学のアンチ・テーゼとして米国で登場したのが，サプライサイド経済学である。1981 年以降米国のレーガン大統領は，「強いアメリカ」の復活を目指し，大幅な所得税減税で労働者の勤労意欲を引き出し，企業減税で，生産向上を高める等の政策を実施した。その結果個人貯蓄率は上昇するどころか低下し，労働者の勤労意欲が高まったという明確なデータも検証されなかった。巨額の財政赤字を残し，貿易赤字も解消されなかった。

### (5) 合理的期待形成理論

しかし，マネタリズムもマクロ経済学とミクロ経済学の統合については無関心だった。結局新古典派総合を批判し，両者の統合を試みたのは，ルーカスとサージェントの合理的期待形成理論だった。この思想は一般均衡理論が前提とする合理的経済主体から出発して，マクロ的経済現象を徹底的にミクロ経済の手法で説明する所に真骨頂がある。この理論的結論は費用と便益を即座に比較計算できる経済主体が合理的に行動するなら，政府の経済政策は何の効果ももたらさなくなる，という非現実的なものであった。この理論がその非現実的結論にもかかわらず一世を風靡したのは，マクロ的経済現象をミクロ的手法で分析する研究の方向性を明確にしたからであった。

### (6) ゲーム理論

取引に臨む経済主体間の情報の非対称性や不完全性，或いは経済主体間の相互依存性を重視するゲーム理論もますます重要視されるようになった。

### (7) 人的資本論

経済理論の適用範囲も広がっていった。例えばベッカー（1930-2014）は，それまで新古典派の理論では説明が難しかった賃金の問題を，人的資本投資といった概念を用いて分析したほか，差別，犯罪家族の問題にも経済理論を応用してみせた。

**(引用文献)**

1. 『日本経済新聞』2002 年 12 月 26 ～ 31 日「やさしい経済学　巨匠にまなぶ―理論系譜 1 ～ 4 」。
2. Norman Davies, *Europe : A History*, London: Oxford University press, 1990.
　［ノーマン・ディヴィス『ヨーロッパ』II 中世　共同通信社，(全 4 冊)，2000 年］
3. 湯浅赳男『世界の哲学・思想のすべて』日本文芸社。

# 第2講 ケネーと重農主義

　絶対王政下における重商主義は，国民への過酷な重税など様々な社会的圧迫をもたらした。本講では，フランソワ・ケネー（1694-1774）による重商主義批判と，重商主義に対抗する思想としての重農主義を検討する。

## 1. フランス絶対王政下の重商主義政策

　ブルボン朝のルイ14世・ルイ15世の絶対王政下，フランスは，英国に対抗すべく，コルベールティズム（Colbertism）とも呼ばれた重商主義政策をとっていた。宰相コルベーユは貨幣獲得を目的として原料以外の輸入品に保護関税をかけ外国製品の輸入制限を行う一方，オランダや英国に対抗して特権的貿易会社を設立した。さらに低賃金・低穀物価格政策によって穀物輸出が規制され，「タイユ」「人頭税」等の直接税，戦費調達の為の臨時課税など，農民への過酷な徴税政策と相まって農村は疲弊・荒廃し，資本をもたぬ零細な分益小作制の蔓延，農民の耕作放棄，農村人口の流民化，荒地の増大，生産力の低下など農業は破滅的様相を呈し，深刻な経済的社会的危機を引き起しつつあった。

　18世紀ルイ15世の時代になり，太陽王ルイ14世が残した約35億リーヴルの財政赤字，さらにポーランド継承戦争（1733-38），オーストリア継承戦争（1741-48），英仏7年戦争（1756-63）と続く戦費調達の為，国家財政は赤字国債の発行と課税強化を強いられた。ブルボン家の御用商人による富の独占，国債や土地への投資，利子取得者などが国家財政を圧迫した。さらに，40人の大富豪からなる徴税請負人が「塩税」，「物品税」，外国及び国内「関税」の3つからなる間接税を一括して請け負って国庫に収め，他方では，国民からその

2, 3倍もの間接税を代理徴収していた。

## 2. ケネーと重農主義

18世紀中葉，ルイ15世の時代，このような経済状況のもと，荒廃したフランス農業の再建を目的として，自然法の思想から影響を受けて構築された経済理論が重農主義であり，その創始者がケネー（François Quesnay）である。

ケネーは1694年パリ近郊で生まれ，貴族の侍医として活躍，やがて宮中にも出入りするようになった。宮廷医であるケネーは多くの国政に関する情報を得た。そして彼は宮中サロンのメンバーとともに当時フランスが直面していた政治・経済上の問題について深く考えるようになった。当時ケネーが中心となり，啓蒙思想家，例えばミラボー，テュルゴーなどの知識人と交わって形成されていった経済思想が「重農主義」である。彼の代表作『経済表』で強調している自由放任はアダム・スミスの思想に多大な影響を与えた。

ケネーの唱えた「重農主義」の目的は重商主義の犠牲ともいえる農業を復活させることである。具体的には，資本を農業に投下し，小規模から大規模に転換させること，そのために農民に課せられている租税の重圧を取り除くこと，穀物の輸出禁止を解き，取引を自由にさせ，国際競争に勝つ穀物価格に引き上げること，またそれに付随して全ての租税を地代に対する単一税に一本化することにより，財政制度を合理化すること，などであった。

ケネーの重農主義の特色を整理してみよう。

1) 絶対主義国家フランスにおいて重商主義を批判し，ドメスティック産業（農業）の自由放任（レッセ・フェール）を主張した。
2) したがって重商主義における重金主義（貨幣主義）も否定し，富の価値を生産物つまり農産物に限定した。
3) 重商主義を自然法思想から徹底的に批判した。
4) 近代農法，近代経営に基づいた大規模農業を提唱した。

次に『経済表』によってケネーの思想を確認するとともに，経済学説上の意

義を検討する。

## 3. 経済表

### (1) 経済表の意義

『経済表』は，1758 年，当時宮廷医師をしていたフランソワ・ケネーによっ
て発表された。医師ケネーが記した『経済表』は人体の血液循環に想を得た，
社会全体の富の階級間の循環図を示したものである。彼は経済を 3 つの階級
間の循環と捉え，農業労働に従事する借地農や小作農を「生産階級」，商工業
労働に従事するものを「不妊（不生産）階級」，地主，主権者，10 分の 1 税徴
収者を「地主階級」とみなし，それぞれの階級間に貨幣・富がどのように循
環するかを確認した。また循環する貨幣・富についても性格付けを試み，次の
ように分類した。

ケネーは農業経営に関して 3 つの投資を想定した。

(1)「年前払い」：流動資本であり，種子，肥料など，主に農業生産に対して
　　支払われた投資である。年々全額の回収が求められる。

(2)「原前払い」：固定資産であり，農機具，牛，馬の購入など事業創設の為
　　の基金で 1 年では全額回収を要しない。

　　　これら 2 つの投資は，小作農などの「生産階級」が，「地主階級」から
　　賃借りした土地で，前払いを成した耕作活動を営み，収穫した作物を販売
　　し，前払いに地代を加えた額を回収する。

(3)「土地投資・開拓投資」：小作農がすむ家屋や畜舎，荒れ地を農地に開拓
　　する費用で，資本家的農民が負担する資本である。

以上のように経済の基本的要因を整理し，富の循環を表に記した。

### 図1　ケネーの経済表―経済表範式の財の流れ

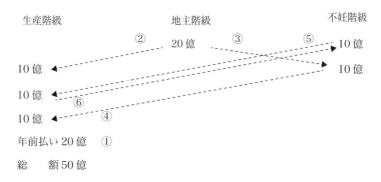

出所：松原隆一郎『経済思想』新世社, 2001年, 23頁を一部変更。

### 図2　ケネーの経済表―経済表範式の貨幣の流れ

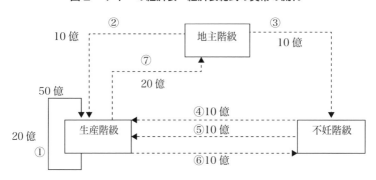

出所：松原隆一郎『経済思想』新世社, 2001年, 23頁を一部変更。

## (2) 経済表のしくみ

ケネーの経済表の概要について，松原隆一郎『経済思想』新世社，2001年によって，具体的に解説しよう。

1) 期首に，「生産階級」は前年度から50億フランの農産物を実物で持ち越している。「地主階級」は前年度に「生産階級」から支払われた地代20億フランを貨幣で所持。「不妊階級」は前年度に生産階級から支払われた原前払い10億フランを貨幣で保有。次年度の期首にもこれと同じ状態であるとす

れば，この経済は「単純再生産」の状態にある。

2) 借地農の年間総生産は50億フランで，その内20億フランは農業労働に対して年前払いされる。10億フランも原前払いの利子として不妊階級に前払いされる。残りの20億フランが純生産物で，これが地主に支払われる。地主は20億フランを農産物と製品に折半して消費する。不妊階級は地主と生産階級に20億フランの製品を売るが，それは10億フランの原料と10億フランの生活資料とからなる農産物とを基に作られる。

3) 範式（図1）には，階級間の財の取引流通が描かれている。生産階級は耕作労働に20億フランを年前払いし（①），1年かけて農産物を生産。地主階級は手持ちの20億フランの財貨のうち，10億フランで農産物を生産階級から購入し（②），10億フランで不妊階級から被服や調度品に費やす（③）。不妊階級は貨幣10億フランを年前払いし（④），農産物を生産階級から購入し，これを製品へ加工して地主階級に売る（③）。さらに不妊階級は10億フランの貨幣で生産階級から農産物を買い（⑤），（これで生産階級は期首の実物50億フランを全てを無くす），加工して道具類等とし，それを原前払いの補填として生産階級に売り，年前払いを回収する（⑥）。結局，生産階級の手元に20億フランの貨幣と新たな収穫物として50億フラン分の実物農産物が残る。そして20億フランの貨幣が地代として年度末に地主に支払われる（図2の⑦）。不妊階級にも10億フランの貨幣が残る。こうして各階級は次期には今期の期首と同じ状態となる。

### (3) 経済表の意義

経済学説上における『経済表』の意義を整理すると次のようになる。

1) 純粋生産物：今日的視点からみると，経済表は，農業のみを産業の中心としたことによって，自ら限界を提示してしまっている。ケネーが，なぜ農業を経済分析の中心として捉えたかといえば当時農業には農業資本家が農民に投資して農業経営をさせるという資本主義システムがあったからであり，それに対してまだ新興の段階にあった工業は資本と経営が未分化であった。

2) 等価交換論：ケネーによればサーヴィスによって利益を得るという「商業」は、「生産的」とはみなされていなかった。本来「商業」は、等価物と等価物との交換であり、少しも利潤を生み出していないと規定した。莫大な利潤をもたらす特権的な「転売商業」「中継貿易」は政略と詐欺に基づく不等価交換であり、平等互恵の国際通商を阻害する、とする「等価交換論」を構築した。

3) 地租単一税政策：ケネーによれば、社会の富は農業によってのみ形成されるとしている。ならば、地主の地代収入に課税すれば、社会の全ての富を遺漏なく課税できることになる。これは重農主義の地租単一税を正当化する。『経済表』はもし生産階級や不妊階級に課税すれば、それだけ前払いを減少させて翌年の再生産規模を縮小させるとし、他方、純生産物である地代にいくら課税しても地主階級の消費を減少させるだけであって、翌年の再生産規模には影響しない、とする。

4) 穀物輸出の自由化政策：『経済表』は、穀物輸出の自由化を提唱した。それによって穀物の適正価格が実現され、国際競争に対抗する力もつく。またもし穀物輸出が規制されて適正価格が実現されないと、翌年の生産向けの年前払いが20億フランを下回り、『経済表』が示すような再生産規模を維持できなくなる。

5) 上記のうち、アダム・スミスが評価したのは、4）の自由化政策である。資本主義における自由放任のルーツである。

6) ケネーの経済表のアイデアは、マルクスの再生産表式を経由して、一般均衡理論の成果のもとレオンチェフの「産業連関表」に到達する。

7) ケネーに対する批判者としてスラッファがいる。価格体系を所与として、外生的に与えられた地主階級の最終需要に対応して各部門の産出量が決定するとしたケネーに対して、スラッファは外生的に与えられる独立変数として利潤率を選び、こうした利潤率の水準に対応して各商品の価格と賃金が決定する仕組を明らかにした。

**(引用文献)**

1. 浅野清「重農主義」宮崎犀一他編『経済学史講義』新評論，1985 年。
2. 大門富之助「重農主義の発展」伊坂市助他編『原典経済学』同文舘，1953 年。
3. 種瀬茂「重農学派」荒憲治郎他編『増補版経済学用語の基礎知識』有斐閣，1980 年。
4. 新村聡「市場経済の発展と古典派経済学」中村達也他編『経済学の歴史』有斐閣，2001 年。
5. 根岸隆『改訂版経済学史入門』日本放送出版会，2001 年。
6. 菱山泉「F・ケネー経済循環の発見」日本経済新聞社編『経済学の先駆者』1995 年。
7. 平田清明「重農主義の成立」伊坂市助他編『原典経済学』同文舘，1953 年。
8. 松原隆一郎『経済思想』新世社，2001 年。
9. François Quesnay, *Tablean économique,* 3rd edn, , Paris, Ed, M, Kuczynski and R, Meek, London : Macmillan , 1972.

# 第3講　アダム・スミスと英国古典派

## 1.　アダム・スミスと18世紀英国

### (1) 17-18世紀英国の対外状況

　アダム・スミス（1723-90）の生きた18世紀は，重商主義体制下の諸国家中，英仏が覇権を競った時代として捉えることができる。前世紀の17世紀初頭，英国，オランダ，フランスが，東インド会社を相次いで設立し，植民地獲得闘争が始まった。経済発展を主導した毛織物産業の輸出先を確保するための植民地拡大が最大の目的であった。

　1623年アンボイナ事件で敗北したが，1651年航海条令，英蘭戦争（1652-1674年）で，オランダに対する英国の優位が確立された。次にウィリアム戦争（1689-97年），アン女王戦争（1702-13年），ジョージ王戦争（1744-48年），フレンチ＝インディアン戦争（1755-63年），プラッシーの戦い（1757年）で英国がフランスに勝利し，北米・インドでの覇権が確立された。

　度重なる戦争は巨額の戦費をもたらし，英仏両国に深刻な財政危機をもたらした。英国が植民地に課した重税は，アメリカ合衆国独立（1776年）の原因のひとつとなった。フランスでは農民に課した不合理な重税が農村を疲弊させ，王制が瓦解するフランス革命への遠因となった。

### (2) 18世紀英国の政治経済事情

1) 18世紀に至る英国の政治の流れのなかで最重要事項は1642年のピューリタン革命と1688年の名誉革命であろう。後世からみれば不完全なところは

多かったとしても，とにかくいち早く議会制民主主義が確立され市民社会が芽生えていったことの意義は大きい。中世末期からの農奴開放により独立自営農民（ヨーマン）が生まれ，羊毛工業を中心にマニュファクチュアの経営者となる者も現れた。騎士の多くもその地方に定着し，地主階級のジェントリ（郷紳）と呼ばれ，17世紀スチュアート朝のころには，貴族と農民の中間にあたる新たな階級として中産階級が生まれ，発展していった。彼らはやがて1642年ピューリタン革命，1688年名誉革命により，絶対王制と対立し，史上初めての近代的議会制民主主義が確立された。1714年独身のアン女王が亡くなると，ジェームズ1世の曾孫にあたるドイツ人のハノーヴァー選帝侯がジョージ1世として54歳で即位した（これによりハノーヴァー朝は始まるが1917年ウィンザー朝と改称）。英語を話せず，英国に住むことも望まなく，政治的野心がなかったため，名実ともに，「国王は君臨すれども，統治せず」が確立する。

2) 産業革命：18世紀，英国の状況で忘れてはならないのは「産業革命」である。当時蒸気機関や紡績機をはじめとする機械の発明により，生産力が飛躍的に増大し，それに伴い，市場が成長し，輸出も伸び，貨幣経済が発展していった。アダム・スミスが指摘する職業的分化も定着していった。

以上がアダム・スミスの『国富論』が生まれた18世紀の英国の状況であるが，これら全てが『国富論』に影響を与えたかといえば，そうとは言い切れない部分もある。後世の学者たちの間でも意見が分かれるものもある。しかし，いずれにせよ激動の18世紀波乱に富んだ政治経済状況，近代資本主義が形成されつつあった状況のもとで，『国富論』が出版されたことだけは間違いない。

## 2. アダム・スミスの人と思想

アダム・スミスは1723年，スコットランドのカーコルディに生まれた。14歳でグラスゴウ大学に入学し，ギリシャ語，哲学等を学び，奨学金を得てオッ

クスフォード大学に学ぶ。1748 年エディンバラ大学講師（英文学，経済学）に，51 年にはグラスゴウ大学の論理学教授に就任した。翌年には道徳哲学教授になり，1759 年 36 歳のときに『道徳感情論』を発表し，当時の思想家，ヒュームやバークなどから賞賛を得た。その内容は大学の講義を担当した倫理学に関するものである。その後フランスにも滞在。そこでヴォルテールとも交わり，またケネーの影響も受けた。1766 年フランスから帰国後，故郷に戻り『国富論』を執筆。10 年かかって完成した。『国富論』は，人間の富裕について分析した経済書である。生活の豊かさを物質（生活必需品，便宜品，娯楽品）にもとめ，またその豊かさは日々の労働によって得られる，とした。

　アダム・スミスの膨大な思想を限られた紙面で全て紹介するのは不可能であろうが，その一端でも，重要な点を紹介しよう。

## (1) 見えざる手・利己心

　アダム・スミスによれば，人間の本性は「利己的」と規定される。これはスミス独自の考え方というよりも，彼が影響を受けたヴォルテールやルソーらフランスの啓蒙思想家たちの「人間の利己心を肯定する考え方」（ルネッサンスや宗教革命に端を発する）に由来し，さらにそれをスミスが経済社会に当てはめ，発展させたものである（そこに資本主義を基盤として形成されつつある市民社会が想定されているのはいうまでもない）。

　アダム・スミスは経済活動において，個人の利己心が社会のなかで衝突し，争いが起こることはないと考える。むしろ人とのコミュニケーションが必要になるため，自然に自己の感情や行動を社会の中で規制していく，と考える。

　彼によれば利己心は神が創造の際に人間が幸福となるように与えたものであり，利己的本能の赴くままにすることで，人間は幸福になるばかりか，「見えざる手」が働いて他人をも触発して社会全体に利益をもたらす，のである。これはマンデヴィルの「蜂の寓話」（私的な欲望の追求が公的な利益になる）をスミス流に表現したものである。

## (2) 分業

アダム・スミスは次の3つの理由で，分業は生産性を高めるとしている。1) 労働者がその仕事に慣れるに連れて，熟練度が高まる。2) 行程が変わることによる準備・手間が省けるので，仕事が頻繁に変わることがなくなる。時間の節約になる。3) ひとつの仕事に集中できるので，仕事を合理的に進めるような創意工夫が生まれる（例えば機械の導入や機械の改良など）。

分業については，アダム・スミスは無意識的に2つの分業が脳裏にあったようだ。つまり，技術的分業（作業場内部的分業）と職業的分業である。1) は技術的分業であり，作業工程の合理化を目指している。職業的分業は2) に当てはまる。小農場で織物をつくる場合を考えてみると，農業行程（原料の生産）と織物業（加工）が，職業的分業により，2つに分かれ，農業と織物業に分かれる。両者が相互に市場となる。このような職業的分業が18世紀英国の資本主義発展に道を開いた。また3) も，技術改良が独立の商業になる，という点で職業的分業とも考えられた。

いずれにせよアダム・スミスは全体としては職業的分業を想定し，全ての人が売り手になるとともに買い手になると考えた。

## (3) 商品の使用価値と交換価値

アダム・スミスは分業が確立する社会を文明社会と考え，そこでの財貨の交換を検討する。価値論について，使用価値と交換価値の違いを有名な比喩を用いて説明している。

「水ほど有用なものはないけれども，それと交換で何かを手に入れることはほとんどできない。その反対にダイヤモンドはほとんど使用価値をもたないけれども，非常に大量の他の財貨が，それと交換に得られるであろう」（『国富論』）。

使用価値とは商品の有用性又は効用であり，交換価値とはその商品がもつ他の財貨に対する購買力である。交換価値は価格つまり商品と貨幣との交換比率によって表示される。

## (4) 投下労働価値論と支配労働価値論

アダム・スミスは国民の富を貨幣とは考えず，貨幣によって得られる資財（生活必需品，便宜品，娯楽品）にあると考えた。そしてその資財は貨幣を媒介とはするが，本質的には労働の結果として得られるものであると考え，富の尺度は労働にあると考えた（労働価値説）。彼は経済活動を 2 つの時代に分ける。ひとつは，前資本主義時代で未開の狩猟社会などである。そこでは商品の価値は労働量できまる。ビーバーの狩猟に鹿の 2 倍の労働時間を要するとすると，1 頭のビーバーは 2 頭の鹿と交換されるという例えで有名な，商品の価値は商品の生産に要した労働量に比例するという考えである。もうひとつは商工業が存在する資本主義社会である。ここでは商品価値は，賃金，利潤，地代によって構成される支配労働量によってきまる。以上を整理すると以下のようになる。

1) 投下労働価値論：商品の価値はそれに投下された労働量によってきまるという考え方。

2) 支配労働価値論：商品の価値を労働との交換比率として捉えることができる，という考え方のこと。原始社会ならばビーバーの例はそのまま投下労働価値と支配労働価値の交換比率は等しくなるが，資本主義社会では，賃金と利潤と地代などの要素が労働量を構成するようになる。

## (5) 補償賃金格差仮説

補償賃金格差仮説という仕事或いは労働者の属性に関する記述を纏めると，

1) 仕事自体が快適であるかないか。

2) 仕事を習得する技能が容易かそれとも困難で費用がかかるか。

3) 当該仕事の雇用が安定しているかいないか。

4) 仕事に従事している人に対する信頼度が大きいか小さいか。

5) 仕事自体が成功する可能性があるかないか。

（『国富論』第 1 編第 10 章第 1 節）

なお，後年，アダム・スミスの賃金，利潤，地代について，利潤，地代が労

働者からの搾取とする解釈はマルクス主義経済学に受け継がれ，労働により付加された価値が，賃金と利潤と地代に分解されるとする解釈は新古典派の経済学に継承された。

　以上，アダム・スミスの膨大な経済体系のほんの一部ではあるが，紹介を試みた。アダム・スミスの思考は，時代を強く反映したものであり，現代の考え方にはそぐわないものも有るし，また執筆当時を想定しても，アダム・スミス自身が誤解したり，混乱していたりした部分も少なくない。そんなアダム・スミスを現代の視点から正確に評価したり理解するのには多少の困難が伴うかもしれないが，重要なことはアダム・スミスが当時人々の富をどのように捉え，どのように富を目指すかを真剣に考えていたことを汲み取ることであろう。
　評価が時代によって異なることは多々あるし，将来新たな発見がある可能性もある。アダム・スミスの著作は多くの人々に読み継がれ，批判され続けてきた経済学の古典である。今後さらにアダム・スミスが読み継がれていくことは間違いないように思われる。

**（引用文献）**

1. 　1，アダム・スミス，大内兵衛・松川七郎訳『諸国民の富』全5冊，岩波文庫，1956-66年。2，水田洋訳『国富論』河出書房，1965年。3，大河内一男監訳『国富論』中央公論社，1976年。
2. 　アダム・スミス，水田洋訳『道徳感情論』筑摩書房，1973年。
3. 　伊坂市助他編『原典経済学』同文舘，1953年。
4. 　内田義彦『経済学の生誕』未来社，1953年
5. 　内田義彦『日本資本主義の思想像』岩波書店，1967年。
6. 　越智保則他著『社会経済思想の展開』ミネルヴァ書房，1990年。
7. 　経済学史学会編『「国富論」の成立』岩波書店，1976年。
8. 　ケネス・ラックス，田中秀臣訳『アダム・スミスの失敗何故経済学にはモラルがないのか』草思社，1996年。
9. 　小沼宗一『イギリス経済思想史』創成社，2001年。
10. 小林昇『小林昇経済学史著作集』I，未来社，1976年。
11. 中村達也他著『経済学の歴史』有斐閣アルマ，2001年。

第 3 講　アダム・スミスと英国古典派　*71*

12. 日本経済新聞社編『経済学の先駆者たちアダム・スミスからマーシャルまで』, 1995 年。

13. 根岸隆『経済学の歴史』〔第 2 版〕東洋経済新報社, 1997 年。

14. 松原隆一郎『経済思想』新世社, 2001 年。

15. 水田洋『アダム・スミス研究』未来社, 1968 年。

16. 水田洋他編『経済思想史読本』東洋経済新報社, 1978 年。

17. 水田洋『自由主義の夜明け』国土社, 1979 年。

18. 三土修平『経済学史』新世社, 1993 年。

19. 美濃口武雄『経済学説史』(改訂版) 創成社, 1991 年。

20. 山本広太郎他編『経済学史』青木書店, 1995 年。

21. 山脇直司『ヨーロッパ社会思想史』東京大学出版, 1992 年。

22. ロジャーバックハウス, 八木浦訳『経済の歴史と理論の発展』HBJ, 1992 年。

23. Adam Smith, *An Inquiry into the Nature and Causes of the Wealth of Nations*, 2 vols., 1776, 3rd ed., 3 vols., 1784,  5th ed., 1789, Cannan's ed., 2 vols., London : Methuen,1904. (邦訳は (1) 1, ~3, 参照)

# 第4講 リカードと比較生産費説

## 1. リカードとその時代

デヴィッド・リカード(1772-1823)の経済学は，19世紀はじめ英国において，穀物法反対の立場から（廃止は1846年，リカードの死後に実現）自由貿易を推進しようという，極めて実践的な問題意識の下で展開された。彼は，アダム・スミスの理論にあった未整理な部分を検討し，価格理論，賃金論，地代論を展開し，分配の問題から資本蓄積経済成長の問題へと発展させていった。

リカードの父は，オランダからロンドンに移住し商業地区シティで証券仲介業を営むユダヤ人でリカード自身は小さい頃から父の手伝いをした。ロンドンの小学校とアムステルダムの商業学校で学問を学んだ。結婚問題(宗教上の問題)で親と縁を切り証券仲買業者として独立。その頃読んだ，アダム・スミスの『国富論』に感化され家業の傍ら経済学についての著述をするようになる。主著は『経済学及び課税の原理』(1817)。刊行の2年後には証券仲買業をやめ下議院議員になった。

## 2. リカードの経済学

### (1) 価格の決定

リカードは彼の主著『経済学及び課税の原理』のはじめにおいて価格決定についての検討を行っている。そこで彼は，「各財の価値が，その生産のために直接，間接に投下された労働の相対量に依存するという労働価値説に厳密な基礎づけ」

（宇沢弘文『経済学の考え方』岩波新書）を与えた。これは価格決定に必要であり、「正常利潤率が減少するとき実質賃金は増大するという，リカードの賃金・利潤論の基本命題」（森嶋通夫『思想としての近代経済学』岩波新書, 17 頁）が得られる。アダム・スミスは，均衡価格が投下労働量に等しいという投下労働価値論は前資本主義の段階原始社会，狩猟社会にみられるとした。リカードはアダム・スミスの考えを検討し，投下労働価値論は利潤の存在する資本主義経済の下でも基本的に成立すると主張した。確かに各産業の付加価値の大きさがそこで働く労働者の数に比例していると考える妥当性を持つ。しかし絶えず競争に晒される資本主義経済では長期的に，どの産業に投下された資本にも均等に利潤率が保障される筈である。その時，各産業の利潤の大きさは，投下された資本の量に比例する筈だから，雇用されている労働者の数とは必ずしも比例しない。

### (2) 賃金基金説

　リカードは賃金や地代についてもアダム・スミスの考えを検討し，より正確なものにしようと試みた。マルサスの『人口論』から影響を受け，賃金基金説，人口法則を受け入れ「賃金は長期的には労働者が生存を維持できるくらいの水準に固定されるだろう」（竹内靖雄『経済思想の巨人たち』171 頁）と考えた。実質賃金率がこの水準を上回る状態が続くと，労働者の家計には余裕ができ，よって多くの子供ができる。人口が増加するとやがて労働市場で供給超過になり，実質賃金率の下落が起こる。よって労働者家計が貧しくなり，人口の抑制に繋がり，やがて労働市場の需給均衡が回復する。逆に，もし実質賃金率が生理的必要水準を下回る状態が長く続くと，労働者の家計は圧迫され，子供の数が減り，人口が減少する。するとやがて労働市場で需要が供給を超過し，実質賃金率の上昇が起こる。こうしていずれにせよ実質賃金率は労働者の生存費に相当する水準を中心にして変動し長期的にはこの均衡水準へと引き寄せられる。

### (3) 価値分解説

　労働価値説によれば商品の価値は大方その投下労働量によって決まる。付加価

値部分についてもそうである。従って，その一定の付加価値に占める賃金部分に価値の分量が確定すれば，利潤部分の価値額は残余として自動的に確定する。ところが賃金部分の価値は，労働者に生存費分の消費財を買い取らせるような額であるからその分量の消費財の価値（投下労働量）によって決まる。それを付加価値総額から控除すると利潤部分の価値額が確定し，延いては利潤率も確定する。

この価値分解説は，実質賃金率が変動した時に利潤率にどのような変化が起こるかについて，情報を提供している。例えば，実質賃金率が上昇すると，労働者が賃金によって買い取る消費財の分量が増加することを意味するから，生産技術に変化がなければ賃金として支払われる部分の価値額を増大させる。従って利潤率は下落する。逆に実質賃金率の下落は利潤率の上昇をもたらす。

### (4) リカードの比較生産費説

1) リカードの比較生産費説は穀物法論争のなかから生まれた。リカードは穀物法廃止及び穀物の自由化を主張したので，彼の考えは人件費削減，高利潤率などの恩恵を受ける資本家に支持された。逆にそれらの利益を失うことになる地主階級と対立した。それらの利害関係の狭間で，リカードは地主階級を含めより多くの国民を納得させるべく比較生産費説が英国全体にとって有益になることを実証することに全力を注いだ。

2) リカードの比較生産費説は有名な貿易に関する例をもって説明される。ポルトガル，英国の2国を想定し，ポルトガルは葡萄酒，英国はラシャを生産している。英国はラシャ1単位を生産するのに100人，葡萄酒1単位を生産するのに120人の労働者を必要とし，ポルトガルはラシャ同量を生産するのに90人，葡萄酒同量を生産するのに80人の労働者を必要とする。この場合英国はラシャの生産に専念し，ポルトガルに輸出し，代わりに葡萄酒を輸入することが有利である。何故なら，同じ1単位の葡萄酒を入手するのに，英国国内で生産すれば120人の労働が必要であるのに対してポルトガルから輸入するなら，代わりに輸出するラシャを生産する100人の労働だけで済むからである。他方，ポルトガルは葡萄酒を英国に輸出して代わりにラシャを輸入することが有利である。何故

なら同じ1単位のラシャを入手するのに，ポルトガル国内で生産するれば90人の労働が必要であるのに対して，英国から輸入するならば，代わりに輸出する葡萄酒を生産する80人の労働だけで済むからである。この考え方がリカードの比較生産費説である。この考え方は現在でも多くの支持を得ているが，一国経済を標榜するドイツ制度学派などからの批判の対象ともなっている。

## 3. 今日の経済とリカード

　現代の経済情勢をみても比較生産費説の考えかたが見受けられる。例えば世界市場に適応して輸出を延ばそうとする東アジアの発展戦略や戦後日本の急速な重化学工業化などである。新鋭設備を支える高い国民貯蓄率，良質な労働力，有利な臨海工業立地等，資源賦存を生かした視点からみると戦後日本の重化学工業化も比較優位説による説明が可能である（香西泰『D・リカード　証券ブローカー出身の経済理論家』41頁）。

　また現代経済学においてはイタリアのスラッファがリカード経済学の復興を試み，リカードの学説のうち，未解決であった「不変の価値尺度」に答えを提出した。スラッファの説に影響を受けたパシネッティ，スティードマンらを新リカード学派と呼んでいる。この新リカード学派は米国にも広まり，また，もともとマルクスとリカードの類似が指摘されてきた経緯もあり，現代マルクス経済学もスラッファ及び，新リカード学派の手法に注目した。

**（引用文献）**

1. 伊坂市助他編『原典経済学』同文舘，1953年。
2. 内田義彦『経済学史講義』未来社，1961年。
3. 香西泰『D・リカード 経済学の先駆者たち』日本経済新聞社，1995年，32-43頁。
4. 久留間鮫造・玉野井芳郎『経済学史』岩波全書，1954年。
5. 真実一男『リカード経済学入門』新評論，1975年。
6. 羽鳥卓也『古典派資本蓄積論の研究』未来社，1963年。
7. 水田洋他編『経済思想読本』東洋経済新報社，1978年。

8. 三土修平『経済学史』新世社, 1993 年。

9. 湯浅越男『世界の哲学・思想のすべて』日本文芸社, 1997 年。

10. 吉沢芳樹他著『リカードウ・経済学と課税の原理・入門』有斐閣新書。

11. リカード, 小泉信三訳『経済学及び課税の原理』岩波文庫。

12. David Ricardo, *On the Principles of Political Economy and Taxation*, London, 1817, 3rd ed., London, 1821, ed., by Sir E. C. K. Gonner, London, 1929（G 版と略す）, ed. by P. Sraffa, Camb. Univ.Press, 1952.（S 版と略す）

# 第5講 マルサスと人口論

## 1. マルサスとその時代

　産業革命期の英国は，賃金労働者は豊かにならず，むしろ貧困者を多数生み出した。産業革命は，1760 年代から農業と工業の両部門で進行した。農業では，議会の法案によるエンクロージャーによって資本主義的大規模農業経営が普及し，土地を追われた農民は浮浪者となって都市に流入し賃金労働者になっていった。また工業では，ジェニー紡績機，水力紡績機，ミュール紡績機等が相次いで発明されて機械制大工業が確立し，大量の手紡工が職を失った。このように産業革命は農工両部門において小生産者を没落させ，失業者や貧しい賃金労働者を大量に生み出し，貧困問題が当時の英国において大きな社会問題になっていた。マルサスの経済学は産業革命時のこうした社会問題が色濃く反映されている。急激な産業の成長の陰で，多くの庶民が不当な労働により貧困に喘いでいた。そうした社会問題に対する処方箋をマルサスは考え出そうとした。

　トマス・ロバート・マルサスは 1766 年，イングランドのサリー州に生まれた。父ダニエルは，ヴォルテールと文通したり，またルソーと交際があった。当時のフランス革命時代の急進思想に共鳴し，理性による人間完成の可能性を説くウィリアム・ゴドウィン等の意見にも賛成であった。子はこれに反対で，父子はゴドウィンその他を主題として家庭で説を戦わせた。『人口論』はこの父子の炉辺の討議から生まれたものである。

　マルサスは 1785 年にケンブリッジ大学ジイサス・カレッジに入って学び，

1797 年にはその学寮教師となり，1805 年東インド大学の歴史及び経済学教授に聘せられてその歿年（1834 年）に及んだ。英国史上，最初の経済学教授の肩書をもったのがマルサスだといわれる。ゴドウィンとの救貧法論争のほか，リカードとの穀物法論争も有名である。

## 2. マルサスの『人口論』と救貧法

### (1) 救貧法

　1601 年に制定されたエリザベスⅠ世の救貧法以来，20 世紀はじめに廃止されるまで，300 年以上続いた英国の失業救済事業についての法律，救貧法は，当初，貧困者を慈善的な考えから救済する目的をもっていた。最初は仕事がなく生活できない人々に授産場と称する仕事場で働かせて賃金を支払うというシステムであったが，その後 1796 年には極端な低賃金生活者に対して生活補助金を支給しようとするものに性格が変わった（ピットの救貧法）。この時期 1795 ～ 96 年は不作により穀物価格が高騰し，庶民の生活が苦しい時でもあった。私的慈善事業から国家的事業への変化に伴い，貧困救済に必要な費用は課税によって調達されるようになったが，大量の失業者を生み出した結果，一般市民への税負担は非常に重いものとなった。そしてこの救貧法への代表的な批判こそがマルサスの『人口論』である。

### (2) 人口論

　マルサスの『人口論』はゴドウィンへの反論として著された。そこで彼は端的にいえば穀物価格の騰貴は長期的趨勢であって，それは，人口の増加が，幾何級数的（例 2, 4, 8, 16）に増えるのに対し，食糧生産は等差別級数的（例，2, 4, 6, 8, 10）にしか増えないとし，従って人口増加に対して食糧の供給は追いつかないから人口（出産）調整を常に行うべきだ，とマルサスは主張した。

　マルサスは，この人口問題に対する対策として，当初，結婚の抑制，餓死の容認，疫病による死亡，戦争による死亡などの人口調整を挙げていたが，その

後道徳的人口抑制(いわゆるバースコントロール)を提唱した。

マルサスの救貧法に対する批判は，救貧法は経済的にも不合理であり，なんの利益も生み出さない。人口を増やすだけであり，食物を増やすことはできないから不要であるというものであった。またゴドウィンの主張する平等社会は実現不可能である，とした。

**(引用文献)**
1. 伊坂市助他編『原典経済学』同文舘，1953年。
2. 小樽高商編『マルサス研究』清水書店，1934年。
3. 樋口美雄『労働経済学』東洋経済新報社, 1996年。
4. 美濃口武雄『経済学説史』創成社，1990年。
5. マーク・ブローグ，久保訳『経済理論の歴史』上，東洋経済新報社，1968年。
6. マルサス，高野岩三郎・大内兵衛訳『人口の原理』岩波文庫，1979年。
7. Thomas Robert Malthus, *An Essay on Principle of Population, as it affects the future Improvement of Society,* with remarks on the Speculations of Mr. Godwin, M. Condorect, and other Writers, London, 1798, 1926(reprinted ed.).

**図1 マルサス理論の人口決定図式**

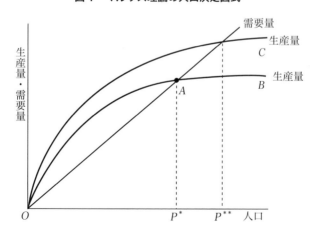

出所：樋口美雄『労働経済学』東洋経済新報社，1996年，198頁。

# 第6講　ミルと賃金基金説

　第6講では，J.S. ミルを取り上げる。これまで，アダム・スミス（第3講），リカード（第4講），マルサス（第5講）と，英国古典派経済学の開拓者たちの思想を展望してきたが，ミルはそのゴールにいる人物である。ミルの活動期間はマルクスとも重なるし，ミルが生存していたころにはすでに限界革命の思想も芽生えていた。従ってミルの経済学の史的位置付けは，ちょうど古典派経済学から近代経済学への転換期，及びマルクス主義経済学の生誕期の経済学となるだろう。

　ミルの著作『経済学原理』は版を重ねたベスト・セラーとなり，長い間経済学テキストの定番であった。ミルの著作にこそ英国古典派経済学が集約されているともいえよう。

## 1.　ミルとその時代

　ジョン・ステュアート・ミルは1806年ロンドンに9人兄弟の長男として生まれた。ベンサムの弟子であり，リカードとも交流があった彼の父，ジェームズ・ミルは，息子ジョン・ステュアート・ミルにアダム・スミスやリカードの理論を徹底的に教え，よってJ. S. ミルはすでに10代のうちに経済政策や貨幣論を論じることができる経済学者になっていた。

　幼少時は隣にベンサムが住み，また20代にはベンサムの弟の招待でフランスに滞在し，セイやサン・シモンと出会った。

　20代前半はベンサムに傾倒し，功利主義協会を結成したりした。ミルが生きた時代は，英国の産業革命の成功で，「世界の工場」として英国の地位が確

立した時代で，特に 1846 年から 72 年に懸けては，英国資本主義の最盛期だっ
た。一方，繁栄の影で，労働者階級の地位向上とともに分配の不平等も顕在し
つつあった。「最大多数者の最大幸福」を目指す功利主義の立場から，ミルは
分配論を展開した。しかしやがてベンサムの思想に限界を感じ，重い憂鬱症に
かかる。また 26 歳ころジョン・テーラー夫人と恋愛関係をもつ。30 代には
ベンサム批判を展開し，1841 年『論理学大系』を，1848 年『経済学原理』を
著す。1851 年ジョン・テーラー未亡人と結婚，その後，著作活動，政治活動
を精力的にこなし，1873 年逝去。

## 2. ミルの経済思想

### (1) ミルの市民社会論―ベンサム・コールリッジ・ヘーゲル

　最初「最大多数者の最大幸福」を社会的な価値基準と考えるベンサムの功利
主義思想の熱心な信奉者であったミルは，やがてベンサムに限界を感じ，精神
的危機の克服後に書いた『ベンサム論』（1838 年）で批判を展開した。

　ミルの考えを端的に述べると，「満足した豚より不満足な人間である方が良
く，満足した馬鹿より不満足なソクラテスの方が良い」ことを説いた『功利主
義』（1863 年）に要約される。ミルは経済的進歩と人間的進歩とを区別し，経
済活動を人間活動全体の調和的展開の中に位置づけようとした。

　またミルはコールリッジの思想を挙げ（『コールリッジ論』，1840 年），「ドイ
ツ・コールリッジ理論」の本体論的，保守的，国民的，歴史的，具体的性格を
18 世紀の啓蒙思想と対比させた。ミルの市民社会論にとって重要なことは，
彼は国民精神を市民社会の結合の原理として重視するコールリッジの所説を高
く評価していることである。そしてその背景には，ヘーゲルの国家主義的・国
家優位的市民社会観に対する批判が込められていた。

### (2) ミルの経済思想

　古典派を集大成したといわれるミルの経済学の重要な特徴を，「国際貿易論」

と「賃金基金説」にみてみよう。

## （国際貿易論）

　ミルはリカードの経済理論を批判し，その限界を提示した。それがミルの国際貿易論に表れている。ミルはリカードの「比較生産費説（ラシャと葡萄酒の貿易の例を思い起こそう）」を批判し，「国際交易の条件は国際需要の方程式に依存する」（『経済学原理』）とし，交易条件そのものの決定は2国の相互需要に依存するという現代貿易論の原型を提出した。しかし，ミルの発想自体が労働価値説，生産費説などに依存しているので，「ミル自らが古典派理論のひとつの限界を明らかにしたものといわざるをえない」（根岸隆『経済学の歴史』東洋経済新報社，1997年，83頁）。

## （賃金基金説）

　ミルの賃金論は，需要供給説又は賃金基金説であって，実質賃金は労働需要（賃金基金）と労働供給（人口）との関係で決まり，貨幣賃金は実質賃金と賃金財の価格によって決定されるとされた。これはリカードの賃金理論，労働の供給条件から割り出された生存費説に対抗するのであり，ミルは労働を需要する側の条件を考察して賃金基金説を唱えたわけである。しかし1869年にソーントン（W. T. Thornton, 1813-80）の批判によって，ミルは賃金基金説を撤回するに至る。（これは経済学説史上最も難しい問題のひとつとされている）

## （引用文献）

1.　伊坂市助他編『原典経済学』同文舘，1953年。
2.　杉原四郎『ミルとマルクス』ミネルヴァ書房，1967年。
3.　杉原四郎『英国経済思想史』未来社，1973年。
4.　杉原四郎『J・S・ミルと現代』岩波新書，1980年。
5.　根岸隆「J・S・ミル」『経済学の先駆者たち』日本経済新聞社，1995年。
6.　水田洋他編『経済思想史読本』東洋経済新報社，1978年。
7.　美濃口武雄『経済学説史』創成社，1991年。

第6講 ミルと賃金基金説 83

8. ミル, 末永茂喜訳『経済学原理』1〜5, 岩波文庫, 1959〜62年。

9. ミル, 朱牟田夏雄訳『自伝』岩波文庫, 1958年。

10. 山下重一『J・S・ミルの思想形成』小峰書店, 1971年。

11. John Stuart Mill, *Principles of Political Economy with some of their applications to social philosophy,* 2 vols., 1848 ; Edited by W. J. Ashley, New impression, 1926.

# 第7講　古典派経済学の整理

　第6講で取り上げたミルにおいて古典派経済学は一応の完成をみた。本講では，アダム・スミスからミルに至る古典派経済学に共通してみられる特徴を整理してみよう。

1) 古典派経済学は絶対主義時代の重商主義政策に対する批判から芽生え，発展していった。農業技術航海技術から，工業生産に関する技術に至るまで，絶対主義時代から近世にかけて発展を示した。それに伴う（あらゆる）生産物の飛躍的な増加が可能となり，経済の中心は商業から生産へと変わっていった。そうした理由もあって，古典派経済学は商品の価格決定において供給サイドと客観的要因を重視した。アダム・スミスの理論を分かりやすく表現しようとしたことで有名なセイの法則「供給はそれ自身の需要を作り出す」はこのことを示している。また古典派経済学は労働価値説や生産費説を主張した。

2) 古典派経済学は，貨幣を主として価値尺度及び交換手段として捉えた。価値貯蔵手段としての機能はほとんど考慮しなかった。古典派経済学の特徴として経済現象を静態的ではなく動態的に捉えようとする傾向が伺える。

3) 古典派経済学の独自な考えかたのひとつに賃金基金説がある。人口と食料の関係は労働と資本ないし賃金基金との関係に置き換えられるある特定時点で労働者の雇用に向けられる賃金基金の総額は一定であるとする賃金基金説が古典派の共通認識となった。

4) 古典派経済学は経済，特に貿易について自由放任主義と小さな政府の政策を主張した。とりわけ対外通商政策では，保護貿易主義を否定し自由貿易政策を推進した。それに関連して古典派経済学の特徴として，自由主義個人主

義及び個人の利益追求を肯定する利己主義が挙げられる。自由な個人の利己的経済活動がひいては社会全体の利益に繋がる。その点で古典派は功利主義の性格をもっていた。さらに古典派は，個人主義，自由放任主義を出発点として世界主義（グローバリズム）の立場を標榜した。国民的利害の対立を越え，全世界的立場を鮮明にした。

5) 古典派経済学は労働が人間にとって常に苦痛であるという消極的労働観に立ち，労働の苦痛を軽減することよりも，労働の対価である賃金が購買する消費財の増加が重要な経済目標と考えた。

以上が古典派経済学のおおまかな特徴といえる。

# 第8講 リストとドイツ歴史学派

　古典派経済学はおもに英国において発展を遂げ，アダム・スミス以来，リカ
ード，マルサス，ベンサム，ミルら，多くの学者が登場し，多くの学説が生ま
れていった。それらの学説は当然英国以外の国々にも，様々な形で批判・受容
されていった。その代表例としてマルクス経済学とドイツロマン派及びドイツ
歴史学派がある。本講ではドイツ歴史学派を，そして第9講ではマルクス経
済学を取り上げる。

## 1.　リストとその時代

### (1) ドイツ・ロマン主義

　ドイツのロマン主義思想は，フランス啓蒙主義時代に生まれたルソーなどの
思想を源流とし，ナポレオンによるフランス革命を経てドイツに輸入されてい
ったロマン主義・観念論哲学を示す。英国合理主義に対するアンチテーゼ的な
色彩が強いが，面白いことに，文学・芸術，思想・哲学，いずれも国家主義・
国民主義に収斂されていき経済学も例外ではなかった。この時代の重要な経済
学者に，A. ミュルラー，フリードリッヒ・リストがいる。ここではリストの
学説に触れてみよう。

### (2) リストの生涯

　リストは1789年南ドイツに生まれ，1819年商工業同盟の設立に尽力し，
1825年，米国に渡った。1827年『アメリカ経済学綱要』で，米国北部資本
家の保護貿易政策を支持した。その後ドイツに戻り，故国で『経済学の国民的

体系』を著し，歴史学派の先駆となる発展段階の理論に基づく保護主義政策を主張した（中村達也他著『経済学の歴史』有斐閣，2001年，55〜56頁を要約）。彼は，ドイツ，米国で様々な職業につきまたドイツに戻ったあとも，欧州各地を転々とし，その中で大著を記し，多大な功績をあげたが，最後はチロルで，1846年非業の自死を遂げた。

## （3）リストの理論の背景となるドイツの状況

　フランス革命からナポレオン時代を通じて，フランスの革命思想は広く欧州に波及していった。19世紀前半のドイツは根強い地方勢力と，他国による分断政策のため分裂状態にあった。ナポレオン戦争後，ウィーン会議により1815年にようやく連邦が発足した。当時のドイツの状況は，政治統治単位は39であり，地域的には経済・工業が進んでいたライン・プロイセン，零細土地所有経営の支配的な西南ドイツ，貴族農場が巨大化した封建的なエルベ川以東のプロイセンという，全く性質の異なる3つに区分される。

　連邦発足後主導権をとったのはプロイセンだった。最大の領邦プロイセンは工業が発達していたこともあり，また隣接する他国との経済問題から，関税障壁を取り除き，整備を図ることが火急の問題であった。領域内に複数あった貨幣単位などの度量衡や手形などに関するシステム統一を目指し，1818年には国内にあった60の関税が廃止され，その後関税同盟が次々に結成され，1833年にはドイツ関税同盟が成立した。これはドイツ統一の第一歩といえる。

　ドイツの統一はプロイセン主導で進められたが，その目的は，主にオーストリアに対して経済的に優位に立つことであった。その結果，当時産業革命を達成しつつあった英国の安価な工業製品が低い関税障壁によりドイツ各地に浸透し，勃興しつつあった諸産業，なかでも繊維産業は大打撃を受けた。

　ドイツ近代化，つまりドイツの自国産業発展の芽は，英国との競争，国際分業を進んで受け入れようとするプロイセン，各領邦の封建貴族，即ち農業支配者によって正に摘み取られようとしていた。こうした事態に直面したリストは，ドイツを国民国家として自立させる為，産業資本を育成すべく保護関税の必要

性を訴えたのである。そしてドイツ経済が英国の水準に達した暁には，保護主義を撤廃しなければならないとしている。これが所謂「幼稚産業の保護」論である。

### (4) リストの思想

リストの思想の特徴は先に述べたように保護主義政策にある。これは明らかにアダム・スミス以来の古典経済学で提唱された自由経済への批判であり，米国での生活経験をドイツの状況に敷衍して到達したリストの結論である。

リストは，一国の理想は農業・商業・工業がバランスよく発展している状態にあるとし，それを基準として，国家の発展段階を（弁証法的に）分類した。これがリストの経済発展段階説であり，(1) 狩猟時代，(2) 牧畜時代，(3) 農業時代，(4) 農業・工業時代，(5) 農業・工業・商業時代に区分した。リストによれば最終段階の (5) に到達している国は英国だけであり，したがって英国における自由貿易政策は理にかなっている，としている。しかしドイツはまだ (4) の段階にあり，よって英国の工業的優越に対し不利であり，（ドイツの産業を発展させるために）ドイツは徹底的な工業保護関税を課すべきである，と彼は主張した。これは，国民的生産力理論として知られている。

## 2. ドイツ歴史学派

ドイツの経済学は，リストや，A. ミュルラーによって国民の学として発展の兆しをみせた。彼らに共通する思想は，国民全体の発展・幸福を強調する点であった。異なる点は，リストはミュルラーよりも個人主義者であり，ミュルラーの思想はリストよりもやや土地貴族寄りであり，リストの思想のほうが，やや新興産業貴族寄りであった。

彼らのあとを受けて興隆したのが，ドイツ歴史学派の流れである。代表的な学者として，ロッシャー，ヒルデブランド，クニイスの三者の名前が挙げられる。

ドイツ歴史学派の創立者はロッシャーとされている。ドイツ歴史学派の主張

について，小泉信三はロッシャーの説を紹介した後，彼の主張を次のように要約している。「人間の経済生活は単に経済生活として特在するものでなくて，より広き文明生活一般の一部面に外ならず，而うしてその文明は歴史の所産であり，かつその発展の段階は国によって同じからざるものであるから，経済現象は個々の国民の具体的なる経済状態及びその国民的特性を究むることによって初めて認識しうらるるこれ一事である」（小泉信三『近代経済思想史』慶應通信，1987年，66頁）

このように，広く人類や文明の歴史の中で経済を捉え，それぞれの国によって経済の意義も変わってくる，というのが彼らの認識であったといえよう。

また，この三者のあとを受け，歴史学派への批判として，新歴史学派が登場する。シュモラー，ブレンターノ，ワグナーなどがいる。シュモラーの歴史学派への批判（不満）は，一般的歴史を性急に導入して，経済の理論を説明しようとしたことにある。彼は精密な経済史論研究をもって社会政策，国民経済に役立てることを想定していた。

ドイツ歴史学派の問題は，今日のグローバリズム，反グローバリズムの問題につながる今日的な問題である。経済大国を中心として，グローバル・スタンダードを構築し，自由な交易を目指す機運がある一方で，それにより自国産業が打撃を受けることを怖れている国が，先進国，発展途上国を問わず，多々ある。これらの問題を解明する際ドイツ歴史学派の考え方は大きなヒントを与える可能性をもっている。


**（引用文献）**
1. 伊坂市助他編『原典経済学』同文舘，1953年。
2. 小泉信三『近代経済思想史』慶応通信，1987年。
3. 小林昇『小林昇経済学史著作集』第68巻『フリードリッヒ・リスト研究』未来社，1978-79年
4. 小林昇「フリードリッヒ・リスト」水田洋他編『経済思想史読本』東洋経済新報社，1978年。
5. 千種義人「解題と要述」小泉信三『近代経済思想史』慶応通信，1987年。

6. 山中隆次「フリードリッヒ・リスト」宮崎犀一他編『経済学史講義』新評論，1985 年。
7. Friedlich List, *Outlines of American Political Economy*, Reprinted in the Life of Friedlich List and Selection from his Writings, ed., M.E. Hirst, London : Smith, Elder and Co., 1909. [正木一夫訳『アメリカ経済学絹要』未来社，1966 年]
8. リスト『経済学の国民的体系』小林昇訳，岩波書店，1970 年。
9. リスト『農地制度論』小林昇訳，岩波文庫，1974 年。
10. Friedrich List, *Das national Systeme der politischen Ökonomie,* 1841 ;hrsg. von H. Waentig in Sammlung sozial wissenschaftlicher Meister, 1904. [正木一夫訳『政治経済学の国民的体系』春秋社版]

# 第9講　マルクスと労働力

　経済学の大きな流れのなかで，英国古典派経済学への批判として生まれた学派のうち，前講ではドイツ歴史学派の解説を試みた。本講では，もうひとつの学派マルクス経済学を取り上げよう。

　なによりもマルクスの経済学が特異な点は，マルクス自身がもともとは経済学者ではなく，ヘーゲル哲学を批判的に継承した思想家であった点にある。従って彼は，社会科学全般のなかで歴史的・弁証法的に経済及び経済学を捉え，経済学の問題を科学的に分析することにより，資本主義の矛盾つまり資本家階級による労働階級からの富の搾取を明らかにし，根本的な社会改革を目指したのである。

## 1.　マルクスとその時代

　カール・マルクスは1818年，ドイツ，トリールで生まれた。父は弁護士だったが，ユダヤ教からキリスト教に改宗し，ルソーを崇拝する自由人だった。カール・マルクスは最初ボン大学に，ついでベルリン大学に学び，イエーナ大学で学位を取った。その後『ライン新聞』主筆となり，その論文の過激性によりパリ移転を余儀なくされ，そこで共産主義者たちから多大な影響を受けた。以後英国に亡命。ロンドンで盟友エンゲルスの援助のもと，『資本論』を書き上げた（未完）。1883年ロンドンで死去。

　彼の思想は，ドイツ観念論哲学，英国の古典派経済学，フランスの社会主義思想から成るといわれている。彼は資本家階級による労働者階級からの搾取を，資本主義のシステムの分析から解明しようとした。つまり古典派経済学の労働

価値説を発展させ，資本主義経済における等価交換を通じての資本主義経済による労働の搾取の存在を明らかにした。これは古典派経済学が資本主義経済を絶対視したのと真っ向から対立する立場である。彼はドイツの哲学者ヘーゲルの弁証法を逆立ちさせた唯物史観，つまり観念論を排除し物事・事実の対立や矛盾が歴史を動かすという立場をとり，資本主義的生産様式が歴史的，過渡的なものに過ぎないと考える。そして，空想的社会主義とは異なり，社会科学に基礎づけられた科学的社会主義を提唱した。

## 2. マルクス経済学

### (1)『資本論』

思想家マルクスは，経済学について，『哲学の貧困』『経済学哲学草稿』『経済学批判』そして『資本論』などの著作を残した。『資本論』はマルクス最大の著作であり，20年の歳月を費やされて書かれた大著である。1867年に第1部「資本の生産過程」が出版され，以後第2部「資本の流通過程」第3部「資本制生産の総過程」第4部「剰余価値学説史」が発行されていった。なお，第2部，第3部はマルクスの死後，エンゲルスにより刊行され，第4部は，さらにエンゲルスの死後カウツキーによって刊行された。

『資本論』は史的唯物論を前提とするマルクス経済学の膨大な理論体系である。マルクスは人間の営みを上部構造と下部構造に分け，上部構造である資本主義のもとに成立している市民社会，そして下部構造であるそれを支える資本主義経済の総体を分析することにより，歴史的社会である資本主義社会（の矛盾）を明らかにしようとした。

### (2) 剰余価値説

マルクスは『資本論』第1部「資本の生産過程」の最初に商品を取り上げ，そこから，商品価格が成立するための要件である商品の価値を検討した。

マルクスは商品の価値を検討するにあたり，リカードの労働価値説をとった。

第9講 マルクスと労働力 93

つまり商品の価値はそれに投下される労働量によって決定される，という考え方である。ここでマルクスによれば資本のうち，その商品に投入された原材料や機械の磨耗分等商品等の固定資本を不変資本（C）とし，労働力を買うために投入された資金（労働者が受け取る賃金）を可変資本（V）とした。労働力の価値とはその生産再生産に必要な商品，労働者が消費する商品に含まれている労働量である。ここでマルクスは労働について，「労働力」という商品を資本家が買うと考え，労働と区別した。そして現実には，労働力がその価値以上に労働をし，そこに剰余価値（M）が発生するとした。つまり剰余価値とは，利潤や地代や利子など労働者から搾取する部分であり，不変資本（C），可変資本（V），剰余価値（M）の合計（(C) + (V) + (M)）が商品の価値となる。剰余価値と可変価値の比が剰余価値率，搾取率と定義される。これはマルクスの搾取説とも呼ばれている。不変資本と可変資本の比が資本の有機的構成と定義され，資本蓄積過程におけるその上昇，資本の集中，産業予備軍（過剰人口）の出現等が論じられる。

### (3) 利潤率低下法則

マルクスによれば商品の価値を示す利潤率 r は剰余価値(M)と不変資本(C)と可変資本(V)の和((C) + (V) + (M))の比率である。それぞれを V で割れば，(M/V) と (C/V) + 1 との比率である。剰余価値率（M/V）が一定であるとすれば，資本の有機的構成（C/V）が上昇すると，利潤率 r が低下する。これを言い換えると，資本主義経済は必然的に資本の有機的構成を強化していくことになり，それは利潤率の低下につながる，というものであった。これがマルクスの利潤率低下法則である。現代においてこの説は支持されていない。機械の導入等は利潤を高める為になされるので，資本の有機的構成が上昇するのに剰余価値率が一定であるとは考えずらい。

### (4) 柴田・置塩定理

マルクスの利潤低下法則をワルラスの一般均衡論の手法を使って徹底的に検

証したのが，柴田・置塩定理である。結論を先に言えば，「現行価格で生産費を低めるような技術の変化が利潤率を高めることが，一般的な場合について，つまり財の数が2財ではなく任意のN財であり，かつ投入係数がどのような値であっても成立する」（根岸隆『経済学史入門』放送大学教育振興会，2001年，76-77頁）。

　このように一応マルクスの利潤低下法則は否定されているようにみえるが，今日の経済が複雑化した時代において，マルクスの利潤低下法則が完全に否定できるかどうか，必ずしも断定できない（根岸隆，前掲書，76-77頁），という説もある。そこにマルクスの今日的意義があるのかもしれない。

**（引用文献）**

1. 伊坂市助他編『原典経済学』同文舘，1953年。
2. 入江節次郎他編『帝国主義研究II帝国主義の古典的学説』お茶の水書房，1977年。
3. 内田義彦『資本論の世界』岩波新書，1966年。
4. 佐藤金三郎「カール・マルクス」水田洋他編『経済思想史読本』東洋経済新報社，1978年。
5. 杉原四郎『マルクス経済学の形成（改訂版）』未来社，1974年。
6. 杉原四郎・佐藤金三郎編『資本論物語』有斐閣，1975年。
7. 根岸隆『経済学の歴史（第2版）』東洋経済新報社，1997年。
8. 根岸隆『改訂版経済学史入門』日本放送出版会，2001年。
9. 古沢友吉編『講座経済学史IV マルクス経済学の発展』同文舘，1977年。
10. D・マクレラン，杉原四郎他訳『マルクス伝』ミネルヴァ書房，1976年。
11. K・マルクス，長谷部文雄訳『資本論1〜4』河出書房，1964年。
12. Karl Marx, *Das Kapital, Kritik der politischen Ökonomie*, Moskau:Marx-Engels-Lenin-Institut.

# 第10講　限界革命と欧州

　第11講から第14講まで，限界革命の経済学者を取り上げるが，本講では彼らの登場までのバックボーンを概説する。

　英国で生まれた古典派経済学は，アダム・スミスに始まり，リカード，マルサスらを経て，ミルに至り，一応の完成をみた。と同時に古典派経済学は，欧州各地で批判・受容されていき単に英国一国の経済学にとどまらず多くの国で学問的に共有され様々な学問的成果が誕生していった。例えばマルクス経済学，ドイツ歴史学派などがその例である。その中で英国古典派経済学を継承し経済学の本流となって展開したのが限界革命の学説であった。限界革命は，古典派経済学を批判的に継承し，より精緻化し，学問化していった。

## 1.　19世紀後半の欧州

　19世紀後半の欧州を掻摘んで整理してみよう。

1）　いちはやく産業革命を経験した英国は市民主義，自由主義の道を進み，ビクトリア王朝のもと栄華を極めたが，1870年代以降社会問題は山積みとなり，景気も低迷していった。1870-80年代は英国にとっても大きな転機となった。産業革命以来の「世界の工場」は，ドイツ，米国の急速な追い上げにあい，また国内に貧困問題を抱え，限界に達していた。1873年以降19世紀末までの英国は「大不況」期にあたる。これが結局覇者国家の凋落の開始を告げるものであった。

2）　フランスはフランス革命，ナポレオン帝国を経験し，20世紀に至る半世紀は政治的には極めて不安定であった。

3) 1871 年，プロイセンによりドイツ統一達成。普澳戦争，普仏戦争などを
へて，プロイセンが統一を進めた。

4) ビスマルク体制：1871 年ドイツ統一が完成した年，宰相ビスマルクは，
欧州大陸の諸国との間で複雑で錯綜した同盟や協商の関係を結び，しかも英
国とも良好な関係を保ちながら，フランスを孤立させる外交政策に成功，欧
州における新秩序が構築された。当時，各国がアフリカやアジア，太平洋で
植民地獲得に走るなか，ドイツだけは自制をした。欧州で繰り返し引き起こ
された大陸間戦争を防止することができた。危ういながらも「平和」が保た
れ，「ビスマルク体制」（1871-1890）として欧州は安定していた。ビスマル
クによるドイツは，国家主導の急速な工業化を推進し，かつての覇権国家英
国を追い越さんばかりの勢いがあった。

5) ドイツ工業化：その中心は化学工業にあり，綿織物工業を中心とする軽工
業中心の英国にとって，驚異となった。フランスはドイツより先に工業化を
進めてきたとはいえ，英国ほどの産業経済に到達していた訳でなく，ドイツ
の急迫に対して，より一層の近代化，工業化を進めなくてはならなくなった。

6) ドイツ統一の欧州への影響：欧州，特に中欧の政治的状況にも大きな変革
をもたらした。中欧の覇者ハプスブルク帝国はすでにフランス革命に刺激さ
れた民族独立運動等により帝国分裂の危機に幾度となく直面していた。1866
年の普澳戦争における敗北及びオーストリア＝ハンガリー二重帝国への改編
は，ハプスブルク帝国が中欧の覇者からドイツに従属した一国家に収縮した
ことを意味していた。それでも改編後の 1867 年には立憲主義体制を確立し，
ハンガリーの農業生産力を基盤に，オーストリア工業の発展を図った。

7) 欧州社会全般の動向：近代化・産業化を必死の思いで急ぐドイツとオース
トリア，これに遅れをとるまいとするフランス，そしてこうした大陸諸国家
の急速な台頭に対して，早急なる対策を迫られる英国。1871 年以降の欧州
社会を取り巻く情勢はこのようなものであった。

このような状況下を背景に 3 人の論者が互いに全くその存在すら知らない
のにほぼ同時期に同じ限界効用という画期的な理論を展開した。オーストリア

のカール・メンガー（1840-1921），フランスのレオン・ワルラス（1834-1910），そして英国のウィリアム・ジェヴォンズ（1835-1882）である。

メンガーはドイツ観念論の流れを組む主体的価値論に立脚した限界理論を，オーストリアのウィーン大学で展開した。ワルラスは効用最大化の下で，すべての需要と供給とが同時に均衡するという一般均衡論に立脚した限界理論をスイスのローザンヌ大学で展開した。そして英国ではジェヴォンズが若くして夭折した後マーシャルがマンチェスターのケンブリッジ大学において，市場経済の動態性に着目しつつ，産業経済の本質に迫った立場から限界理論（新古典派経済学）を発展させ体系づけた。

## 2.　限界革命の先駆者たち

アダム・スミスやリカードなどの古典派経済学を継承した経済学者たちはさらに学問的精緻化を目指し，新たな経済学上の発見をしていった。それが華咲いたのが限界革命であり，その中心がメンガー，ワルラス，ジェヴォンズであった。彼らについては後の各講の説明に譲り，ここでは古典派から限界革命，新古典派への流れを追ってみよう。

限界革命の先駆者として，リカードを始祖に，フランスのデュピュイ，ベルヌイ，ドイツのゴッセン，同じくドイツのチューネン，フランスのクールノーの名前が挙げられる。彼らにより，効用理論の先駆的研究や微分法などの数学的手法導入がもたらされた。

リカード：「近代経済学は次のように発展したことになる。リカードには2人の偉大なる後継者があった。それはマルクスとワルラスである。中略—いわゆる近代経済学派が継承しているのは，ワルラスに始まる学風である」（森嶋通夫『思想としての近代経済学』岩波新書，4頁）

デュピュイ：公共料金の分析において価格と消費量との関係を需給曲線であらわした。

ベルヌイ：貨幣の総効用が対数関数であらわされるという仮説

98

　チューネン：限界生産理論に対する貢献

　クールノー：独占価格の分析に微分法の手法を用い，自然に限界分析に到達
していた。

　ゴッセン：限界効用逓減の法則を早くから気付いていた。

　さらにこれらの人々の中にワルラスの父，オーギュスト・ワルラスを含めて
もよいかもしれない。

　以上がおもな限界革命の先駆者であるが，面白いのはメンガー，ワルラス，
ジェヴォンズらが，自らの理論を構築するにあたり，先駆者の理論をそれほど
深く研究していなかったという事実である。特にメンガーはほとんど先駆者た
ちの著作を読んでいなかったという。


## 3.　限界革命の影響


　限界革命のその後への影響は，計り知れないものがあるが，確実なところを
示しておく。

　まずワルラスはローザンヌ大学の後継者としてパレートを迎えたが，ローザ
ンヌ学派自体は発展しなかった。しかし現代においてもワルラスを研究する学
者は多数おり，一般均衡論の発展に多大な成果をみせている。英国においては
ジェヴォンズが限界革命の先駆者の栄光に欲したが，彼の学説はエッジワース
やウィックスティードが彼の影響を受けて経済理論を発展させていった。しか
しその後アルフレッド・マーシャルがケンブリッジ学派を成し，経済学の一大
潮流を形成した。メンガーを輩出したウィーン大学はオーストリア学派を形成。
ウィーザーやベーム・バヴェルクらが主導し，ノイマン，ハイエク，ミーゼス
らを輩出。シュムペーターも最初ウィーン大学に学んだ。

　これら限界革命以後の限界効用理論を基礎とした経済学を新古典派経済学と
いう。今日，経済学の基本的なテキストで紹介されている基礎概念「機会コス
ト」「限界コスト」「無差別曲線」「帰属理論」などは，おおむねこのころ誕生
したものであり，今日ミクロ経済学の基礎を形成する。

# 第11講　メンガーとオーストリア学派

## 1. メンガーとその時代

　1871年以降の欧州社会を取り巻く情勢は，前講でも述べたように，近代化・産業化を急ぐドイツ，オーストリア，これに追随するフランス，それに大陸諸国家の急速な台頭に対して，早急なる対策を迫られる英国，という構図だった。このような状況下を背景に登場した出身国の異なる3人のうち，本講ではカール・メンガーを取り上げる。

　1870年代はじめ，オーストリアでは自国産業の発展・育成に主眼をおいたドイツ歴史学派及び新歴史学派が支配的であった。市場を分析したり，モデルを使用する経済理論は静態的であるとして，当時の新しい概念である限界効用理論に対しては否定的であった。しかし，メンガーは歴史学派との論争に勢力を傾け，またバヴェルク，ウィーザーら優れた学者が後継者となり，さらにハイエク，シュムペーター，ミーゼスらを輩出し，一大学派が築かれるようになった。

　メンガーは1840年オーストリア領ガリツィア（現ポーランド領）に生まれ，1859年にウィーン大学入学，その後プラハ大学に学び，1863年卒業，その後クラクフ大学で博士号の学位を得た。ジャーナリズムの世界に入り，いくつかの新聞で経済時評を書き，その後内閣新聞局に入った。彼の仕事は政府系の機関誌に市況の展望記事を書くことであったが，そこで経験を積んだ実業家の考えと従来の経済理論の差異に気付き，驚愕したとのエピソードがある。1871年『国民経済学原理』を刊行，ここに優れた限界効用に関する理論が著されて

いた。またこの年，ドイツが統一を実現した。メンガーはこの著書の出版後，50 年の歳月を生き学問の世界に没頭した。1879 年ウィーン大学教授に就任。以後学究生活に専念し，1921 年 81 歳で没した。

## 2. メンガーの学説

### (1) 主観的価値論

メンガーの理論は主観価値論或いは主体価値論と呼ばれる。彼は，経済学を歴史や政策から徹底的に切り離し，そこから出発する固有の経済理論の構築を目指した。彼は第 1 段階として社会現象を個人の行為のレベルにまで分解しようとする方法的個人主義を採用したが，さらに第 2 段階として，個人の行為が合理的であるとする内容的個人主義を設定した。こうしてメンガーは合理的な経済判断をすることができる個人の経済性から出発し，自らの経済学の理論体系を構築していく。

彼は個人の合理的経済行動を設定することから財などの価値をその経済体系の中で位置づけし，その中で古典派経済学における労働価値説を論破した。つまり，多くの財は多大な労働力を投入されたにもかかわらず，高価なこともあるし，安いこともある。この現象は労働価値説では説明できない。財と財が交換されるのはたまたま個人の評価作用が等しくなったため，とした。

メンガーの主観的価値は，欲望の満足度を指標で，数字列による階梯表としてあらわされた（例えば，欲望の程度を 10, 9, 8, 7 と数字によって表現する）。この表によれば人間の欲望の程度は，財の単位が増加するにつれて減少していく。これが限界効用逓減の法則である。この法則によれば，財の価値は最も重要でない使用価値，つまり最終単位になったときに等しくなる。

### (2) 帰属理論

メンガーは直接消費される財を第 1 次財とし，それに付随する複数の生産要素について，順次，第 2 次財．第 3 次財というように高次財（生産財，原料

など）を設定した。そして第1次財に限界効用を適用し，それに従って高次財も限界効用が適用され，高次財の価値が消費財やほかの低次財に対する貢献によって決定されるとした。これが帰属理論である。

　ここでメンガーは生産に貢献する複数の高次財は互いに補完的であり代替可能であるとした。複数の高次財は様々な組み合わせが想定され，ある組み合わせが選択されたことによって犠牲となる他の組み合わせの価値を想定した。これが喪失原理であり，失われた価値を機会費用とした。

　これらの理論は後継者である，バヴェルク，ウィーザーらによって精緻化，強化されていった。


### (3) 商品の販売力

　メンガーの学説のうち，近年注目を浴びているのが，商品の販売力の概念である。以下間宮洋介「C・メンガー」『経済学の先駆者たち』日本経済新聞社を参考に紹介していこう。

　メンガーは財を人間にとって有用な物であると定義し，その中で，人間の欲求にとって相対的に稀少な財を経済財と呼んだ。交換は経済財を対象として行われる行為であり，商品とは「生産者や中間商人が交換の為に用意している財」のことである。有用性はもはや商品の第一の特性ではない。商品とは流通過程にあって売ることを目的として保有される資産のことに他ならない。

　メンガーによれば有用性は財に関する属性であり，「販売可能性」は商品の属性となる。同じ商品の中にも売り捌くのが容易なものもあれば，簡単には現金化出来ないものもある。彼は（経済的に妥当な価格で）売り捌き現金化することのできる容易さを販売可能性として概念化した。商品は販売可能性の度合いにおいて相違をもっているが，最も高い販売可能性をもつのがメンガーの言う貨幣である。

　根岸隆は「メンガーの商品の販売力の概念は最近のノン・ワルラシアン・エコノミックスにとって非常に重要である」（根岸隆『経済学の歴史』（第2版）東洋経済新報社，1997年，142頁）としている。「価格が自由に変動し需要が絶え

*102*

ず一致しているワルラシアン・エコノミックスに対して，ノン・ワルラシアン・
エコノミックスにおいて，価格は需給ギャップを解消するようには変動せず，
需給が不均衡のままで経済過程が進行すると考える。（中略）供給が需要より
小さく，ショート・サイドにある商品はメンガー流にいえば販売力が大きいと
いえるであろうし，逆に供給が需要より大きく，ロング・サイドにある商品は
販売力が小さいことになる」（前掲書，142頁）。

## 3. メンガーの後継者たち―オーストリア学派概観

　メンガーの著作は学説史的には『国民経済学原理』が重要である。他に論争
的な著作もあるが，彼の後半の人生のほとんどはこの本の改訂に費やされたと
いっても過言ではない。当初メンガーは，『国民経済学原理』を第一部総論とし，
四部からなる経済学の大系を目指していたようだ（都留重人『近代経済学の群像』
（現代教養文庫）社会思想社，1993年）。しかし結局彼の生涯の理論書は『国民経
済学原理』だけであり，彼が構想して著作にできなかった部分は後継者が引き
継いだ。

　彼の後継者として重要な人物は，ベーム・バヴェルク（1851-1914）とウィー
ザー（1851-1926）である。

　バヴェルクは1851年生まれ，ウィーン大学に学び1875年法学博士，ハイ
デルベルク大学などで研究を続け，1889年オーストリア＝ハンガリー帝国の
蔵相になった。1904年ウィーン大学教授となり，1914年に退任。彼の業績は
『資本および資本利子』の第2巻『資本の積極論』における，利子を現在財と
将来財との価値の差によって基礎づける独自の資本利子論と，メンガーの価格
理論を発展させた限界待遇の法則である。

　バヴェルクと同年代でほぼ同時期に研究を始めたウィーザーは1851年生
まれ，ウィーン大学で学位を修め，ハイデルベルク大学などで研究を続け，
1903年ウィーン大学教授に就任。1922年に退職し，名誉教授となり，1926
年没。主著は『経済価値の起源と主要法則』（1884年），『自然価値論』（1889年），

『社会経済学』（1914年）。メンガーの主観的価値論を静学的に展開。限界効用という語を創始し，定着させたことでも知られる。

　彼ら2人がウィーン学派第二世代であり，彼らの薫陶を受けた学者として，シュムペーター，ミーゼス，ハイエクがいる。

**（引用文献）**

1.　石井修『国際政治史としての20世紀』有信堂，2000年。

2.　小泉信三『近代経済思想史』慶応通信，1987年。

3.　根岸隆『経済学の歴史（第2版）』東洋経済新報社，1997年。

4.　根岸隆『改訂版経済学史入門』日本放送出版会，2001年。

5.　松峨敦茂『現代経済学史』名古屋大学出版，1996年。

6.　三土修平『経済学史』新世社，1993年。

7.　Carl Menger, Grundsatze der Volkswirtschaftslehre, Wien, 1871.

　　［安井琢磨訳『国民経済学原理』日本評論社，1986年］

# 第12講　ワルラスと一般均衡理論

## 1.　ワルラスとその時代

　限界革命におけるワルラスの貢献は，個別に打ち立てられた限界効用理論をさらに発展させ一般均衡理論までに高めた点にある。彼は経済過程において基本市場をいくつかに分類整理し，それぞれの市場間の需給依存関係を検討し，最後に市場全体の需要，供給，価格の相互関係を一般均衡論として定式化した。

　レオン・ワルラスは 1834 年，北フランスの小都市エヴルーに生まれた。父オーギュストは経済学についての造詣が深く，経済学者クールノーとも親交があった。ワルラスは，幼いころから父の指導を受け，「稀少性」のコンセプトを引き継ぎ，またクールノーから経済学に対する数学的手法の適用を引き継いだ。1854 年鉱業学校に入学し，文芸評論，哲学，社会科学に熱中した。やがて父の勧めにより 24 歳ころから経済学に専心するようになった。1865 年からは協同組合運動に加わり，その過程でいくつかの著書を著すが世間の反応は冷たかった。その後租税会議での活躍が認められ，1870 年スイスのローザンヌ大学に経済学教授として迎えられた。1874 年主著『純粋経済学要論』，1883 年『社会的富の数学的理論』などを発表。主著『純粋経済学要論』の改訂は初版以来 4 版までに及び，第 3 版では限界生産力に関する学説を提示した。1892 年，パレートに地位を譲ったのちも研究に専念し，1910 年没した。

## 2. 『純粋経済学要論』

　ワルラスの代表作である『純粋経済学要論―社会的富の理論―』第1版は1874-77年にかけて発表された。その後彼は改訂を重ね，最後に第4版が1900年に出された。

　本書は「交換の理論」「生産の理論」「資本化・信用の理論」「貨幣の理論」の4パートからなっている。本書では交換理論の基礎として限界効用原理が使用されており，ワルラスはそこから限界効用理論を定式化し，一般均衡理論体系を構築した。ワルラスは最初に抽象的な基本的環境を設定し，そこから環境を徐々に拡大していき，経済要素を増やし，その過程を数学的に検討し，理論化していった。

　ワルラスは，まず取り上げる市場を完全市場とした。次に市場のプレイヤーとして3つのタイプの資本家を登場させた。それは土地のサーヴィスを売る地主，機械などの用役を売る資本家，労働力を売る労働者であるが，さらに，これらの資本家からサーヴィス，財を購入し，商品を作りそれを売り出す企業家を登場させた。

　企業家は3つのタイプの資本家から，それぞれ土地用役，資本用役，労働用役を借り受け，その代金として，地代，利子，賃金を支払う。ここに生産用役市場と生産財市場と2つの市場が成立する。この市場における企業家と資本家との間の取引を想定し，価格の決定についての検討を試みた。

　実際の経済は交換，生産，資本・信用，流通・貨幣があるが，ワルラスは先ず交換だけの世界を想定する非現実的完結モデルを作り，次に生産を結合させた世界を考えた。つまりモデルを拡張させる接近法を取った。

　このように環境を設定したうえで，ワルラスは，1) 交換の一般均衡，つまり消費財と消費用役の価格と取引量の決定，2) 生産の一般均衡，つまり生産用役市場を導入し生産物・生産用役市場における均衡価格と取引量の同時的決定，3) 資本化及び信用の一般均衡，つまり固定資本の形成，4) 貨幣及び流動

資本の一般均衡，つまり貨幣の流動資本の問題という4つの一般均衡を解明していった。

以上4つの一般均衡をとおして経済社会全体の均衡を分析できる方法論を導き出したことが，ワルラスの最大の貢献といえる。

## 3. 今日の経済学とワルラス

オーストリアではカール・メンガーの学問がオーストリア学派を形成した。英国では，ジェヴォンズは夭折してしまったが，アルフレッド・マーシャルがケンブリッジ学派を作った。それに比して，ワルラスは，パレートが後継者になったとはいえ，ワルラスの学派を受け継ぐ学者は極めて少なかった。ドイツではメンガーの亜流として殆ど無視され，イギリスではマーシャルが巨大な勢力をもっていたことと，エッジワースがワルラスに対して極めて低い評価をしたため，ワルラスの研究が開始されたのは後年になってからだった。

彼の学問に対する熱狂的な支持者としてはシュムペーターが有名であるが，彼の理論が本格的に検証されるようになったのは1950年代以降である。アロー，ドゥブリュー，マッケンジー，ゲールらによって数学的解法の精緻化が試みられヒックスらによってワルラスの静態理論への時間的概念の導入が試みられた。またソロー，スワン，宇沢弘文らにより新古典派マクロ成長理論のミクロ的基礎としてのワルラスの理論も活発に議論されている。

**（引用文献）**
1. 大田一廣他編『経済思想史』名古屋大学出版会，1995 年。
2. 柏崎利之輔『ワルラス』日本経済新聞社，1977 年。
3. ウイリアム・ジャッフェ，安井琢磨他編訳『ワルラス経済学の誕生』日本経済新聞社，1977 年。
4. 中村達也他著『経済学の歴史』有斐閣，2001 年。
5. 日本経済新聞社編『経済学の先駆者たち』日本経済新聞社，1995 年。
6. 根岸隆『ワルラス経済学入門』岩波書店，1985 年。

第12講 ワルラスと一般均衡理論　107

7. 根岸隆『改定版経済学史入門』放送大学，2001 年。

8. 水田洋他編『経済思想読本』東洋経済新報社，1978 年。

9. 森嶋通夫，西村和雄訳『ワルラスの経済学』東洋経済新報社，1983 年。

10. 安井琢磨著作集第 1 巻『ワルラスをめぐって』創文社，1970 年。

11. ワルラス，久武雅夫訳『純粋経済学要論』岩波書店，1983 年。

12. ワルラス，柏崎利之輔訳『社会的富の数学的理論』日本経済新聞社，1984 年。

13. Walras, M. E. L., *Élément d'écnomie politique pure, ou Théorie de la richesse sociale*, 1874-77: 5$^e$éd., Lausanne: Rouge, 1926 ［久武雅夫訳『純粋経済学要論』岩波書店，1983 年］

14. Walras, M. E. L., *Étude d'économie sociale, ou Théorie de la répartion de larichesse sociale*, Lausanne :Rouge et Paris : Pichon, 1896, 2$^e$ cd., par G. Leduc, Paris : Pichon et Durand-Auzias, 1936.

15. Walras, M. E. L., *Élément d'écnomie politique applitiquée, ou Théorie de la production de la richesse sociale*, Lausanne : Rouge et Paris:Pichon, 1898, 2$^e$ éd., par G. Leduc, Paris : Pichon et Durand-Auzias, 1936.

# 第13講　ジェヴォンズ

　1870 年前後の英国経済学者の系譜を眺めると，ジェヴォンズ，マーシャル，エッジワースの活動時期は，生没，ジェヴォンズ：1835-1882，マーシャル：1842-1924，エッジワース：1845-1926 となり，代表作発表時期は，ジェヴォンズ：1871，マーシャル：1890，エッジワース 1881，となる。世代的にはエッジワースが一番若いが，彼の学問の系譜はマーシャルより年長のジェヴォンズを引き継いでおり，またマーシャルは若いころ，ジェヴォンズやワルラスとほぼ同時期に限界効用に気付いていたが，主著の出版が 1890 年となってしまったため後塵に甘んじることとなった。

　本講では英国における限界革命の先駆者であるジェヴォンズとエッジワースを取り上げる。彼らと活動時期が微妙に重なっているマーシャルについては，ケンブリッジ学派の始祖として講を改めて紹介したい。

## 1.　ジェヴォンズとその時代

　ミルの登場によりほぼ完成の域にあった古典派経済学は，労働価値説を基盤とするため，限界効用の概念に気付かない状況にあったが，当時すでに何人かの経済学者は限界効用の領域にまでに到達していた。独占価格理論について微分法を用いて分析しようとしたクールノー，公共料金の分析を通じて消費者余剰に近づいていたデュピュイ，鉄道料金の分析をしたラードナーなどである。彼らに共通するのは独占に関する分析をしていることである。クールノーの微分法による分析を知っていたラードナーの著作を読んでいたジェヴォンズが，オーストラリアにおける実際の鉄道料金や土地問題に関する論争（これも独占が

テーマとなる）を通じて限界効用の理論を形成していったことは想像に難くない。

　ジェヴォンズは1835年，英国のリバプールに生まれた。父は鉄を扱う商人で，母は女流詩人だった。彼は16歳でロンドンのユニヴァーシティー・カレッジに入り，化学や植物学を学ぶ。父の事業失敗を機にオーストラリアに移住し，シドニーの造幣局に勤務した。ここでの独学による思索及び先にも触れた鉄道料金や土地問題に関する政策論争が後年の経済理論構築の礎となった。1859年英国に戻り，ユニヴァーシティー・カレッジで学位取得後，1866年，マンチェスターのオーエンズ・カレッジの経済学教授に就任した。1865年『石炭問題』を発表し，教授就任後の1871年には『経済学の理論』を発表した。ここに彼の新しい知見が披瀝されているわけであるが，当時一般には認められなかった。その後統計的，実証的研究に専念し，成果を収めた。1876年ユニヴァーシティー・カレッジ経済学教授。1880年健康上の理由で教授を辞任。1882年，水泳中に失神し，溺死した。46歳の若さであった。

## 2.　ジェヴォンズの学説

### （1）交換の理論

　ジェヴォンズの経済学の特徴は交換の理論にある。そのルーツはベンサムにあった。彼は，自らの価値論を構築するにあたり，労働価値説を排除し，ベンサムが提唱した効用理論を支持した。彼がベンサムに魅力を感じたのは経済学を交換の学と理解したからである。財の効用はその数量とともに増減し，価値は効用の最終度で規定される。これが限界効用であり，消費者における効用の極大化はそれぞれの用途において各商品の限界効用が等しくなるように商品量を割り当てることで達成される。ジェヴォンズの貢献はこのような限界効用を用いて交換の理論を構築したことにある。

　交換の理論について，まず彼はメンガーと異なり，交換における最小単位のモデルとして団体を想定する。これは団体のほうが安定性があるからである。このような団体の取引について，一物一価を前提とする市場価格が与えられる

*110*

とし，その関数として需要供給の均等を均衡条件と考えるワルラスとは異なり，ジェヴォンズは，同一市場で，同じ品質同じ量の商品を複数の売り手が販売するとき，自由な交換から始まると考える。その際需給は一致しているが一物一価値は成立していない。より有利な交換の裁定として差別的価格をつけるので同じ値段にはならない。これがジェヴォンズの一物一価の法則，無差別の法則である。

### (2) 現実政策へのジェヴォンズの影響

ジェヴォンズの理論の現実への適用として「労働者補償法」がある。1886年総選挙でソールズベリ・チェンバレンの保守・自由の統一党が勝利し，1880年に成立し問題となっていた「使用者責任法」に完全な転換が図られた。チェンバレンは使用者を処罰せず，労働者を救済をすることを目的とし，その改革の根拠をジェヴォンズの実験的方式に求め，ついにはその方式を1897年の「労働者補償法」として実施した。

## 3. エッジワース

ジェヴォンズは46歳で早逝したので，その人生において後継者を育成するまでに至らなかった。しかし彼の著作に影響を受けた英国の経済学者が彼の理論を発展させた。ウィックスティードやエッジワースらである。

エッジワースは1845年アイルランドに生まれ．ダブリンのトリニティー・カレッジを卒業後オックスフォード大学で文学士の学位を取得。1885年キングス・カレッジの経済学教授となり，1891年にはオックスフォード大学経済学部教授となった。1891年，王立エコノミック・ジャーナルの編集者に就任，晩年にはケインズの協力を得ながら，亡くなるまで職務を続けた。

エッジワースはジェヴォンズの市場の均衡問題への接近法を継承し，数学的手法に基づいた緻密な経済理論を構築していった。エッジワースの経済学に対する貢献は．現代ミクロ経済学の手法の基礎とされている「無差別曲線」「ボッ

クスダイアグラム」「契約曲線」などを創出していったことである。

**(引用文献)**

1. 井上琢智「ジェヴォンズの2つの革命」根岸隆編『経済学のパラダイム』1995 年。
2. 井上琢智「W・スタンレー・ジェヴォンズ」大田一廣他編『経済思想史』名古屋大学出版会，1995 年。
3. 根岸隆『改訂版経済学史入門』日本放送出版会，2001 年。
4. 福岡正夫「W・スタンレー・ジェヴォンズ」日本経済新聞社編『経済学の先駆者』日本経済新聞社，1995 年。
5. マーク・ブローグ，中矢俊博訳『ケインズ以前の 100 大経済学者』同文舘，1989 年。
6. 三土修平『経済学史』新世社，1999 年。
7. Jevons, W. S., *The Coal Question:An Inquiry Concerning the Progress of the Nation, and the Probable Exhaustion of our Coal-mines*, 1865, 3rd ed., edited by A. W. Flux, 1906 ; 3rd ed., revised, New York:Kelly, 1965.
8. Jevons, W.S., *The Theory of Political Economy*, London,1871.［小泉信三・寺尾琢磨・永田清訳『経済学の理論』日本経済評論社，1989 年］

# 第14講 マーシャルとケンブリッジ学派

　英国における限界革命といえばジェヴォンズを始祖として，彼の後継者としてエッジワースの名前を挙げることが多いが，実際に英国の経済学界で限界革命以降圧倒的な影響力をもったのがマーシャル経済学であった。マーシャルはワルラスの理論を補完しうる経済分析手法を鍛え上げ，また自由な学風によってケインズやピグーなど多くの後継者を輩出し，ケンブリッジ学派を形成した。

## 1. マーシャルとその時代

　1870年ごろ，古典派経済学を含む当時の主流派経済学に対して，ジェヴォンズが対決的に限界効用の理論を公にしたのに対し，マーシャルが自らの理論の公表を控え，1890年に主著『経済学原理』を出版したとき彼の著作は広く世間に迎え入れられた。これはマーシャルが古典派経済学と対立するのではなくむしろ後継者を自認し，古典派経済学の一般化を試み，数理的分析に専心したからにほかならない。

　当時の英国は，1846年穀物法廃止以来まがりなりにも自由主義経済を確立，維持してきたが，19世紀末，長期不況の問題を抱えていた。マーシャルが取り組もうとした2つの課題は，英国の対外競争力の低下の原因を探り，その対策を提示すること，もう一つは貧困を撲滅すること，であった。彼の経済学はこのように現実を踏まえた実践的経済学であり，実社会への適用を目指したものであったが，それと同時にマーシャル自身数学出身であり，厳密な経済理論を求めた側面も無視できない。

　マーシャルは1842年，ロンドンの福音派の家庭に生まれ，1865年ケンブ

リッジ大学数学科を卒業した。大学時代より次第に倫理的問題に興味をもつようになり，1867年ころから経済学を研究するようになった。1877年結婚，1879年妻との共著としてはじめての経済学書『産業経済学』を著した。1885年ケンブリッジ大学経済学教授に就任。主著『経済学原理』は1890年に発表された。1908年．ピグーを後任に迎え，退職。1924年没。

## 2. 部分均衡分析

マーシャルの経済学が実際の経済を踏まえた実践的なものであり，従って市場の理論を純粋にモデル化して構築していくという手法をとらず，問題をもった現実の断片を取り上げ，孤立化し（それに付随する他の部分を切り離し），その問題だけを浮かび上がらせて検証するというものであった。菱山泉は，「マーシャルの分析手法には，空間・時間を限定させたうえで問題を解決していこうとするという特色がある」（菱山泉「マーシャルの『経済学原理』」，杉原ほか編『限界革命の経済思想』有斐閣1977年，143頁）と述べている。

また，実践的経済学を目指すマーシャルは企業の動向に注目し，企業の意思決定にそって市場の動きを時間軸によって区別した。これはマーシャル経済学の大きな特色で，ワルラスの静態的経済学に対して動態的経済学といわれる所以でもある。マーシャルの時間区分は次のとおりである。(1)一時的均衡，(2)短期均衡，(3) 長期均衡，(4) 超長期均衡。以下これらの時間区分について解説していく（以下，中村他著『経済学の歴史』有斐閣アルマ，157-160頁を参考にした）。

(1) 一時的均衡：供給が手元の商品に限定されているときの均衡。例えば突然の需要増大に直面したときに，需要の動きを見極めるため，企業が供給の行動をとらない場合をいう。

(2) 短期均衡：企業が稼働率の増減により，生産量の調整を図るときの均衡。(1) のままで対応しきれなくなった企業が当面の需要に間に合わせるため増産に踏み切った場合などがそれにあたる。

(3) 長期均衡：企業が設備投資などによって生産量調整する場合の均衡。例

えば生産力が大幅にアップする整備を投入する場合，長期的に収益を見込んだ投資となる。これが長期均衡である。設備投資は他の企業の新規参入としても考えられ（新たな企業参加により結果的に市場における設備投資が成立する），こうして長期均衡となる。供給量が増加すると市場価格が下落する。そこで各企業とも利潤最大化を目指し，平均費用の最低点を限界として供給量調整に入る。平均費用以下では費用は回収できない。

(4) 超長期均衡：歴史的趨勢。人口の変化や技術的知識の変化する期間。

以上がマーシャルの期間区分であるが，重要なのはやはり，市場分析にかかわってくる（3）の長期均衡である。

## 3.　市場構造の分析

ワルラスが完全競争市場を考え，「交換」の概念のもとに理論構築していったのに対し，現実を切り取って分析するという手法をとったマーシャルは現実にそった様々な生産力の，様々なタイプの企業が群雄する市場を考えた。ここでマーシャルは企業を中心に経済活動を検討し，有名な内部経済と外部経済という考え方を創出した。

内部経済：例えば企業が規模を拡大することによって作業の合理化が可能となり，余裕ができた結果益々生産が向上するような，企業内の経済効果のことをいう。

外部経済：例えば小企業が複数存在したとしても，それらが集積して立地することで，輸送費が節約されたり，インフラが整備されたりして，効率化がすすむような場合をいう。

このような企業の動向を集積して産業全体を考えようとしたマーシャルは，産業組織全体を，「生産性」に着目しつつ，長期均衡論として描こうとした。

市場構造の分析としてもやはり，企業の動きに注目し，長期的均衡という時間軸にそった動態的均衡論となっているのはいうまでもない。

そのほか，マーシャルの業績は不完全競争への道筋の提示，国民所得の概念

第 14 講　マーシャルとケンブリッジ学派　*115*

を提示し，ケインズ経済学，マクロ経済学への道筋を提示したことなどがある。そして現代の基本的な経済学テキストに書かれていることの多くはマーシャル経済学に負っている。マーシャルの功績はテキストというわれわれにとって身近なところで，現代に伝えられているのである。

**(引用文献)**

1.　井上義明『市場経済学の源流』中公新書，1993 年。

2.　井上義明「アルフレッド・マーシャル」大田一廣他編『経済思想史』名古屋大学出版会，1995 年。

3.　根岸隆『改訂版経済学史入門』日本放送出版会，2001 年。

4.　菱山泉「アルフレッド・マーシャル」水田洋他編『経済思想史読本』東洋経済新報社，1978 年。

5.　マーク・ブローク，中矢俊博訳『ケインズ以前の 100 大経済学者』同文館，1989 年。

6.　三土修平『経済学史』新世社，1993 年。

7.　村上泰亮『反古典の政治経済学』全 2 巻，中央公論社，1992 年。

8.　Marshall, A., *Principles of Economics*, London:Macmillan, 1890, 8th ed., 1920, 9th (variorum) ed., 1961.［大塚金之助訳『経済学原理』全 4 巻，改造社，1928 年；馬場啓之助訳『経済学原理』全 4 巻，東洋経済新報社，1965-67 年］

9.　Marshall, A., *Industry and Trade : A Study of Industrial Technique and Business Organization, and their Influences on the Conditions of Various Classes and Nations*, London : Macmillan, 1919, 4th ed., 1923.［佐原貴臣訳『産業貿易論』宝文館，1923 年：永沢越郎訳『産業と商業』全 3 巻，岩波ブックセンター信山社，1986 年］

10. Marshall, A., *Money, Credit and Commerce*, London : Macmillan, 1923.［松本金次郎訳『貨幣・信用及び商業』自彊館書店，1927 年：永沢越郎訳『貨幣信用貿易』全 2 巻，岩波ブックセンター，1988 年］

11. Marshall, A. & M. P. Marshall, *The Economics of Industry*, London : Macmillan, 1879, 2nd rev. ed ., 1881.［橋本昭一訳『産業経済学』関西大学出版部，1985 年］

# 第15講　ケインズとマクロ経済

　第2次世界大戦後の経済学はケインズ経済学から始まり，その後の東西冷戦時代，ケインズ経済学がリーダー的な役割を果たしてきた。今日，東西冷戦構造が崩壊し経済のグローバル化が叫ばれ，新古典派経済学が再び勢力をもちつつありケインズ経済学は往年の影響力を失っている。しかし新古典派からのケインズ経済学の見直しもふくめ，ケインズの理論は今日でも検討され続けている。

## 1.　ケインズとその時代

　19世紀末-20世紀初期の英国経済は長期にわたり低迷していた。同時期，米国経済は急成長をとげ，たくさんの巨大企業が勃興した。また欧州はオスマン・トルコ帝国が崩壊し，東欧を中心に新たな勢力均衡が求められた。そしてその均衡のひずみが原因となり第1次世界大戦が勃発した。そのような時代，ジョン・メイナード・ケインズは1883年英国ケンブリッジに誕生した。父ネヴィルはケンブリッジ大学の要職にあり，マーシャルとも親しかった。ケインズは最初ケンブリッジ大学で数学を学んだが，後に経済学に専攻を替えた。文官試験に合格し，1906年から2年間インド省に勤務。1908年ケンブリッジに戻りキングズ・カレッジのフェローとなった。その後1915年大蔵省勤務1919年，第1次世界大戦の終結に伴うウィーン会議に大蔵省主席代表として出席した。厳しすぎる賠償案に反対し，条約調印後，大蔵省を辞任した。1929年世界中を席巻した大恐慌に対して，彼のまわりにいた若手経済学者と

ともに分析を試み，1936年その成果を『雇用・利子および貨幣の一般理論』(以下，『一般理論』と記す) として著した。ケインズは第2次世界大戦勃発に伴い，大蔵省に復帰，世界経済再建準備の中心メンバーとして活躍した。終戦の翌年国際通貨基金 (IMF) と世界銀行設立会議に出席後，1946年，62歳で没した。

## 2. ケインズの理論

### (1) マーシャルからケインズへ

　新古典派の大成者であるマーシャルは，ビクトリア時代の長期不況に直面した経済学者であり，ケインズは，国民所得や一般理論の手法など，マーシャルから多くの業績を引き継いでいる。またケインズの有名な「経済学を学ぶならばマーシャルの著作と新聞を読むだけで十分だ」ということばからもその影響が伺われる。一方でケインズはマーシャル経済学の忠実な後継者であるとともに厳しい批判者でもあった。彼の批判は，やはり現実の経済を分析することを基本とするマーシャルの手法に基づいている。ケインズの新古典派批判は，理論の前提そのものにあった。

### (2) 完全雇用と不完全雇用

　ケインズは『一般理論』で新古典派の2つの前提 (公準) を示した。一つは第1公準「実質賃金率は労働の限界生産力に等しい」という需要側の前提である。いまひとつは第2公準「実質賃金率は労働の限界負効用に等しい」という供給側の前提である。

　第1公準は，労働力による生産が賃金を上回っている限りは，企業家は労働力を投入するが，生産が賃金より下回る場合，損失がでると判断され，雇用の追加を停止する，というものである。第2公準は，労働者は体力的に許される範囲で賃金に見合う労働を提供するが，例えば1時間労働時間が長くなるにつれて疲労度が高まり，限界負効用が賃金の効用を上回った時点で労働供給を停止する，というものである。ケインズは第1の公準を容認し，第2の公

*118*

準を否定した。

　第2公準は，労働者が労働をするかしないかという選択権を所有しており，労働者が完全雇用されているときにしか成立しない。これは現実の労働市場にはそぐわないとしてケインズは否定し，非自発的失業不完全雇用市場が「一般的である」経済理論の構築を目指した。これもマーシャルの教えに従って，理論よりも現実の不況による大量失業を冷静に観察し，分析した結果に基づいている。

## (3) 有効需要理論

有効需要理論とは，ケインズ経済学のメインテーマというべきもので，その主張は現実の生産水準は需要によって決定されるということである。これを一企業だけでなく，マクロ経済にあてはめると，一国全体の総需要が国民総生産(GNP) を決定する。このような決定は完全雇用に対応するとは限らず，有効需要に対応する総生産に必要な完全雇用が成立しないとき非自発的失業が発生する。

　生産の総供給額は市場に供給する財・サーヴィスの集計額を賃金単位で計ったものであり，総需要額は全雇用量のもとでの国民所得水準でどれだけの財・サーヴィスに対する需要が生じるかを賃金単位で計ったものである。総需要額と総供給量の均衡に位置する点に対応する国民総生産額が有効需要であり，実際の経済活動水準が有効需要に対応する水準に定まるというのがケインズの有効需要の理論である。

## (引用文献)

1.　中村達也他著『経済学の歴史』有斐閣，2001 年。
2.　根岸隆『改訂版経済学史入門』日本放送出版会 , 2001 年。
3.　三土修平『経済学史』新世社, 1993 年。
4.　Kalecki, M., *Proba tearij Konjunktury*, Warszawa, 1933.
5.　Kalecki, M., "A Macrodynamic Model of Business Cycles," *Econometrica* 3, 1935.

第 15 講　ケインズとマクロ経済　119

6.　Keynes, J.M., *The General Theory of Employment, Interest and Money*,
London :Macmillan, 1936.［塩野谷裕一訳『雇用・利子及び貨幣の一般理論』（『ケ
インズ全集』第 7 巻）東洋経済新報社，1983 年］

7.　Klein, L. R., *The Keynesian Revolution*, New York : Macmillan, 1947.
［篠原三代平他訳『ケインズ革命』有斐閣, 1952 年, 改訳版, 1965 年］

# 第16講　古典派・限界派・ケインズ派

第16講はこれまでのまとめとして経済学の主流3派を整理する。

(1) 価値論：古典派は労働価値説に沿って展開し，限界派もケインズ派も均衡論に立脚している。

(2) 分配論：古典派は階級的な要素で展開し，限界派，ケインズ派は機能的に分析している。但し，ケインズ派は，ケインズが「限界派の第1公準（労働需要は限界生産力で決まる）」を肯定していることに着目してそのように判断したが，ケインズが（ハーベイ・ロード）社会階級の存在を前提にして展開していることに着目して，階級的な分配論とする解釈も可能である。

(3) 貨幣論：古典派の説は概ね貨幣数量説だが，アダム・スミスやリカードの著作には貨幣価値を貴金属の生産費で説明している箇所もあるので，担保する必要がある。限界派は数量説，ケインズ派は流動性選好説をとっている。

(4) 雇用論：雇用論は，完全雇用を常態と見なすか不完全雇用を常態と見なすかで判断するが，古典派の場合どららとも明白でない。「完全雇用」の概念がないため。しかしながら，賃金率が生存費の水準に固定されるというリカードの説は，労働供給関数が生存費水準で無限に弾力的だと解釈しているので，一応不完全雇用を想定するのが妥当と思われる。

(5) 政策論：古典派と限界派は，自由放任主義（レッセ・フェール）で，「小さな政府」指向である。ケインズ派はこれに対して，積極財政で，「大きな政府」になりがちである。

(6) 分析の力点：古典派はマクロ長期動態に着眼しており，限界派はミクロ資源配分に力点を置いている。ケインズ派はマクロ長期動態である。ケインズ自身は短期の分析を専ら行ったのであるが，長期動態は後継者のハロッドや

第16講 古典派・限界派・ケインズ派　121

ロビンソン等が関心をもったテーゼであった。

(7) 各種の分類：

**〔近代経済学〕**：古典派経済学に対して，他の2つの限界派とケインズ派を総称して「近代経済学」と呼ぶ。これは価値論と分配論に着目して分ける方式である。

**〔新古典派経済学〕**：ケインズは著作のなかで古典派と限界派を一緩めにして捉えている。ここでは古典派と限界派（新古典派）が「古典派」の名で呼ばれる。貨幣論と政策論に着目して両グループを対立するものと捉えた。この対立構図は，ケインズを批判するマネタリストや合理的期待学派も採用しており，合理的期待学派が「新しい古典派のマクロ経済学」と呼ばれるのもこの分類の観点に立脚してのことである。自分の学派は新しく，それ以前の学派は古いと見なすやり方である。

**〔ケンブリッジ分類〕**：第3の対立構図は，晩年のロビンソン女史やその周辺のケンブリッジ学派の人々が創った対立軸で，古典派とケインズ派を一緒にして，これらを真理に肉薄した立派な経済学と見なし，中間の時代に栄えた新古典派経済学を細かいことにこだわって大局を見失い真理から遠ざかった経済学と見なすものである。この場合は，ロビンソンは主として雇用論と分析の主眼に重点を置いた分析方式である。

**（引用文献）**

1.　三土修平『経済学史』新世社，1993 年。

2.　Joan Violet Robinson, *An Introduction to Modern Economics* (with J.Eatwell), NewYork : Mcgraw-Hill,1773.［宇沢弘文訳『現代経済学』岩波書店，1976 年］

# 第17講　シュムペーター

## 1.　シュムペーターとその時代

　1883年，カール・マルクスが亡命の地ロンドンで客死した年，20世紀を代表する2人の経済学者が誕生した。一人はJ・M・ケインズ，もう一人が本講の主人公，ヨゼフ・アロイス・シュムペーターであった。

　シュムペーターは1883年，現在チェコ領となっているモラヴィアに生まれた。ウィーン大学法学部では，ベーム・ヴァベルクやウィーザーのもとで経済学を学んだ。ウィーン大学の同期には後のマルクス主義経済学者，オットー・バウアーやヒルファディングもいた。1906年法学博士号取得の後，欧州各地エジプト等を転々とし，その間『経済発展の理論』などの著書を上梓した。その後36歳でオーストリアの大蔵大臣を経験したが，7ヶ月で辞任。40歳を過ぎてドイツのボン大学に着任，その後米国のハーヴァード大学に移り，多くの経済学者を育てた。1950年1月，米国にて急逝。

　彼の経済学は資本主義の本質を追い求めるものであり，その本領は動態論にあった。彼はそれに関連して経済発展論，景気循環論経済学説史等，経済学の多くの分野で卓越した業績を残した。

## 2.　シュムペーターの学説

### (1) 新機軸とイノベーション

　シュムペーターは，尊敬する先達として，ケネー，クールノー，ワルラスの

第17講　シュムペーター　123

## 消費者物価指数（CPI）基準年の主な改廃品目

| 基準年 | 主な追加品目 | 主な廃止品目 |
|---|---|---|
| 1960<br>（昭和35） | 乳酸菌飲料，家賃（公営），自動炊飯器，トースター，テレビ，冷蔵庫，口紅，テレビ聴視料，カメラ，宿泊料 | マッチ，わら半紙，インキ |
| 1965<br>（昭和40） | 即席ラーメン，チーズ，レタス，マヨネーズ，バナナ，いちご，インスクントコーヒー，電気掃除機，腕時計，プロパンガス | うずら豆，ごま，駆虫剤，ラジオ聴取料 |
| 1970<br>（昭和45） | 即席カレー，レモン，メロン，コーラ，テレビ（カラー），ルームクーラー，航空運賃，乗用車，自動車ガソリン，ボウリング代，フィルム（カラー），自動車教習料 | かんびょう，ジャンパー，まき，綿ネル，サージ，学生帽 |
| 1975<br>（昭和50） | 冷凍調理食品，グレープフルーツ，ステレオ，テープレコーダー，ラップ，ブルージーンズ，トイレットペーパー，学習塾 | 鯨肉，合成清酒，．ミシン（足踏式） |
| 1980<br>（昭和55） | 牛肉（輸入品），オレンジ，ポテトチップ，電子レンジ，ベッド，ティッシュペーパー，ドリンク剤，小型電卓，月謝（水泳） | テレビ（白黒），木炭，電報料，フィルム（白黒） |
| 1985<br>（昭和60） | ルームエアコン（冷暖房兼用），マッサージ料金，運送料（宅配便），ビデオテープレコーダー，ペットフード，月謝（音楽） | 徳用上米，甘納豆，れん炭，運送料（鉄道） |
| 1990<br>（平成2） | ブロッコリー，ハンバーガー，モップレンタル料，コンタクトレンズ，ワードプロセッサー，ビデオカメラ，コンパクトディスク，ビデオソフトレンタル料 | カリフラワー，かりんとう，砂，石炭，ほうき，万年筆，レコード |
| 1995<br>（平成7） | 外国産米，ピザパイ（配達），浄水器，芳香剤，普通乗用車（輸入品），ガソリン（プレミアム），電話機，サッカー観覧料 | 魚肉ソーセージ，キャラメル，ベニヤ板，ちり紙 |
| 2000<br>（平成12） | ミネラルウォーター，発泡酒，温水洗浄便座，人間ドック受診料，移動電話通信料，パソコン，外国パック旅行，月謝（英会話），ヘアカラー，通所介護料 | 電気洗濯機（2槽式），テープレコーダー，小型電卓，月謝（珠算）． |
| 2005<br>（平成17） | チューハイ，サプリメント，カーナビゲーション，移動電話機，テレビ（薄型），DVDレコーダー，フィットネスクラブ使用料，エステティック料金 | 指定標準米，ミシン，ビデオテープレコーダー，鉛筆，月謝（洋裁） |
| 2010<br>（平成22） | ドレッシング，紙おむつ（大人用），予防接種料，高速バス代，ETC車載器，電子辞書，ペット美容院代，メモリーカード | やかん，草履，テレビ修理代，アルバム，フィルム |
| 2015<br>（平成27） | コーヒー飲料（コンビニエンスストアにおけるセルフ式），空気清浄機，補聴器，電動アシスト自転車，ペットトイレ用品 | レモン，お子様ランチ，左官手間代，ETC車載器 |

出所：吉川洋『人口と日本経済』152頁。

名前を挙げた。彼らはいずれもフランス人であり，数学的アプローチをもって
経済学に貢献した人々である。シュムペーターの学問的出自はウィーン学派に
なるかもしれないが，このようにフランス経済学の影響を受け，ワルラス的な
静態的均衡論を一方に置き，他方に，企業エリートの創造的破壊（creative
destruction）による新機軸の創出を動態的基軸として置き，両者の絡み合い
により経済の動きを描こうとした。

　この創造的破壊により淘汰され，消えていくモノやサーヴィスがある。暖房用
炭はその典型である。総理府統計局の「消費者物価指数」は，消費構造の変化を
考慮して五年ごとに入れ替える（吉川洋『人口と日本経済』中央公論新社，151頁）。

### (2) 資本主義

　シュムペーターは資本主義をどのように捉えているのか。

　「資本主義はその成功によって滅ぶ」（シュムペーター）。その理由は次の通り
である。

1) 資本主義の発展により企業は大型化していく。そしてその機能の一部は官
　僚にゆだねられることになる。

2) 資本主義経済が合理的な志向のもと進化すると，工場などの制度がますま
　す洗練されていき，その結果，忠誠心や命令服従の関係が破壊される可能性
　がでてくる。

3) 企業間の競争が活発になると，創造的な実業家の行動も大企業とは敵対関
　係になり，それに伴い，政治制度や知識階級も敵対関係になる可能性がでて
　くる。

4) このような発展を遂げると資本家や実業家が労働者・一般市民の心を捉え
　続けることは困難になり，やがて資本家や実業家も企業統治能力を失い，結
　果として資本主義は滅び，強力な社会主義的統治が実現するだろう。


　以上のとおりであるが，正しいか，否か。因みに，森嶋通夫によれば，英国
のサッチャーの保守党政権が行った政策は，シュムペーターの社会主義必然論
に対する反革命とのことである。

第17講 シュムペーター　125

**（引用文献）**

1. 中村達也他著『経済学の歴史』有斐閣，2001 年。
2. 伊東光晴他著『シュムペーター』岩波新書，1993 年。
3. 大野忠男『シュムペーター体系的研究』創文社，1971 年。
4. 金指基『シュンペーター再考』現代書館，1996 年。
5. 塩野谷裕一『シュンペーター的思考』東洋経済新報社，1995 年。
6. 根井雅弘『シュンペーター企業家精神・新結合・創造的破壊とは何か』講談社，2001 年。
7. フランク・バリオーネ「シュムペーター」E・ディヴァイン他編『20 世紀思想家事典』誠信書房，2001 年。
8. 北条勇作『シュムペーターの研究』多賀出版，1983 年。
9. 吉川洋『人口と日本経済』中央公論新社，2016 年。
10. シュムペーター，大野忠男他訳『理論経済学の本質と主要内容』上下岩波文庫，1982-83 年。[J. Schmpeter, *Das Wesen und Hauptinhalt der theoretischen Nationalokonomie*, Leipzig : Dunker. 1908]
11. シュムペーター，中山伊知郎他訳『経済発展の理論』上下 岩波文庫，1977 年。[J. A. Schmpeter, *Theorie der Wirtschaftlichen Entwicklung,* Leipzig : Dunker und Humblot, 1912]
12. シュムペーター，中山伊知郎他訳『経済学史』岩波文庫，1980 年。[J. A. Schmpeter, *Epochen der Dogmen -Methodengeschichte*, Tubingen : Mohr, 1914]
13. シュムペーター，玉野井芳郎監修『社会科学の過去と未来』ダイヤモンド社，1972 年。[J. A. Schmpeter, *Vergangenheit und Zunkuft der Sozialwissenschaft*, Leipzig : Dunker, 1915]
14. シュムペーター，都留重人訳『帝国主義と社会階級』岩波書店，1956 年。[J. A. Schmpeter, *Zur Soziologie der lmperialismen*, Tubingen:Mohr, 1919]
15. シュムペーター，吉田昇三監修 金融経済研究所訳『景気循環論（全 5 冊）』有斐閣，1954 ～ 1964 年。[J. A. Schmpeter, *Business Cycle*, New York : McGraw-Hill, 2 vols., 1939]
16. シュムペーター，中山伊知郎他訳『資本主義・社会主義・民主主義』東洋経済新報社，1951 年。[J. A. Schmpeter, *Capitalism, Socialism and Democracy,* New York : Harper, 1942]
17. シュムペーター，東畑精一訳『経済分析の歴史（全 7 冊）』岩波書店，1955 ～ 1962 年。[Elizabeth B. Schmpeter, ed., *History of Economic Analysis,* New York: Oxford University Press, 1954]

# 第18講 ピグーと厚生経済学

## 1. ピグーとその時代

　厚生経済学は，ローザンヌ大学におけるワルラスの後任，パレートが基礎を作り，ケンブリッジ大学におけるマーシャルの後任，ピグーが確立したとされる。ピグーは，マーシャルの内部経済・外部経済の概念を発展させ社会全体の経済的厚生の増進を目的として規範的経済学に応用した。

　ピグーは1877年生まれ，ケンブリッジ大学を卒業し，1908年30歳の若さでマーシャル（当時65歳）の教授職を受け継いだ。この間『富と厚生』『厚生経済学』など重要な著作を次々に発表。1944年退官し，1959年没。代表作である『厚生経済学』の改訂は1952年まで続いた。

## 2. ピグーの厚生経済学

　ピグーによれば，社会全体の厚生を検討するとき，効用は個人間で比較可能である，とされる。そして経済厚生とはこの厚生のうち直接的・間接的に貨幣尺度と関係づけが可能な部分のことである。このような前提のもとピグーは3つの命題を立てた。

(1) 国民分配分（国民所得）の平均量を高める如何なる要因も，若しそれが分配を損なわず，又変動を助長しないならば，経済的厚生を増進する。

(2) 貧者の受け取る国民分配分（国民所得）の分け前を増加させる如何なる要因も，若しそれが所得の縮小に導かず，又その変動に不利な作用を及ぼ

さないならば，経済的厚生を増大させる。

(3) 国民分配分（国民所得）の変動に減ずる如何なる要因も，若しそれが所得を減せず，又その分配を損なわないならば，経済的厚生を増加させる。

この命題が成立させる為に次の2つの条件が必要である。

第一に社会的厚生は個人的厚生の総和である。

第二に実質所得は効用逓減法則に従い，個人間及び異時点間の比較が可能である。

ピグーの立論に対しては，L. ロビンズが批判を試みた。彼によればピグーの厚生経済学は効用の個人間比較に止まるものである，というのである。

ロビンズの批判から10年後ピグーは「厳密には個人間の効用比較は不可能だが，大まかにいえば各人を相似た人間とみなすことによって第二命題は成立する」と答えた。

## 3. 厚生経済学の展開

ピグー以降の厚生経済学は，ロビンズやカルドアらによって，効用の個人間比較を前提としない，パレートに基づく理論が展開された。これはピグーの旧厚生経済学に対して新厚生経済学といわれる。

ピグーは貨幣賃金の低下が物価下落を招来すれば，その結果，実質現金残高が増加し，貯蓄意欲の減退をもたらし，消費支出増大となる（これをピグー効果と呼ぶ）。かくして賃金や物価が下方硬直的なら，ケインズ政策をとらなくても完全雇用になると主張したが，後にこれは現実的ではないと撤回している。だが，ピグー効果は全く否定された訳ではない。ストック経済と言われる日本の経済分析に有用な側面をもっている。またピグーの立論は今日の「市場の失敗」に連なる議論とされている。

一方，新厚生経済学はさらに発展し，サミュエルソンらにより，社会的厚生関数の概念が提案された。これは無数に存在するパレート最適点相互に優劣をつける社会的基準をつくるための指標である。アローはそこからさらに発展し，

『社会的選択と個人的評価』で不可能性定理を提案し，3 人の投票者と 3 つの選択肢という単純な例をあげ，多数決という民主主義的方法は，結局行き詰まってしまうとした。

**(引用文献)**

1. 加藤寛「A. C. ピグー」日本経済新聞社編『経済学の先駆者たち』日本経済新聞社，1995 年。
2. 菊谷達弥「アロー『社会的選択と個人的評価』」佐和隆光編『現代経済学の名著』中公新書，1989 年。
3. 竹内靖雄「アロー」『経済思想の巨人たち』新潮社，1997 年。
4. ピグー『厚生経済学』気賀健三他訳，東洋経済新報社。[A. C. Pigou, *The Economics of Welfare,* London : Macmillan,1920.]
5. ピグー『社会主義対資本主義』北野熊喜男訳，東洋経済新報社。
6. ピグー『失業の理論』篠原泰三訳，実業之日本社，1951 年。[A. C. Pigou, *The Theory of Unemployment,* London : Macmillan, 1933.]
7. ピグー『雇用と均衡』鈴木諒一訳，有斐閣 1951 年。
8. ウィリアム・プレイト他編「ケネス・J・アロー」『経済学を変えた 7 人』佐藤隆三他訳，勁草書房，1988 年。
9. 松原隆一郎「市場と公正」『経済思想』新世社，2001 年。
10. A. C. Pigou, *Wealth and Welfare,* London:Macmillan, 1912.
11. A. C.Pigou, *The Economics of stationary States,* London : Macmillan,1935.

# 第19講　ミーゼス，ハイエクと社会主義計算論争

## 1.　ウィーン学派の現代的展開

　限界革命の一方の雄であるカール・メンガーは優れた後継者に恵まれ，彼の薫陶を受けた教え子たちはやがてウィーン学派を形成するようになった。ウィーザー，バヴェルク，ノイマン，ハイエク，ミーゼス，シュムペーターなどである。「オーストリアの経済学は，2つの経路で米国へ移植された。第一はシュムペーターにより，ボン経由でハーヴァードにもたらされ，第二はミーゼスとハイエクにより，それぞれジュネーヴ及びロンドン経由でニューヨークとシカゴに移植された。前者は米国の左派オーストリアン（シュンペリアン），後者はシカゴ右派（マネタリストや「人的資本」派）を育成した」（森嶋通夫『思想としての近代経済学』岩波新書，188頁）。ミーゼス，ハイエクは社会主義経済を批判し，市場原理至上主義，小さな政府を主張した。

## 2.　社会主義計算論争

　1917年10月のロシア革命により社会主義国家ソ連が成立したが，理論経済学者の関心は社会主義共同体で経済計算が可能かどうかにあった。社会主義者は理想郷を描くべきではないとするマルクスの思想に従い，革命後の実行案を用意していなかった。過去にオランダの経済学者ピエルソンが社会主義社会において価値計算は欠くことができないものであるがそれは不可能である，と主張したが注目されなかった。1920年オーストリアのミーゼスがこの問題を

提起するに及び，大きな関心を呼んだ。

　彼の主張は「資本主義体制が変革されて社会主義社会になれば，社会主義経済の定義から生産手段は公有となり生産手段の市場はなくなる。したがって当然生産手段は市場価格から形成されず，その市場価格は不明である。市場価格が不明であれば，収益，費用そして利潤の合理的計算は不可能となり，恣意的な資源配分に拠らざるをえず，したがって社会主義経済は運営不可能となる」（吉田靖彦「社会主義経済計算論争の一考察」『経済学論争』2巻2号，宮崎産業経営大学，1994年3月101-121頁）というものであった。すなわちミーゼスは，財市場が形成されていないから合理的な価格決定ができないとして，社会主義経済を批判した。

　ミーゼス説は弟子のハイエクやハルムによって継承された。これとは別にドイツのマックス・ヴェーバーらによっても同様の主旨が論ぜられた。

　これらの社会主義批判に対して社会主義者の間から多くの反駁がなされた。バローネ，ディキンソン，ランゲ等によれば，仮に消費の自由を認めないとしても，生産要素を最も有効に利用する為には，生産費を比較計算する必要は依然として存在し，その為には上級財に対する何らかの価格形成が行われなければならない，というものである。ランゲやディキンソンはワルラスの模索過程の理論を応用し，社会主義経済において中央当局が価格を調整すれば均衡価格が得られるとした。このことに因み，ワルラスが若い頃社会主義を志向していたことも無縁ではないかもしれない。1930年代，ランゲは，価格のパラメータ機能による社会主義経済の可能性を示唆し，ミーゼス，ハイエクに対抗した。英国のマルクス主義経済学者ドッブは，「市場原理と社会全体にとっての合理性は本来別物であり，前者に反した不均衡が長期的にはかえって経済発展をもたらしうる」（中村達也他著『経済学の歴史』有斐閣，2001年，106-107頁），としている。

　自由主義者ミーゼスやハイエクの社会主義批判の根本的な動機は，個人の自由を無視した「科学」による「計画」が「社会主義」と結びついていることであった。社会主義者であったランゲの場合も，彼が分権的・均衡論的な社会主

義モデルを構築したのは，集権的で官僚的な命令経済（ソ連型社会主義）に対する批判という勁機が背後にあったようである。ミーゼスを引き継いだハイエクはランゲを批判し，ランゲ・モデルが，現実の経済において無力であることを主張した。またコールナイが1992年の著書で，ハイエクの理論を次のように紹介している。「社会主義にとって真に重要な問題はそれが均衡価格を設定することができるかどうかではなく，多くの異なる場所にかくされ，必然的に分散した情報を入手し，速やかに利用する為どの様な刺激があるかどうかである。この点で，市場競争及び自由企業が不可欠である」（吉田靖彦，前掲論文，108頁）。

　中央計画当局が競争市場に代わって数学的解決によって生産手段価格を計算する為には，競争市場体制下の個々の企業がもっていた財，サーヴィス生産に関係した詳細な情報を加工，分析することが果して可能なのか。ハイエクは「数学的解決」では社会主義経済下における生産手段価格の推計は困難であると言っている（吉田靖彦「社会主義経済計算論争と経済体制の国際関係」『青山国際政経論集』25号1992年10月，265頁）。

**（引用文献）**

1. 小島専孝「ハイエク『市場・知識・自由』」佐和隆光編『現代経済学の名著』中公新書，1989年。
2. 千種義人「解題と要述」小泉信三『近代経済思想史』慶応通信，1987年。
3. ドッブ『経済理論と社会主義』1955年，都留重人他訳，岩波書店，1958-59年。[Maurice Herbert Dobb, *On Economic Theory and Socialism*, London: Routledge, 1955]
4. 中村達也他著『経済学の歴史』有斐閣，2001年。
5. ハイエク編『集産主義計画経済の理論』1935年，迫間真治郎訳，実業之日本社，1950年。
6. ハイエク，古賀勝次郎訳「貨幣理論と景気循環」西山千明他監修『ハイエク全集』第1巻，春秋社，1988年。[Friedrich August von Hayek ,*Monetary Theory and the Trade Cycle*, New York: Augustns M.kelley,1975]
7. ハイエク，谷口洋志他訳「価格と生産」西山千明他監修『ハイエク全集』第1巻，

*132*

春秋社，1988 年。［Friedrich August von Hayek, *Prices and Production*, 2nd ed., NewY ork :Augustus M.Kelley, 1967］

8. Ludwig von Mises, *Theorie des Geldes und der Umlaufsmittel*, Munchen und Leipzig : Duncker & Humblot 1912.［第二版，1924 年 の翻訳，東米雄訳『貨幣及び流通手段の理論』日本経済評論社，1980 年］

9. Ludwig von Mises, *Die Gemeinwirtschaft : Untersuchungen uber den Sozialismus,* Jena:Gustav Fischerp 1922.［『共同経済』，邦訳なし］

10. ミーゼス，村田稔雄訳『ヒューマン・アクション』春秋社，1991 年。［Ludwig van Mises, *Human Action -A Treatise on Economics,* third rivised edition, Chicago : Contemporary Books,1966.］

11. 森嶋通夫『思想としての近代経済学』岩波新書，1994 年。

12. 吉田靖彦「社会主義経済計算論争と経済体制の国際関係」『青山国際政経論集』25 号，1992 年。

13. 吉田靖彦「社会主義経済計算論争の一考察」『経済学論争』2 巻 2 号，宮崎産業経営大学 , 1994 年。

14. ドン・ラヴォア, 吉田靖彦訳『社会主義経済計算論争再考』青山社，1999 年。［Don Lavoie, *Rivalry and Central Planning - The Socialist Calculation Debate Reconsidered,* Chicago: Cambridge University Press, 1985］

15. ランゲ =F.M. テーラー『計画経済理論』1938 年, 土屋清訳. 社会思想社，1951 年。［Oskar Ryszard Lange and Fred M.Taylor, *On the Economic Theory of Socialism*, Ed.and with an introduction by Benjamin Lippincott, Minneapolis: University of Minnesota Press, 1938］

16. マレー・N・ロスバード，吉田靖彦訳『人間，経済及び国家』上下巻，青山社，2000/2001 年。［Marray N. Rothbard, *Man, Economy, and State: A Treatise on EconomicPrinciples,* Alabama: The Ludwig von Mises Institute, Auburn University,1993］

# 第20講 フリードマンと自然失業率仮説

## 1. 貨幣数量説の再評価—マネタリズム

米国シカゴ学派の代表的経済学者，ミルトン・フリードマン（1912-2006）は『貨幣数量説の研究』(1956) で，「貨幣数量説」を蘇えらせ，マネタリズムを提唱した。貨幣数量説は，もともとは物価水準は本質的には貨幣供給（貨幣,預金貨幣)に依存する，というものである。これは貨幣供給をモノやサーヴィスを購入するために使われる貨幣量と捉えれば古典派的解釈になるが，現代においては貨幣の投機的需要も存在し，すると貨幣供給の増加によって物価が上昇するという関係は成立しなくなる。

フリードマンは物価水準に劇的に変化が起こる場合にはどの場合にも必ず，それ以前に貨幣供給の増加率が劇的に変化していること，第二に，経済活動の総水準の低下並びに上昇を引き起こすのは，常に貨幣供給の急激な変化であることを論じた。政府が「微調整」を成し遂げる能力に疑問を抱いていた為に，フリードマンが好ましいと思った救済策は，貨幣供給の増加率を実質 GNP の増加率に自動的に結び付ける法的規則であった。とは言え，実際の所彼は，財政政策よりも金融政策に優先権を与える「自由裁量的」政策に落ちつくことが望ましいと思った。

## 2. 自然失業率仮説

フリードマンは失業とインフレの同時発生のメカニズムを解明した（拙著『経

済体制と経済政策』創成社, 236-7頁)。ケインズ理論の欠点は, 失業とインフレが同時発生する所謂スタグフレーションに対する論拠を持ち合わせていない点である。不況下の物価高は, ケインズ体系では存在していないことになっていた。1970 年代の先進国が陥ったこの現象を解明したのが, フリードマンの自然失業率仮説である。短期では, 労働者は貨幣錯覚で名目賃金で労働供給を増加させるが, やがて長期では, 物価上昇に気付き, 実質賃金で労働供給を減らす (ここで言う短期とは, 人々の期待インフレ率が変化しない程短い時間を指す)。拡張的金融政策は, 短期的には実質 GDP の増大と失業率の低下をもたらすものの, 長期的には実質 GDP を増大させず, 失業率を低下させないうえ, 高いインフレ率だけを残す。これがマネタリストの主張である。

## 3. 反ケインズ主義

　フリードマンによるケインズ及びケインジアン批判はおもにサミュエルソンらによる, インフレ政策に対するものであった。
　フリードマンによれば「貨幣供給一定の状態で, 政府が支出を増やすと, 国民所得は一時的に増加し, 人々は新たに発行された国債を買って資産が増えたと思う。そして支出を増加しようとして貨幣に対する需要が増加しても, 貨幣の供給量は一定であるから国民所得はこれに見合う水準まで下がることで貨幣の需要＝供給の状態に戻る。したがって国民所得の増加は一時的なものにすぎない」(竹内靖雄『経済思想の巨人たち』新潮社, 1997 年, 281 頁)。

**(引用文献)**
1.　秋田次郎「フリードマン『選択の自由』」佐和隆光編『現代経済学の名著』中公新書, 1989 年。
2.　西山千明『フリードマンの思想』東京新聞出版社, 1979 年。
3.　樋口美雄『労働経済学』東洋経済新報社, 1996 年。
4.　フリードマン『インフレーションと金融政策』新飯田宏訳, 日本経済新聞社, 1972 年。
　[Milton Friedman, "The Role of Monetary Policy," *American Economic Review* 58,

March, 1968, pp. 1-17]
5. フリードマン『資本主義と自由』西山千明他訳, マグロウヒル好学社, 1976年。[Milton Friedman, *Capitalism and Freedom*, Chicago: University of Chicago Press, 1962]
6. フリードマン『インフレーションと失業』保坂直達訳, 日本経済新聞社, 1978年。[Milton Friedman, "Unemployment versus Inflation?," *Occational Paper* No.44, London: the Institute of Economics Affairs, 1975]
7. フリードマン『選択の自由』西山千明訳, 講談社文庫（上・下）1983年。[Milton Friedman and Rose Friedman, *Free to Choose*, New York : Harcourt brace Jovanovich, 1980]
8. フリードマン『政府からの自由』西山千明監修, 中央公論社, 1984年。
9. マーク・ブローグ, 中矢俊博訳,『ケインズ以後の100大経済学者』同文舘, 1994年。[Mark Blaug, *Great Economists sinse Keynes: An Introduction to the Lives and Works of One Hundred Modern Economists*, Herts (England) : Wheatsheaf Books, 1985]

### マネタリストの労働市場と自然失業率

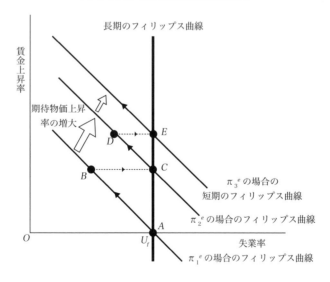

出所：樋口美雄『労働経済学』290頁。

# 第21講 サミュエルソンと新古典派総合

## 1. 第2次世界大戦前後の経済及び新古典派総合

1929年の大恐慌を契機として資本主義各国の経済政策は長期不況と失業雇用対策に重点が置かれた。そのとき注目を浴びたのがケインズ理論であり，それに伴って政府による経済介入も増加していった。そのような状況下，第2次世界大戦後の資本主義経済は，しばしば混合経済と表現された。いうまでもなく市場機構からなる民間部門と政府公共部門とが混合した経済という意味である。ケインズの『一般理論』は米国で受容され，サミュエルソン (1915-2009) は『経済学』(第3版) (1955) で，伝統的価格理論とケインズ的財政金融政策の総合を示す「新古典派総合」という用語を提示した。

サミュエルソンによれば価格メカニズムが円滑に機能しないが為に労働の不完全雇用及び資本の不完全利用が生ずる。この賃金率・利子率の硬直性が存在する一時的・特殊的な経済状態の時のみ，ケインズ理論を適用する。しかし，ひとたび完全雇用・完全利用が達成されたならば，価格メカニズムが有効に機能し，競争均衡による効率的な資源配分が実現される。言い換えると特殊な経済状態の時にのみケインズ経済学を適用させ，平時には新古典派的経済学を市場に適用させようという考え方である。これに対して当然批判も起こった。すなわち新古典派総合は新古典派「総合」でなく「妥協」乃至「折衷」であると。

## 2. 新古典派総合とヒックスの IS-LM 分析

サミュエルソンは新古典派総合にあたってヒックスによって考案された IS-LM 分析を重要な柱とした。IS-LM 分析は一般均衡論的な手法でケインズの理論を簡潔に表現したもので，この考案により，ケインズの難解な理論が分かりやすく説明できるようになった。

IS：資本の限界効率表を含み，投資（I）と貯蓄（S）を均衡させる所得水準と利子の組み合わせ

LM: 流動性選好（貨幣需要量）（L）と貨幣供給量（M）を構成。貨幣需要量はさらに投機的需要と取引需要に分かれる。

IS-LM 表：縦軸に利子率，横軸に所得水準をとり，右下がりの IS 表と右上がりの LM 表の交点でマクロ経済を均衡させる所得水準と利子率が同時に求まることを示した。

この解法にあたりヒックスは一連の組み合わせを連立方程式により求めた。これはワルラス的手法であり，サミュエルソンが新古典派総合を違和感なくやってのけた理由でもある。

ヒックスの IS-LM 分析に関しては様々な批判があり均衡論をとることにより，ケインズの理論が歪曲されたというものもあった。

## 3. ケンブリッジ資本論争

1960 年代後半展開された所謂ケンブリッジ資本論争は，高度成長を再び達成した資本主義社会における資本蓄積と所得分配の分析に，限界生産力説を基礎とした集計的生産関数論を適用することや，ワルラスの一般均衡分析に従う分析方式を適用することの理論的整合性を巡って展開された一連の論争である。英国ケンブリッジ大学のロビンソン女史，カルドア，スラッファらのポスト・ケインジアンと，米国のボストン，ケンブリッジにあるマサチューセッツ工科

大学のサミュエルソンやソローら新古典派ケインジアン，これら 2 つの学者集団間の論争であったことから，このような名称が付けられた。この論争の主な対立点は，

1) 新古典派は分配理論を価値の限界理論，稀少性の原理をもって接近し，生産要素相互間及び商品相互間の技術上の代替可能性と市場機構が果たす役割を強調する。これに対し，

2) ポスト・ケインジアン派は新古典派の限界生産力説を基礎にもつ集計的生産関数に含まれる「資本」の測定単位に注目し，異質な財から成り立つ資本は事前に価値尺度が与えられない限り測定しえず，その価値尺度として資本財の価格つまり利潤を使うことは循環論に陥ると批判した。

　この論争はロビンソンの主張へのスラッファ体系の出現による強力な援軍のお蔭で，米国・ケンブリッジが自らの誤りを認める形で決着した。

**（引用文献）**

1. 山田克己「ケインズ経済学」宮崎犀一他編『経済学史講義』新評論，1985 年。
2. 緒方俊雄「ケインズ革命以降の潮流」宮崎犀一他編『経済学史講義』新評論，1985 年。
3. 中村達也他著『経済学の歴史』有斐閣アルマ，2001 年。
4. 木村武雄『経済体制と経済政策』創成社，1998 年。
5. P.A. Samuelson, *Foundations of Economic Analysis*, Canbridge (mass.)：Harvard University, Press, 1747. ［佐藤隆三訳『経済分析の基礎』勁草書房，1967 年］
6. P. A. Samuelson, *Economics : An Introductory Analysis*, NewYork: McGraw Hill, 1948, 3rd ed., 1955, 14th ed., co -author　W. D. Nordhaus, 1992. ［都留重人訳『経済学』全 2 冊岩波書店，〔6 版訳〕1966-67，〔11 版訳〕1981］

# 第 22 講　ヒックスと IS・LM 分析

　J. R. ヒックスは，1904 年 4 月 8 日，イングランド・ウォーリックシャーに生まれ，ブリストルのクリフトン・カレッジを経て 1922 年オックスフォード大学ベイリオール・カレッジに入学。1926 年同大学卒業後ロンドン大学講師となる。ここで経済理論を学び，L. ロビンスの指導のもと，1929 年から一般均衡理論の講義をするようになった。1930 年から，L. ロビンス，N. カルドア，A. ラーナー，F.A. ハイエク，らと共同研究を行い，このなかからのちの『価値と資本』につながるアイデアが芽生える。1935 年ケンブリッジ大学講師，38 年マンチェスター大学教授，46 年オックスフォード大学ナフィールド・カレッジ・フェローを経て，52 年同大学教授。64 年ナイト（爵位）授与。65 年同大学名誉教授。72 年経済の一般均衡論と福祉理論の発展への寄与によりノーベル賞受賞。89 年 5 月 20 日逝去。亨年 85 歳。

## 1.　IS・LM 理論

　ヒックスは労働経済学者として出発したが，32 年に『賃金の理論』を出版し，ここで限界生産力理論の適用，代替の弾力性など新しい概念を導入，1936 年オックスフォード大学で開催された計量経済学会でケインズ『雇用・利子および貨幣の一般理論』を IS・LM 理論を用いて説明し，ケインズ経済学の標準的解説を与えた。IS・LM 理論は投資 I（利子率の関数）と貯蓄 S（国民所得の関数）の均衡によって描かれる IS 曲線と，L（貨幣の需要量）と M（貨幣の供給量）の均衡によって描かれる LM 曲線から，その交点として利子率と国民所得の値を導出できることを示した理論。IS・LM 理論は，ケインズの考えと乖離しているという指摘もあり，このため厳密にケインズの理論を解釈しようとするポス

*140*

トケインジアンからは「ヒックスの理論」（IS-LM 理論）はケインズ経済学ではなくてヒックス経済学である」と指摘されている。なおヒックスは著書『価値と資本』("Value and Capital", 1939) の中で，無差別曲線の理論やこれを用いた効用最大化の理論，一般均衡の静学的安定性の条件，予想の弾力性概念による一般均衡理論の現代化と，補償変分，等価変分などの消費者余剰の概念の明確化による新厚生経済学の確立に尽力した。

　IS-LM 理論の概要は以下のとおり。

（財市場の均衡）（図 1）
　1) 利子率と投資の関係（第 2 象限）　　　　$I = I(r)$,　$I'(r) < 0$
　2) 貯蓄と国民所得の関係（第 4 象限）　　　$S = S(Y)$,　$S'(Y) > 0$
　3) 貯蓄と投資の関係（第 3 象限）　　　　　$I = S$
　4) IS 曲線の導出（第 1 象限）

（金融市場の均衡）（図 2）
　1) 投機的動機の貨幣需要と利子率の関係（第 2 象限）
　　　　　　　　　　　　　　　　　　　$L_2 = L_2(r)$,　$L_2'(r) < 0$
　2) 取引的動機の貨幣需要と国民所得の関係（第 4 象限）
　　　　　　　　　　　　　　　　　　　$L_1 = L_1(Y)$,　$L_1'(Y) > 0$
　3) 貨幣量と取引的動機の貨幣需要及び投機的動機の貨幣需要の関係　（第 3 象限）
　　　　　　　　　　　　　　　　　　　$\overline{M} = L_1 + L_2$
　4) LM 曲線の導出（第 1 象限）

（金融市場と財市場の結合）
　1) 投資家の心理変化による投資増加　　→　　IS 曲線の右方シフト
　2) 貯蓄意欲の増大　　→　　IS 曲線の左方シフト
　3) 貨幣供給量の減少　　→　　LM 曲線の左方シフト
　4) 貨幣の流通速度の増加　　→　　LM 曲線の右方シフト

**（引用文献）**

1. Hicks, John Richard, *The Theory of Wages*, 1932, London : Macmillan. 2nd edn, London : Macmillan, 1963. ［内田忠義訳『新版・賃金の理論』東洋経済新報社，1965 年］

2. Hicks, John Richard, *Value and Capital : An Inquiry into Some Fundamental Principles of Economic Theory*, 1939, Oxford:Clarendon Press, 2nd ed., 1946. ［安井琢磨・熊谷尚夫訳『価値と資本 1・II』岩波書店，1951 年，改訂版，1965 年］

3. Hicks, John Richard, *The Social Framework*, 1942, Oxford:Clarendon Press, 4.ed., 1971. ［酒井正三郎訳『経済の社会的構造』同文舘，1951 年］

4. Hicks, John Richard, *A Contribution to the Theory of the Trade Cycle*, 1950, Oxford:Clarendon Press.［古谷弘訳『景気循環論』岩波書店，1951年］
5. Hicks, John Richard, *A Revision of Demand Theory*, 1956, Oxford : Clarendon Press.［早坂忠・村上泰亮訳『需要理論』岩波書店，1958年］
6. Hicks, John Richard, *Essays in World Economics*,1959, Oxford : Clarendon Press.［大石泰彦訳『世界経済論』岩波書店，1964年］
7. Hicks, John Richard, *Capital and Growth*,1965, Oxford:Clarendon Press.［安井琢磨・福岡正夫訳『資本と成長Ⅰ.Ⅱ』岩波書店，1970年］
8. Hicks, John Richard, *Critical Essays in Monetary Theory*, 1967, Oxford : Clarendon Press.［江沢太一・鬼木甫訳『貨幣理論』オックスフォード大学出版局，1969; 東洋経済新報社，1972年］
9. Hicks, John Richard, *A Theory of Economic History*, 1969, Oxford : Clarendon Press.［新保博訳『経済史の理論』日本経済新聞社，1970］
10. Hicks John Richard, *Capital and Time:a neo・Austrian theory*, 1973, Oxford : ClarendonPress.［根岸隆訳『資本と時間』東洋経済新報社，1974年］
11. Hicks John Richard, *The Crisis in Keynesian Economics*, 1974, Oxford : Basil Blackwell.［早坂忠訳『ケインズ経済学の危機』ダイヤモンド社，1977年］
12. Hicks John Richard, *Economic Perspectives : Further Essays on Money and Growth*, 1977, Oxford : Clarendon Press.［貝塚啓明訳『経済学の思考法』岩波書店，1985年］

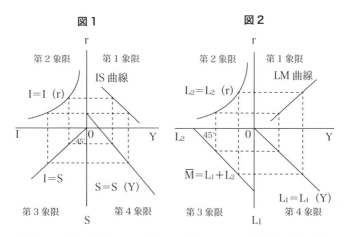

r：利子率，Y：国民所得，S：貯蓄，I：投資，$L_1$：取引動機の貨幣需要
$L_2$：投機的動機の貨幣需要，M：貨幣供給

# 第23講　コースと企業理論

## 1.　外部経済と企業理論

　ロナルド・ハリー・コースは英国出身，シカゴ大学で長年研究を続けた。企業理論法律と経済の関係性，外部経済の研究などを専門とし，1991年ノーベル賞を受賞した。コースの功績のひとつは「外部経済」である。現実の生活のなかで，ある経済活動が補償や報酬を伴わず，直接的に他者に影響を及ぼすことがある。そのような市場を経由しない影響を「外部性」という。他者にコストを負わせる影響なら「外部不経済」，便益をもたらす影響なら，「外部経済」となる。工場の汚染物質排出が周辺住民に被害を与える公害は外部不経済の代表的事例であり，家庭の主婦の労働や，個人の受ける教育が当人のみならず周囲の者にも便益を及ぼす外部経済の例もある。これは社会的費用の問題ともいわれ，例えば公害防止の費用や燈台にかかる費用については，社会はどのように負担すべきか，という問題が派生する。

　コースのもうひとつの功績は，「企業はなぜつくられたか」という問題への解答である。コースは企業を組織集団として捉え，その特徴を市場との関係性において分析・検討した。コースによって提起された問題は，市場原理は組織（ここでは企業）内部には及ばないということであり，それ故企業は市場から調達せず内部で賄ってしまう，というような選択意思決定の問題が出てくる。市場価格が見合わなければ内部調達するし，安ければ市場から調達し，あるいはアウトソーシングする，ということである。そしてこの調達を検討するに及んで企業の存在意義が表出する。市場と組織の関係が，企業の形態を考える上

で重要な要因となる。企業はどこまでは自前で，どこまでは外注という判断を常に行っている。こうした組織と市場の領域の大きさが企業の大きさや構造を決める要因となる。

## 2. 市場の失敗

コースが提起した企業についての分析は市場の「不完全情報の経済学」又は「失敗の分析」に発展していった。アカロフによる「レモン市場」の研究やスペンスによるシグナルの理論などの研究により不完全情報の経済学は 1970 年代以降経済学の大きな潮流を作った。

### （1）逆選択とシグナル理論

アカロフは中古車の例をあげて逆選択を説明した。中古車市場において売り手は現在自ら所有している自動車の性能や使用経歴などを熟知している。これに対して，買い手は予備知識がないので，最初は売り手に瞞されるのではないかと疑心暗鬼になる。このような状況では買い手が売り手又は売りに出された自動車を信用しない限りは取引が成立しない。品質の悪い商品が高い価格で売られ，それを予想した買い手はその商品に手を出さない。すると品質の良い中古車を売ろうとする人がいても，自分の売ろうとする車の性能や使用経歴の情報を買い手に知らせる術がない。質の悪い商品の供給が市場に対する信用を落とし，良質の商品をも市場から駆逐してしまう。つまり「悪貨は良貨を駆逐する」というグレシャムの法則がおこりうる。欠陥自動車のことをスラングでレモンというので，この例は「アカロフのレモン市場の研究」と呼ばれている。このような問題を解決する方法として，スペンスは「シグナル」というメカニズムが存在することを明らかにした。つまり，「経済主体」が発信又は表出する情報を手掛かりにその経済主体を判断するという理論である。学歴や納得のいく入社試験などを判断材料にして企業はそれに見合う労働者を雇用する。そうした企業の採用方針が知れ渡ると，逆に労働者はその企業の入社条件にかな

うよう努力する。それぞれの企業が独自の判断基準で人材選択をすることにより、結果的にその経済主体の特性が判別できるようになる。このことを自己選択メカニズムと言う。広告財務諸表等も、産業組織論や金融論の新しい理論展開の中でシグナルの概念で説明することができる。

## (2) モラルハザードとエイジェント関係

不完全情報の問題として、逆選択とともに取り上げられるのが、モラルハザードである。保険でカバーされているが故に事故への警戒を怠ったり保険を安易に利用して医療行為を受けたりすることをモラルハザードという。結果的に保険の費用は必要以上に高くなる。取引相手がどのような行動を取るかによって、もう一方の取引相手の行動が影響されるというケースは少なくない。このような関係が強く働く時の取引相手どうしの関係をエイジェント関係という。一方の当事者をエイジェントといい、他方をプリンシパルという。

**(引用文献)**
1. 伊藤元重「市場か組織か」根岸隆編『経済学のパラダイム』有斐閣, 1995 年。
2. 木村武雄『経済体制と経済政策』創成社, 1998 年。
3. ロナルド・ハリー・コース, 宮沢健一他訳『企業・市場・法』東洋経済新報社, 1992 年。[Ronald Harry Coase, *The Firm, the Market, and the Law*, Chicago : University of Chicago Press, 1990. ]
4. マリル・ハートマッカーティ, 田中浩子訳『ノーベル賞経済学者に学ぶ現代経済思想』日経 BP 社, 2002 年。[Marilu Hurt McCarty, *The Nobel Laureates*, McGraw-Hill Company, 2001]
5. マーク・ブローグ, 中矢俊博訳『ケインズ以後の 100 大経済学者』同文舘, 1994 年。[Mark Blaug, *Great Economists since Keynes :A n Introduction to the Lives & Works of One Hundred Modern Economists*, Herts（UK）: Simon & Schuster International Group, 1985.]
6. G. Akerlof, "The Market for Lemmons : Qualitative Uncertainty and the Market Mechanism," *Quaterly Journal of Economics*, vol. 84, pp. 488-500, 1970.
7. Ronald Harry Coase,"The Lighthouse in Economics, "in Readings in *Public Sector Economics*, Samuel H. Backer and Catherine S. Elliott, eds., Lexington (Mass.) : D. C. Health, 1990.
8. Michael, A Spence, "Job Market Signaling, "*Quaterly Journal of Economics*, vol.87, pp. 355-374, 1973.

# 第24講　ゲーム理論

コンピューターの父と呼ばれ，その発展に多大な貢献をしたジョーン・フォン・ノイマンは，ウィーン学派の流れをくむ優れた経済学者でもあった。彼は，オスカー・モルゲンシュタインとともに 1944 年に『ゲームの理論と経済行動』を発表し，「ゲーム理論」を定式化した。彼らの概念を発展させた，ジョン・ナッシュ，ジョン・ハルサーニ，ラインハルト・ゼルテンは 1994 年にノーベル経済学賞を受賞した。

## 1.　ゲーム理論

ゲーム理論は，寡占企業間の共謀を研究するために用いられるようになった数学的手法のことである（スティグリッツ著，藪下史郎ほか訳『ミクロ経済学』東洋経済新報社，1995 年，394 頁）。ちょうどチェスやブリッジをルールに従ってプレイするのと同じようにゲームの参加者は決められた手番をもち，結果（利得を得る：勝つ，または，損をする：負ける）は各プレイヤーの行動に依存する。また各プレイヤーは利得を最大にしようとする。ゲームの理論では，こうしたプレイヤーの行動を予測し，その答えは，ゲームのルールと利得に依存する（スティグリッツ，前掲書，395 頁）。このようにしてゲーム理論は寡占企業間における戦略を数学的に理論化し，駆け引きないし寡占的行動を分析していった。

## 2.　囚人のジレンマ

犯罪を犯した 2 人の囚人が取り調べを受けている。囚人のとる行動は，自白

か黙秘とする。調査官は事件の真相（どちらが主犯か）を知るという目的をもち，どちらかが自白するように2人の囚人に接する。2人とも自白しないとき両者は最低限の罪が課せられる。このときの罪の重さを2 (2, 2 ; a, a, 以下表1参照) とする。どちらか一方が自白するとき自白したほうは無罪になり，黙秘したほうは罪が重くなる。罪の重さを (12, 0 ; d, c) 或いは (0,12 : c,d) とする。2人とも自白するとき両者に適切な重さの罪10 (10, 10 ; b, b) が課される。自白により罪が重くなったとき12としたのは，2人が否認し続けて当初の刑罰（10, 10）を受けるより相棒が否認を続けている時自分だけ白状した方が有利になると想定するからである（根岸隆編『経済学のパラダイム』有斐閣1995年，162頁，丸尾直美『入門経済政策』改訂版, 1993年, 109-110頁）。

**表1　囚人のジレンマのマトリクス**

| A の戦略 B の戦略 | | 協調的行動<br>（黙否）<br>1 | 競争的行動<br>（自白）<br>2 |
|---|---|---|---|
| 協調的行動<br>（黙否） | 1 | a, a<br>(2, 2) | d, c<br>(12, 0) |
| 競争的行動<br>（自白） | 2 | c, d<br>(0 , 12) | b, b<br>(10, 10) |

注：c<a<b<d

出所：丸尾直美『入門経済政策』改訂版109頁を基に筆者が一部変更した。

　上述の囚人の例を企業ゲームに置き換えると，2人のプレイヤー（A と B）は，それぞれ協力的行動と非協力的行動のいずれかを採ることができる。もし両者が協力的行動を採れば，2人は各自2の利得を得る。しかし，両者が非協力的行動を採れば，両方とも10の利得を得る。もし一方が協力的行動を採った時相手が非協力を採る（つまり出し抜く）なら，協力的行動を採った人は12の利得を，非協力を採った人は0の利得を得る，ということになる。

　寡占企業間のそれぞれの企業の行動を検討してみよう。単純化の為，A及びBの2つの企業を想定し，同一の製品を供給するとする。A及びBは，それぞれ2つの戦略をもち，戦略1は高価格維持，戦略2は低価格維持とする。企業が

第24講 ゲーム理論 *147*

各自ある戦略を選択した結果は，仮想の利得行列〔損得行列〕で表示する。このときAはBの行動を分析し，行勁を予測する。Aはその予測の下で意思決定し行動する。これを戦略的行動という。また非協調的・競争的に戦略を選択するゲームを「非協調的ゲーム」，互いに協調的に戦略を選択するゲームを「協調ゲーム」という。結果的に互いに協力し合うという状況をもたらすゲームの理論のことでもある。共謀やカルテルの概念がこれに当たる。ところでカルテル・共謀を選択しなくても，協調的な選択をとることができる。お互いに相手の行動を予測し，結果的に2つの企業が合理的行動をとることで，これを「トリガー戦略」という。

「囚人のジレンマ」は企業間の駆け引きにおいてより良き状態があるのにかかわらず，それを達成できない状態に陥ってしまうゲームのことである。しかしながら，企業AとBは各自相手の選択した戦略の下で最大の利得を得ている。従って，ある種の均衡状態が成立し，その状態のことを「ナッシュ均衡」と呼ぶ。

囚人のジレンマの具体例としては，冷戦時の米国とソ連の軍拡競争，保護貿易の応酬，労組に対する経営者側の組合崩し行動等などがある。蟹の乱獲による資源の枯渇や，家畜の増えすぎによる牧草地の荒廃などの例は「共有地の悲劇」と呼ばれる。

現代経済学においては，寡占企業間の共謀について囚人のジレンマを応用することが多い。単純なゲームを複雑化していきプレイヤーの数やルールの数も増え，それに時間的概念も入ってくる。そうしたモデル環境における研究を実験経済学という。

**（引用文献）**
1. 佐野晋一『ミクロ経済学』早稲田経営出版, 1999 年。
2. 千種義人他著『新版経済原論』世界書院, 1970 年。
3. 根岸隆編『経済学のパラダイム』有斐閣, 1995 年。
4. マリル・ハートマッカーティ，田中浩子訳『ノーベル賞経済学者に学ぶ現代経済思想』日経 BP 社, 2002 年。
5. ハンス・プレムス，駄田井正他訳『経済学の歴史 1630-1980』多賀出版, 1996 年。
6.丸尾直美『入門経済政策』改訂版, 1993 年。

# 第25講 クズネッツと近代経済成長

## 1. クズネッツと経済成長理論

ケインズ経済学が開拓したマクロ経済学分野において一国経済の分析や，経済成長，景気循環などの研究が発展した。この分野ではケインズやマルクスを批判的に検討し，独自の景気循環論を提唱したシュムペーターが著名であるが，本講で取り上げるクズネッツやレオンチェフら，ロシア・ソ連から亡命した経済学者の統計分野における貢献も大きい。S.S. クズネッツは1901年ロシアに生まれ，22年米国へ移住。26年コロンビア大学で博士号を取得（テーマは「景気循環」）。全米経済研究所研究員を経てペンシルヴァニア大学教授，ジョンズ・ホプキンズ大，ハーヴァード大教授を歴任し，71年ハーヴァード大名誉教授。49年米国統計学会会長，54年米国経済学会会長。1971年経済，社会構造と発展過程の研究に関する貢献に対してノーベル経済学賞が授与された。85年7月9日，マサチューセッツ州ケンブリッジの自宅で逝去。

クズネッツの主要な業績や理論は次のとおりである。

1）クズネッツの経済学における功績は国民総生産（GNP）の概念を確立したことにある。彼は経済成長や国民生産についての研究に専心し，1930年，25年周期でおこる景気循環「クズネッツ循環」を発見した。また「近代経済成長過程のなかでは，所得分布は初め不平等化し後に平等化に転ずる」（南亮進『日本の経済発展』東洋経済新報社，2002年，278頁）という「クズネッツの逆U字型仮説」を提唱した。それによれば「初期の不平等化は，近代工業の成長によって農工間格差が拡大するためであり，後期の平等化は，農業労働の都市移

住によって農工間格差が縮小し，しかも農業の比重が減少するため」（南，前掲書，278頁）としている。また近代経済の特徴については（1）人口と1人当たり生産が共に急成長すること，（2）産業構造が急速に変化し，人口の都市化が生ずること，（3）以上の変化が一時的ではなく，長期に渡って持続すること，としている（南，前掲書，4頁）。

2）主要著書として『国民所得と資本形成 1919–1935』（1937年），『所得と貯蓄における所得上位層の割合』（1953年），『近代経済成長の分析』（1966年）などがある。

3）論争：ケインズの「1人当たり所得の増加によって貯蓄率が上昇する」という考え（絶対所得仮説）に対しクズネッツは米国の貯蓄率は長期的にみて一定であるとして，批判した。

## 2. クズネッツの経済成長分析と日本

古いデータになるが，クズネッツが1971年に著した "*Economic Growth of Nations : Total Output and Production Structure*"（中山伊知郎他編『日本経済事典』講談社，110-113頁）によって，近代化の開始時から1967年ころまでの先進国の経済成長率を見てみよう（表1，2）。

表1から，10年当たり人口1人当たり生産物に着目すると（表の右端），経済成長率の低い国は豪，和蘭，英（10-12%）で，高い国はスウェーデン，日本（29-32%），その他（14-23%）となる。10年当たりの経済成長率10%，20%，30%は，1年当たり換算で1%，1.8%，2.7%となり，その差は1.7%で，先進国間において大きな差はないといえる。

人口の成長率（培加率，表1の右から2番目）に着目すると，米国，豪州，加州など，新たに「発見」された大陸の国々が著しく増加し，旧大陸（欧州）は停滞を示している。

総生産10年当たりの経済成長率（表1の右から3番目）に着目すると，日本（48.3%），米国（42.4%），加州（41.3%），豪州（36.4%）からベルギー（20.3%），

表1 先進国の長期的成長率

|  | 期間 | 年数 | 10年当り成長率（%） |||
|---|---|---|---|---|---|
|  |  |  | 総生産物 | 人口 | 人口一人当り生産物 |
| イギリス | 1765-85～1963-67 | 180.5 | 23.7 | 10.1 | 12.4 |
| フランス | 1831-40～1963-66 | 128.5 | 21.8 | 3.2 | 18.1 |
| ベルギー | 1900-04～1963-67 | 63 | 0.3 | 5.3 | 14.3 |
| オランダ | 1860-70～1963-67 | 100.5 | 27.7 | 13.4 | 12.6 |
| ドイツ | 1850-59～1963-67 | 110.5 | 31.0 | 10.8 | 18.3 |
| スイス | 1910～1963-67 | 55 | 26.3 | 8.8 | 16.1 |
| デンマーク | 1865-69～1963-67 | 98 | 32.5 | 10.2 | 20.2 |
| ノルウェー | 1865-69～1963-67 | 98 | 31.4 | 8.3 | 21.3 |
| スウェーデン | 1861-69～1963-67 | 100 | 37.4 | 6.6 | 28.9 |
| イタリア | 1895-99～1963-67 | 68 | 31.4 | 6.9 | 22.9 |
| 日本 | 1874-79～1963-67 | 88.5 | 48.3 | 12.1 | 32.3 |
| アメリカ | 1834-43～1963-67 | 125.5 | 42.4 | 21.2 | 17.5 |
| カナダ | 1870-74～1963-67 | 93 | 41.3 | 19.0 | 18.7 |
| オーストラリア | 1861-69～1963-67 | 100.5 | 36.4 | 23.7 | 10.2 |

出所：Kuznets, S., *Economic Growth of Nations : Total Output and Production Structure*, 1971.

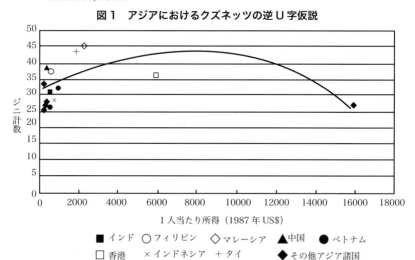

図1　アジアにおけるクズネッツの逆U字仮説

出所：ジニ係数は世界銀行『世界開発報告』各年版より算出、1人当たり所得は、World Bank, *World Tables, 1995*.
〔引用文献〕原洋之介『アジア経済論』31頁。

英国（23.7%），仏（21.8%）と開きが明瞭になる。

　これら3部門の間に相関関係は見受けられないが，日本の成長率48%（年当たり4%）に注目すると，明治期から戦前まで1年当たり成長率は約4%であり，第2次世界大戦期に経済成長が止まり，それを挽回するために戦後高度成長10%が実現されたので，総合的に明治期から1967年ころまでの経済成長をみると，この戦後の成長率10%は戦前の4%という経済成長へ回帰する（クズネッツの逆U字仮説）。

　なお，経済成長を近代以後と近代以前でみてみると，生産力が相対的に低い近代以前のデータは近代以後との比較には適用できないことはいうまでもない。

## 3. クズネッツの経済分析からみた経済成長格差

　近代経済成長の開始時期のデータについては表2を参照されたい。各国とも200ドルから500ドルと高水準から近代化が開始されたのに対し，日本の

**表2　先進国の初期条件**

| | 1965年の人口一人当り生産物（ドル） | 近代経済成長の開始時期（年） | 近代経済成長の開始時期における人口一人当り生産物（1965年のドル） |
|---|---|---|---|
| イギリス | 1,870 | 1765-85 | 227 |
| フランス | 2,047 | 1831-40 | 242 |
| ベルギー | 1,835 | 1865 | 483 |
| オランダ | 1,609 | 1865 | 492 |
| ドイツ | 1,939 | 1850-59 | 302 |
| スイス | 2,354 | 1865 | 529 |
| デンマーク | 2,238 | 1865-69 | 370 |
| ノルウェー | 1,912 | 1865-69 | 287 |
| スウェーデン | 2,713 | 1861-69 | 215 |
| イタリア | 1,100 | 1895-99 | 271 |
| 日本 | 876 | 1874-79 | 74 |
| アメリカ | 3,580 | 1834-43 | 474 |
| カナダ | 2,507 | 1870-74 | 508 |
| オーストラリア | 2,023 | 1861-69 | 760 |

出所：表1に同じ。

表3 先進国と後進国の成長率

|  |  | 絶対水準 |  |  | 年成長率（%） |  |  |
|---|---|---|---|---|---|---|---|
|  |  | 1954-58 | 1959-63 | 1964-68 | 1954-58〜59-63 | 1959-63〜64-68 | 1954-58〜64-68 |
| 国内総生産 | 先進国 | 785 | 953 | 1229 | 3.9 | 5.2 | 4.6 |
| （1963年10億ドル） | 後進国 | 151 | 190 | 238 | 4.7 | 4.6 | 4.7 |
| 人口（100万人） | 先進国 | 603 | 639 | 678 | 1.2 | 1.2 | 1.2 |
|  | 後進国 | 1237 | 1391 | 1569 | 2.3 | 2.5 | 2.4 |
| 人口一人当り国内総生産 | 先進国 | 1301 | 1491 | 1812 | 2.8 | 4.1 | 3.4 |
| （1963年ドル） | 後進国 | 121 | 136 | 152 | 2.3 | 2.1 | 2.2 |

注
1) 先進国に含まれる国：ヨーロッパの非共産国（キプロス、トルコを除く）、カナダ、アメリカ、日本、オーストラリア、ニュージーランド、フィジー、イスラエル、南アフリカ。
2) 後進国に含まれる国：東アジア・東南アジアの非共産国（日本を除く）、中東（イスラエルを除く）、アフリカ（南アフリカを除く）、ラテン・アメリカ（キューバを除く）、その他のオセアニア。
出所：Kuznets, S.,"Problems in Comparing Recent Growth Rates for Developed and Less Developed Countries", *Economic Development and Cultural*, January 1972.

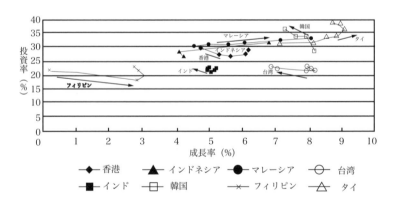

図2 アジア諸国における投資率と経済成長率

出所：Asian Development Bank, *Key Indicators* より算出。1980年より利用できる最新のものまで、基本的に10年間の平均値をプロットしている。
〔引用文献〕原洋之介編『アジア経済論』33頁。

70 ドルは，今日の発展途上国の 100 ドルよりも低い水準だったといえる。

次に表 3 から，近代経済成長の開始時に着目すると，1967 年当時，先進国と発展途上国（後進国）の所得格差は大きかった。当時発展途上国の平均所得を 100 ドルとすると先進国のそれは 1900 ドルで，19 倍になった。 その理由は，次のとおりである。

戦後の経済成長率に限ってみると，先進国も発展途上国も 100 年にわたる長期的成長率に比べると著しく高く，また国民総成長率も先進国と発展途上国のあいだでそれほど差はない。

人口成長率をみると，発展途上国のそれは極めて高く，これが人口 1 人当たり生産物の成長率を低くさせている原因となる。結果的に先進国と発展途上国の所得格差を拡大させたのである。

**(引用文献)**

1. ノーベル賞人名事典編集委員会編『ノーベル賞受賞者業績事典（新訂版）』日外アソシエート，2003 年。
2. 原洋之介編『アジア経済論』NTT 出版，1999 年。
3. 南亮進『日本の経済発展（第 3 版）』東洋経済新報社，2002 年。
4. クズネッツ，塩野谷祐一訳『近代経済成長の分析(上・下)』東洋経済新報社，1968 年。[Simon Smith Kuznets, *Modern Economic Growth:Rate, Structure and Spead*, New Haven, Connecticut and London : Yale University Press, 1966.]
5. クズネッツ，西川俊作他訳『諸国民の経済成長総生産高及び生産構造』ダイヤモンド社，1977 年。[S. S. Kuznetz, *Economic Growth of Nations : Total Out Put and Production Structure*, Cambridge, Massachusetts:Harvard University Press,1971.]

# 第26講　ソローと経済成長

　1987 年ノーベル経済学賞に輝いたロバート・ソローは 1950 年代，新古典派成長論に楽観的・予定調和的結論を導き出し，近代の経済成長論を確立した。また 1980 年代には「インサイダー・アウトサイダー理論」を提唱した。彼は主に資本並びに成長理論に関する草分け的研究で有名であるが，マクロ経済学分野と非再生産資源の経済学にも貢献している。ソロー・モデルでは資本と労働が代替するという完全雇用経路成長因子計算，「ヴィンティジ・モデル」という即ち規模だけでなく構成年数からも資本を測定し，新しい資本財が古い資本財よりも重要であるとみなす成長モデル等近代経済成長の基本的概念の確立に多大な貢献があった（ハートマッカーティ『ノーベル賞経済学者に学ぶ現代経済思想』日経 BP 社，2002 年，301 頁〜，ブローグ『ケインズ以後の 100 大経済学者』同文舘，1994 年，273 頁）。

　ソローは 1924 年ニューヨークに生まれ，学士を 1947 年，修士号を 1949 年，博士号を 1951 年に全てハーヴァード大学で取得している。大学時代の指導教授はワシリー・レオンチェフであった。

## 1.　ハロッド＝ドーマーの成長理論

　短期静学理論として提示されたケインズ理論を長期動学理論に適用していく試みがなされた。一つは景気循環論の流れで，代表的な研究者はサミュエルソン，ヒックス，カルドアである。もう一つは経済成長論で代表的な研究者はハロッド，ドーマー，そしてソローということになる。ハロッドは経済成長の先駆者であり，ケインズ理論の長期動学理論適用を試みた。ドーマーも同じ問

第26講　ソローと経済成長　155

題意識で研究に取り組んだ。ハロッド＝ドーマーの成長理論は，投資のもたらす生産の増加が同じ投資のもたらす需要の増加によってカバーされる保証成長率と，最大限の成長率または限界的成長率としての自然成長率を想定した。生産過程において資本と労働とが代替可能でなく，また保証成長率が経済成長においつかない，として経済成長の過程には大きな不安定が伴う（不安定性定理）という極端な結論を得た。このハロッド＝ドーマーの成長理論の不安定性原理を是正したのが，ソローの経済成長論である。

## 2.　ソローの新古典派成長論

ハロッド＝ドーマーの悲観的な経済成長論に対してソローは批判を加え，前提を検討した結果全く異なった楽天的，予定調和的結論に達した。まず資本と価格が代替可能であるとし，価格メカニズムが機能することにより，均衡が達成されると考える。一般的に経済成長は（1）資本蓄積の増加，（2）労働力の質的向上，（3）低生産部門から高生産部門への資源再配分，（4）技術進歩の4つの要因が重視され，ソローによればこの4つのなかで（1）資本蓄積の増加を全体の8分の1とし，残りを他の3部門で配分されるとした。

## 3.　中立的技術進歩の定義

### (1) ヒックスの定義

資本と労働の比率を一定として，両者の限界生産力の比率が不変であれば，ヒックスの意味で技術進歩は中立的である。この時生産関数は $Y=TF(K, L)$ となり，産出量増大的技術進歩とも呼ばれている。

### (2) ハロッドの定義

利子率（利潤率）が一定の時，資本係数を変化させない技術進歩は，ハロッドの意味で中立的であり，この場合生産関数は $Y=F(K, TL)$ となり，労働増

*156*

大的技術進歩と呼ばれる。

### (3) ソローの定義

労働生産性が一定の時，賃金率を変化させない技術進歩は，ソローの意味で中立であり，この場合生産関数は Y=F (TK, L) となり，資本増大的技術進歩と呼ばれる。

以上が代表的技術進歩の中立性の定義とその生産関数における解析的意義である。なおコブ＝ダグラス型技術進歩の生産関数では以上の定義で全て満足されている。

**表 1　技術進歩の分類**

| | 一定に保つ定数 $(\eta)$ | 技術進歩が中立的な時 t と独立な変数 $(\xi)$ | $\frac{\partial \xi}{\partial t} > 0$ | $\frac{\partial \xi}{\partial t} = 0$ | $\frac{\partial \xi}{\partial t} < 0$ |
|---|---|---|---|---|---|
| ヒックス | $k = K / L$ (資本―労働比率) | $\frac{\partial F}{\partial K} \Big/ \frac{\partial K}{\partial L}$ | 労働節約的 | 中立的 | 資本節約的 |
| ハロッド | $i$ (利子率) | $\frac{K}{Y} = \frac{k}{y} = \frac{k}{(Y/L)}$ (資本係数) | 資本使用的 | 中立的 | 資本節約的 |
| ソロー | $w$ (実質賃金率) | $y = \frac{Y}{L}$ (労働生産性) | 労働節約的 | 中立的 | 労働使用的 |

### (引用文献)

1.　マリル・ハートマッカーティ，田中浩子訳『ノーベル賞経済学者に学ぶ現代経済思想』日経 BP 社 , 2002 年。

2.　福岡克也『経済学マクロ編』〈第Ｉ期〉講義案，東京商科学院，1982 年。

3.　ハンス・ブレムス，駄田井正他訳『経済学の歴史 1630~1980』多賀出版，1996 年。 [Hans Brems, *Pioneering Economic Theory, 1630-1980*, Baltimore and London: the Johns Hopkins University Press, 1986]

4.　マーク・ブローグ，中矢俊博訳『ケインズ以後の 100 大経済学者』同文舘，1994 年。

5.　水野正一他編『経済学辞典』中央経済社，1989 年。

6.　R. M. Solow, "A Contribution to the Theory of Economic Growth." *Quat. J. Econ.*,Feb. 1956, 70, 65-94. [福岡正夫他訳「経済成長理論のへの一寄与」『資本 成

第26講　ソローと経済成長　157

長 技術進歩』新装増補改訂版, 竹内書店新社, 1988 年所収]

7. R. M. Solow, "Technical Change and Aggregate Production Function." *Rev. Econ.Stat.* ,Aug,1957, 39, 312-320. [福岡正夫他訳「技術の変化と集計的生産関数」『資本成長技術進歩』新装増補改訂版竹内書店新社, 1988 年所収]

8. R. M. Solow, *Growth Theory -An Exposition*, New York and Oxford, 1970. [ロバート M. ソロー, 福岡正夫訳『成長理論』第 2 版, 岩波書店, 2000 年]

9. R. M. Solow, "Perspectives on Growth Theory, "*Journal of Economic Perspectives* 8, No.1, Winter l994.

# 第27講 ルーカスと合理的期待形成

## 1. 合理的期待形成

　合理的期待形成とは,「マクロ経済の構造や政策当局の行動など, その時点で入手可能な情報すべてを利用して人々は期待を形成する」(中谷巖『マクロ経済学』(第4版) 2000年, 284頁) という考え方であり, 1961年7月, ミュースが『エコノメトリカ』で発表した論文が「合理的期待学説」の初出とされている。しかし彼の説が実際に注目を集めるようになったのは, 1970年代, ロバート・ルーカスやトーマス・サージェントの説が注目を浴びるようになってからである。また合理的期待形成から得られる仮説を「合理的期待仮説」という。

## 2. ルーカス＝サージェントの理論

### (1) ルーカスの理論

　ルーカスは経済主体の期待は「合理的」なものなので, 金融或いは財政政策は極短期間において物的な産出や雇用に影響を与えるにすぎないと主張した。彼にとって, 合理的期待形成の概念に基づいた「新」古典派マクロ経済学は, ケインズ主義経済学と和解し難く対立するものである (ブローグ『ケインズ以後の100大経済学者』177頁, 清水啓典「「革新的進歩」生んだ合理的期待理論ルーカス教授のノーベル賞受賞に寄せて」『経済セミナー』no. 492, Jan. 1996, 52-53頁)。

　ケインズ主義の金融及び財政政策は, 1970年代の初期に, 米国経済のマクロ経済的な問題の解決には必ずしも有効でないことがわかった。ルーカスと

サージェントは，フリードマンらの成果を受け，これを発展させ，株式市場でのミュースの概念が，経済全体にも当てはまることを立証した。この功績により 1995 年ノーベル経済学賞に浴した。

王立スウェーデン科学アカデミーによる「ロバート・ルーカス Jr. の科学的貢献」に次のような書き出しで始まる。

「合理的期待はマクロ経済分析と経済政策への理論に変革をもたらした。ロバート・ルーカスは 1970 年以来マクロ経済学研究に最大の影響を与えた経済学者である。彼の研究は急速で革命的な進歩を生んだ。合理的期待仮説の応用，均衡景気循環論の創出，経済政策を使って経済をコントロールすることの困難さの発見並びに統計的手法によって経済政策を正しく評価できる可能性の先駆的研究，である。マクロ経済学での業績に加えて，ルーカスの貢献は様々な他の分野の研究にも非常に重大な影響を及ぼしてきた。」(清水啓典，前掲稿 52-53 頁)。

### (2) 合理的期待形成の前提条件

ルーカスらは，合理的期待形成仮説をマクロ経済理論に適用することによってケインズ派の総需要管理政策が経済活動の水準に全く影響を及ぼさないことを理論的に提示した。つまり，正確な情報収集のもと，的確な経済行動をとれば，政府の金融政策は不要である，というものである（中谷巌，前掲書，288-289 頁）。

この合理的期待形成には次の 3 つの前提条件がある。

第一に，人々はマクロの経済構造に関する知識をもち，それを利用してインフレについて合理的な期待を形成する。

第二は，民間と政策当局の間に情報量に差がないということ。

第三に，自然失業率仮説が前提にされていることである。

情報コストについては，ルーカスの論文が発表された当時であれば，多大な経費がかかり，問題となったが，コンピュータによる情報処理が飛躍的に発展し，インターネットや IT 産業の発展もあり，大幅なコスト低減が実現している。

*160*

　こうして得られた結論つまり合理的期待仮説の結論は,「経済は事前に予測不能な突発事件の影響を除けば, 常に完全雇用を実現している。」(中谷巌, 前掲書, 285頁) というものであった。

　マクロ合理的期待仮説の結論を要約すると次のようになる。

　「もし人々が今期において採られる金融政策を予め知っているならば(即ち, 金融政策が予期されたものであるなら), そのような金融政策が所得, 失業率に与える効果は短期的にみても全くない。景気変動は, 予期せざる不規則な景気変動要因 (地震冷害や中近東戦乱, 突然の技術革新等) による予測不能なショックによって引き起こされたものであるにすぎない。」(中谷巌, 前掲書, 288頁)


**(引用文献)**

1.　中谷巌『入門マクロ経済学』(第4版) 日本評論社, 2000年。
2.　マーク・ブローグ, 中矢俊博訳『ケインズ以後の100大経済学者』同文舘, 1994年。
3.　清水啓典「合理的期待理論の発展とマクロ経済学」『金融経済研究』4号, 1993年1月。
4.　清水啓典「合理的期待と政策評価」『商学研究』28, 一橋大学研究年報, 1988年。
5.　清水啓典「「革新的進歩」生んだ合理的期待理論ルーカス教授のノーベル賞受賞に寄せて」『経済セミナー』no. 492, Jan. 1996,52-53.
6.　佐野晋一『マクロ経済学』早稲田経営出版, 1999年。
7.　ロバート・ルーカス, 清水啓典訳『マクロ経済学のフロンティア』東洋経済新報社, 1995年。
8.　Robert Jr. Lucas,"Expectations and the Neutrality of Money, " *Journal of Economic Theory*, 1972.
9.　Robert Jr. Lucas, "On the Mechanics of Economic Development," *Journal of Monetary Economics* 22, 1988.
10. Robert Jr. Lucas, *Studies in Business Cycles*, MIT Press, 1983.

# 第28講 マーコヴィッツと金融工学

## 1. 第2次世界大戦後の金融工学の展開

　現代ミクロ経済学の特徴のひとつに企業経済理論の充実が挙げられる。ケインズ革命以降ケインズ理論を企業理論に適用することによって金融・投資に関する研究が盛んになった結果である。不完全市場における企業金融論，証券投資論などが脚光を浴び，ここから企業倒産の問題，M&A（企業買収，合併），リスク分散といった企業行動のテーマが浮上する。第28講ではマーコヴィッツのポートフォリオ理論を中心に解説していくが，その前に金融工学に関するおおよその潮流を展望する。

　企業金融に関する研究は第2次世界大戦以前から経営財務論などの分野で進んでいたが，戦後数学的・工学的分析手法を取り入れることにより金融工学として大きく発展した。代表的な理論は，モジリアーニ＝ミラーの定理「ある状況下では企業が負債によって資金を調達しようが自己資本によって調達しようが，ファイナンスの方法は問題ではなくなる」（スティグリッツ『ミクロ経済学』東洋経済新報社，1995年，578頁）と，ハリー・マーコヴィッツのポートフォリオ理論（1952）である。マーコヴィッツはウィリアム・シャープとマートン・ミラーと共にノーベル経済学賞（1990）を受賞した。

　マーコヴィッツのポートフォリオ理論を起点として，証券投資に関する工学的研究は飛躍的に発展していった。マーコヴィッツの理論にスポットをあて，さらに発展させたウィリアム・シャープ，デリバティブの格付け理論でノーベル賞（1997）を受賞したマイロン・ショールズとロバート・マートン，オプシ

162

ョンの価格決定に貢献したフィッシャー・ブラックなどを輩出した。ショールズとブラックによるコール・オプションの価格公式，ショールズ＝ブラック理論はオプション市場の発展をもたらした。

## 2.　マーコヴィッツのポートフォリオ理論

　ポートフォリオ理論は，企業が自らの資金を損せずに有効に使うために証券市場に投資するときの行動理論である。企業はリスク分散的な行動をとる。つまり「卵ぜんぶをひとつの篭に入れるな」である。ポートフォリオとは，複数の資産を組み合わせして合計した投資全体のことであり，ポートフォリオ理論とは「多様な資産に分散投資することによって，投資の平均的収益を一定に保ちながら，そのリスクの軽減出来ることを示すと同時に投資家がどの株を何％ずつ資金を投資すればよいかという点について具体的な指針を与える為の理論」(マリル・ハートマッカーティ，田中浩子訳『ノーベル賞経済学者に学ぶ現代経済思想』日経 BP 社，2002 年，370 頁) である。この理論によって，それまで勘に頼って行っていた投資行動に指針が与えられることになった。

　マーコヴィッツのポートフォリオ理論は平均・分散モデルと呼ばれ，今日の資産運用論の基礎となっている。これは前述したとおり期待できる期待収益率の最大化とリスクの最小化を図ることを目的として，最適な組み合わせを実現させる為の理論であり，投資家は，平均収益がおなじポートフォリオの中では，リスク（分散）が最小になる行動をとる。マーコヴィッツはこれを数理理論によって証明した。マーコヴィッツは理論の組立にあたり，「リスクをはかる指標として，収益率の分散（またはその平方根である標準偏差）」(今野浩『金融工学の挑戦』中公新書，2000 年，53 頁) を採用した。

## 3.　シャープの貢献

　マーコヴィッツの理論に注目したシャープは，平均・分散モデルをさらに

発展させ，最初「シングル・ファクター・モデル」を提唱し，さらにリントナー，モッシンらとともに「資本資産評価モデル（Capital Asset Pricing Model＝CAPM（キャップエム））」と呼ばれるモデルを組み立てた。これは，平均・分散モデルに基礎を置きつつミクロ経済学の均衡理論にのっとったモデルで，マーコヴィッツの証券の平均収益の偏差の分布から発展した，市場全体の収益の偏差の分布を計測する計算方法（これを $\beta$ （ベータ）という）である。

「この理論によれば，すべての合理的投資家は，市場平均ポートフォリオと無危険資産だけに投資する運命にある。また各資産の平均収益率は，ベータ値という定数を介して，市場平均ポートフォリオの平均収益率と一次式で結ばれているという」（今野浩，前掲書，26頁）

マーコヴィッツとシャープの研究は，ジェームズ・トービンによってさらに発展された。トービンは「リスクへの行動としての流動性選好」と題した論文で，投資家のある特定の効率的なポートフォリオの選択と，その投資家の総資産における証券と現金の配分を関連付けた。


**（引用文献）**

1. 今野浩『金融工学の挑戦』中公新書，2000年。
2. マリル・ハートマッカーティ，田中浩子訳『ノーベル賞経済学者に学ぶ現代経済思想』日経BP社，2002年。
3. H. Markowitz, *Portfolio Selection : Efficient Diversification of Investment*(2nd e.), Blackwell, 1991.
4. J.Tobin, "Liquidity Preference as Behavior Towards Risk," *Review of Economic Studies* 25, Feb., 1958.

# 第29講　センと経済倫理

## 1.　厚生経済学

アマルティア・センの業績を紹介する前に，センが批判した厚生経済学の流れを展望することから始めよう（第18講ピグーと厚生経済学を参照）。

厚生経済学は「他の誰をも不利にすることなく，ある人の満足状態を今以上に引き上げることが不可能になった状態」というパレート最適をもって始まったといってよい。

この定義は，ワルラスの後継者であるパレートや，英国のエッジワースによって定式化され，その後パレート最適を理想とする規範経済学がこの問題を発展させ，交換理論の帰結や選択理論，さらには経済学の限界などの問題を議論し，今日にいたっている。一方，ピグーは第18講でも触れたが，マーシャル経済学を発展させ，個人の効用を比較することで社会全体の厚生が検討できるという考えに立った理論を展開した（後にロビンズらによって否定された）。パレートの理論はカルドア，ヒックスらによって展開され，ピグーの旧厚生経済学に対して，新厚生経済学と呼ばれた。

しかしパレートに端を発する（言い換えればワルラスに端を発する）新厚生経済学も，その欠陥を克服するために数々の理論が生まれては批判されていった。サミュエルソンの社会的厚生関数，アローの一般可能性定理などがそれである。

センの経済学はこうした厚生経済学に対する批判から始まったといってよい。

「財・貨幣の量によって人間の福祉を評価する見方に対して，財・貨幣を用いて「機能」する活動的存在として人間を捉え，その「機能」を実現する「潜

在能力」のあり方を問題にする」(中村達也他著『経済学の歴史』有斐閣 2001 年，299 頁)。これを福祉を考える基礎としよう，というのがセンの立場である。

## 2. センとその時代

センは 1933 年，インド，ベンガル州に生まれた。9 歳の時ベンガル飢饉に遭遇し，後年これが，「餓死と交換エンタイトルメント：一般アプローチ及び大ベンガル飢饉へのその応用」となって結実した。ベンガル飢饉の歴史とその原因を丁寧に辿り，飢饉の原因は食料不足にあるという「通説」を覆した。飢饉の最大の犠牲者を食糧を作らない職人や食糧を作るがもたない農業労働者である，とし，農民や小作農は飢饉の影響を余り受けなかった，とした (絵所秀紀「「開発研究」の開発者としてのアマルティア・セン」『経済セミナー』no. 527, 1998 年 12 月，48 頁)。

センの特徴的な考え方として「交換エンタイトルメント」と「ケイパビリティ」がある。以下，絵所秀紀，前掲稿を参考に紹介する。

センの，前述論文タイトルにもある「交換エンタイトルメント (entitlement)」は，「ある人が消費選択することができる財の集合」と定義される。センは，人間の機能を，例えば労働者の労働力とか，地主の土地保有等など，その人がもって生まれた資質と，食料や家具などの商品や散髪などのサービスといった，その人が交換を通じて獲得できるものという二つの要素に分け，生来の資質は，交換を通じて選択的な財を保有する形で，個々のエンタイトルメントを確立する為に使用される，とした。つまり交換を通じて獲得できる選択的な財の集合が「交換エンタイトルメント」である (絵所，前掲稿，48 頁)。

一方のケイパビリティ (capability) は，ある人が選択できる一連の代替的な「機能 (functioning) 」の集まり，と定義される。1979 年スタンフォード大学における講義で初めて使われたタームである。センはこの講義の中で，功利主義的な平等，総効用の平等，ロールズ的な平等という 3 つの有力な平等概念を論理的に反駁し，「基礎的なケイパビリティ」の平等こそが，人々の「福祉 (well-being) 」にとって最も意味のあるアプローチであると結論づけた。人々

の「機能」とはある人が経済的，社会的，及び個人の資質の下で達成すること
のできる，様々な「であること」と「すること」の集合を意味する（絵所，前
掲稿，49 頁）。

以上の用語を駆使して，センは開発経済学における福祉の問題を追求した。
つまり発展途上国の経済を，経済成長や経済開発として捉えるのではなく，そ
れぞれの国の国民一人一人のケイパビリティを基礎に置くべきであるという主
張である。

## 3. センの倫理思想

センの 1998 年度ノーベル経済学賞受賞に際して，スウェーデン王立アカデ
ミーによる受賞理由は「経済学と哲学を結合させることによって，彼は人間の
生死に関わる経済的諸問題の考察に倫理的要素を再び持ち込んだ」というもの
だった。

アマルティア・センは規範経済学に再びスポットをあて，「どうあるべきか」
「我々はどのように生きるべきか」という根本的な問いかけをする。厚生経済学へ
の批判を通じて，経済学に倫理的思考を導入し，人間はどうあるべきか，幸せと
は何か，という根源的な問いかけを経済学に注入したのがセンであるといえよう。

**(引用文献)**
1. 絵所秀紀「「開発研究」の開発者としてのアマルティア・セン」『経済学セミナー』
no. 527, 1998 年 12 月。
2. アマルティア・セン，大庭健他訳『合理的な愚か者経済学＝倫理学的探究』勁草書
房，1989 年。
3. アマルティア・セン，鈴村興太郎訳『福祉の経済学』岩波書店，1998 年。
4. アマルティア・セン，鈴村興太郎他訳『不平等の経済学』東洋経済新報社，2000 年。
5. マリル・ハートマッカーティ，田中浩子訳『ノーベル賞経済学者に学ぶ現代経済思
想』日経 BP 社，2002 年。
6. Amartya Sen, *Poverty and Famines : An Essay on Entitlement and
Deprivation*, Oxford:Clarendon, 1981.

# 第30講 レオンチェフと産業連関分析

## 1. レオンチェフとその時代

　ワシリー・レオンチェフの産業連関表はケネーからマルクス，ワルラスまでの思考が反映されており，さながら経済学という長大な大河の趣である。その源流はケネーの経済表にあり，マルクスらによって発展されていった。レオンチェフはこれらの遺産を引き継ぎ，加えてワルラスの一般均衡論を反映させるべく努力をし，オリジナルな産業連関表を完成させた。

　レオンチェフは1906年8月5日，ロシアのサンクト・ペテルブルクに生まれた。父はサンクト・ペテルブルク大学の労働経済学教授であり，レオンチェフは15歳のとき同大学に入学し，4年後の1925年にはMAを取得した。その後ロシアを離れ，ベルリン大学に移り，1928年学位を得た。欧州各地さらには中国へと渡り，最後に米国にたどり着き，1931年，ハーヴァード大学に着任し，1946年同大学教授となった。都留重人『近代経済学の群像』に，レオンチェフとシュムペーターがほぼ同時期にハーヴァード大学に迎え入れられたことをはじめ様々なエピソードが紹介されている。彼は1968年フランスのレジオンドヌール勲章，1973年ノーベル経済学賞を受賞し，1970年の米国経済学会長，1976年の大英科学振興学士院F部門会長を歴任。そのほか米国や欧州の大学から多数の名誉学位が彼に与えられた。1999年2月7日永眠。

## 2. 産業連関表

レオンチェフの産業連関表のアイデアの出自を遡るとソ連の計画経済にたどり着く。革命後のソ連政府は経済の動向や今後の指針を打ち出すための裏付けを必要としていた。統計資料の不備を克服するための整備や統計資料の収集そしてそれらをもとにした「国民経済バランス表」の作成に対して，ドイツにいたレオンチェフは興味を示し，また不備を指摘した。

レオンチェフは経済活動の背景にあるメカニズムや最終的な結果の裏にある本質を解き明かすことを目的として，膨大な経済活動全体のなかで，あるひとつの部分が変化するとその影響が他の部門にどのように伝わりどのように変化するかがすぐにわかるような仕組みの開発に挑戦した。こうした試みが結実し，できたのが「産業連関表」である。先ず一国の経済活動をいくつかの主要部門に分割し，部門間の財・サーヴィスの需給の流れを統計データで収集し，網の目のような産業の構造的連関を表として著したものが「産業連関表」である。

レオンチェフは，1931 年に最初の表の作成を開始し，ハーヴァード大学の協力を得て 1936 年に最初の表を完成させた。それをもとに，1941 年主著『アメリカ経済の構造―1919-1939 年』を著した。

彼の「産業連関表」は米国政府に高く評価され，彼の表によって，経済予測の精度が格段に飛躍した。統計データの部門数も当初の 42 部門から 500 部門に飛躍した。彼の「産業連関表」使用の例に，旧ソ連の軍事部門の推計がある。過去ソ連は，産業連関表を 1959, 1966 及び 1972 年に公表している。この表は，全産業が掲載されているので公表の軍事費のほか，隠れた軍事費も含まれており，これらを推計すれば，西側との軍事費を比較することが可能となった。

## 3. レオンチェフの逆理

産業連関表分析から導き出されたレオンチェフの貢献に，「レオンチェフの

逆理」がある。これはヘクシャー＝オーリンの定理への批判であり，現実の経済がヘクシャー＝オーリンの定理に従って機能していない，というものである。つまり，リカードの比較優位の原理に従えば，工業国は工業製品を輸出し，発展途上国は労働力や原料などの製品・サーヴィスを提供する。工業国は北半球に多く，発展途上国は南半球に多い。とすれば貿易を類型化してみると，比較優位の原理に従い，北―南という貿易のパターンが多くなるはずである。しかしレオンチェフが統計資料を分析して出した結果は，そうはならず，むしろ，同じレベルの国どうしの貿易（北―北.南―南）が行われていた。こうして，実体経済の貿易パターンが，リカードの比較優位に基づく特化と明らかに矛盾していることを「レオンチェフの逆理」という。

## 表1 日本の産業連関表（参考）

表（1）95年産業連関表（取引基本法） （単位：百億円）

| | | 中間需要 | | | | | | | | 最終需要 | | | | 需要合計 | （控除）輸入 | 国内生産額 |
| | | 農林水産業 | 製造業 | 建設業 | 電力・ガス | 商業・運輸 | サービス | その他 | 計 | 消費 | 投資 | 輸出 | 計 | | | |
|---|---|---|---|---|---|---|---|---|---|---|---|---|---|---|---|---|
| 中間投入 | 農林水産業 | 192 | 994 | 16 | 0 | 1 | 125 | 0 | 1,329 | 418 | 68 | 4 | 490 | 1,819 | -238 | 1,582 |
| | 製造業 | 254 | 12,473 | 2,590 | 145 | 927 | 2,677 | 513 | 19,579 | 6,733 | 4,028 | 3,789 | 14,549 | 34,129 | -2,673 | 31,456 |
| | 建設業 | 5 | 139 | 22 | 117 | 106 | 118 | 305 | 812 | 0 | 8,003 | 0 | 8,003 | 8,815 | 0 | 8,815 |
| | 電力・ガス | 7 | 591 | 62 | 250 | 204 | 461 | 159 | 1,735 | 909 | 0 | 3 | 912 | 2,647 | 0 | 2,646 |
| | 商業・運輸 | 138 | 2,649 | 1,088 | 99 | 1,356 | 1,172 | 368 | 6,871 | 6,800 | 1,155 | 684 | 8,639 | 15,510 | -266 | 15,244 |
| | サービス | 18 | 2,073 | 699 | 245 | 1,188 | 1,429 | 906 | 6,558 | 11,934 | 921 | 132 | 12,986 | 19,544 | -444 | 19,100 |
| | その他 | 70 | 1,396 | 272 | 258 | 1,669 | 1,302 | 1,335 | 6,301 | 9,244 | 3 | 69 | 9,317 | 15,618 | -751 | 14,868 |
| | 計 | 684 | 20,316 | 4,750 | 1,114 | 5,452 | 7,284 | 3,586 | 43,185 | 36.038 | 14,178 | 4,681 | 54,897 | 98,082 | -4,371 | 93,710 |
| 粗付加価値 | 家計外消費支出 | 12 | 635 | 169 | 56 | 382 | 444 | 244 | 1,912 | | | | | | | |
| | 雇用者所得 | 150 | 5,425 | 2,928 | 456 | 6,663 | 7,828 | 3,866 | 27,316 | | | | | | | |
| | 営業余剰 | 520 | 2,007 | 308 | 356 | 1,411 | 1,522 | 3,847 | 9,971 | | | | | | | |
| | 資本減耗引当 | 175 | 1,683 | 454 | 537 | 828 | 1,547 | 2,855 | 8,080 | | | | | | | |
| | 間接税 | 62 | 1,432 | 223 | 148 | 559 | 583 | 641 | 3,647 | | | | | | | |
| | （控除）補助金 | -22 | -43 | -17 | -20 | -51 | -108 | -171 | -431 | | | | | | | |
| | 計 | 898 | 11,140 | 4,064 | 1,533 | 9,792 | 11,816 | 11,281 | 50,525 | | | | | | | |
| 国内生産額 | | 1,.582 | 31,456 | 8,815 | 2,646 | 15,244 | 19,100 | 14,868 | 93,710 | | | | | | | |

⇒総務省「産業連関表（95年）」により作成。

**表 (2) 投入係数表**

|  | 農林水産業 | 製造業 | 建設業 | 電力・ガス | 商業・運輸 | サービス | その他 | 平均 |
|---|---|---|---|---|---|---|---|---|
| 農林水産業 | 0.1215 | 00316 | 0.0018 | 0.0000 | 0.0001 | 0.0065 | 0.0000 | 0.0142 |
| 製造業 | 0.1604 | 0.3965 | 0.2939 | 0.0547 | 0.0608 | 0.1402 | 0.0345 | 0.2089 |
| 建設業 | 0.0032 | 0.0044 | 0.0025 | 0.0441 | 0.0070 | 0.0062 | 0.0205 | 0.0087 |
| 電力・ガス | 0.0045 | 0.0188 | 0.0070 | 0.0946 | 0.0134 | 0.0241 | 0.0107 | 0.0185 |
| 商業・運輸 | 0.0874 | 0.0842 | 0.1235 | 0.0375 | 0.0890 | 0.0614 | 0.0247 | 0.0733 |
| サービス | 0.0113 | 0.0659 | 0.0793 | 0.0924 | 0.0779 | 0.0748 | 0.0609 | 0.0700 |
| その他 | 0.0442 | 0.0444 | 0.0308 | 0.0974 | 0.1095 | 0.0682 | 0.0898 | 0.0672 |
| 粗付加価値 | 0.5675 | 0.3542 | 0.4611 | 0.5792 | 0.6424 | 0.6187 | 0.7588 | 0.5392 |
| 国内生産額 | 1.0000 | 1.0000 | 1.0000 | 1.0000 | 1.0000 | 1.0000 | 1.0000 | 1.0000 |

⇒総務省「産業連関表 (95 年)」により作成。

**表 (3) 逆行列係数表 [(1-(1-$\overline{\text{MA}}$)$^{-1}$ 型]**

|  | 農林水産業 | 製造業 | 建設業 | 電力・ガス | 商業・運輸 | サービス | その他 | 平均 |
|---|---|---|---|---|---|---|---|---|
| 農林水産業 | 1.1274 | 0.0512 | 0.0174 | 0.0057 | 0.0050 | 0.0148 | 0.0033 | 1.2248 |
| 製造業 | 02903 | 1.6354 | 0.4795 | 0.1530 | 0.1362 | 02495 | 0.0887 | 3.0327 |
| 建設業 | 0.0087 | 0.0136 | 1.0099 | 0.0543 | 0.0132 | 0.0127 | 0.0249 | 1.1373 |
| 電力・ガス | 0.0162 | 0.0419 | 0.0256 | 1.1147 | 0.0243 | 0.0379 | 0.0182 | 1.2788 |
| 商業・運輸 | 0.1400 | 0.1688 | 0.1921 | 0.0796 | 1.1227 | 0.1038 | 0.0476 | 1.8546 |
| サービス | 0.0529 | 0.1405 | 0.1420 | 0.1395 | 0.1146 | 1.1166 | 0.0854 | 1.7915 |
| その他 | 0.0869 | 0.1118 | 0.0899 | 0.1410 | 0.1455 | 0.1075 | 1.1118 | 1.7943 |
| 列和 | 1.7224 | 2.1630 | 1.9564 | 1.6877 | 1.5616 | 1.6428 | 1.3800 |  |

⇒総務省「産業連関表 (95 年)」により作成。

出所：『経済指標のかんどころ 2001/ 改訂 21 版』148 頁。

## 〔表 (1)-(3) の解説〕

**表 (1)**：例えば，製造業部門を縦方向（列）にみると，31,456 百億円の生産物を生産するために，原材料等の中間投入で 20,316 百億円，雇用者所得等の粗付加価値で 11,140 億円の費用を要することを示している。横方向（行）にみると，製造業生産物は，中間需要（原材料としての需要）に 19,579 百億円，最終需要（家計消費，設備投資等）に 14,549 百億円の合計 34,129 百億円の需要があるが，これは製造部門の生産額 31,456 百億円と輸入 2,673 百億円で賄われていることを示している。

**表 (2)**：表 (1) で製造業部門についてみると，生産額 31,456 百億円に対して，中間投入として，電力・ガス 591 百億円，商業・運輸 2,649 百億円を必要とするので, 製造業で 1 単位生産するのに各々から 591÷31456 = 0.0188

単位, 2649÷31456≒0.0842 単位, 必要とすることを示している。

**表 (3):** 製造業部門で 1 単位の需要があった時, 電力・ガス 0.0419 単位, 商業・運輸 0.1688 単位, …の生産が必要となる。縦方向の合計値 (列和) 2.1630 は製造業部門が他産業へ与える影響 (生産波及) の大きさを示している。横方向の合計値 (行和) は, 製造業部門, 建設業部門, …に各々 1.6354 単位, 0.4795 単位, …の合計 3.0327 単位を直接・間接に供給しなければならない (以上の 3 つの表については, 『経済指標のかんどころ 2006/ 改訂 23 版』2006 年を参考に, 1995 年のデータを当てはめ, 産業連関表の読み方を理解することを目標として解説を試みた)。

**(引用文献)**

1. 木村武雄『経済体制と経済政策』創成社, 1998 年。

2. マリル・ハートマッカーティ, 田中浩子訳 r ノーベル賞経済学者に学ぶ現代経済思想』日経 BP 社, 2002 年。

3. マーク・ブローグ, 中矢俊博訳『ケインズ以後の 100 大経済学者』同文舘, 1994 年。

4. クリス・ミルラー「レオンチェフ」E・ディヴァイン他編『20 世紀思想家事典』誠信書房 2001 年。

5. レオンチェフ, 山田勇他訳『アメリカ経済の構造産業連関分析の理論と実際』東洋経済新報社, 1953 年。

6. レオンチェフ, 時子山和彦訳『経済学の世界』日本経済新聞社, 1974 年。

7. レオンチェフ共著, 大西昭他訳『成長の条件』ダイヤモンド社, 1977 年。

8. レオンチェフ共著, 清水雅彦訳「軍事支出—世界的経済発展への桎梏」東洋経済新報社, 1987 年。

9. R.Dorfman,"Leontief,Wassily", *The New PALGRAVEA Dictionary of ECONOMICS*, London : Macmillan, 1998.

# 第 31 講　マンデルとオープン経済論

　今日，国際貿易を積極的に行ってる経済のことをオープン経済というが，このオープン経済に深く関わる学者がロバート・A・マンデルである。彼は1932 年カナダのオンタリオ州生れ。1956 年 MIT（マサチューセッツ工科大学）で博士号をとり，シカゴ大学などで教鞭をとった。1999 年ノーベル経済学賞を受賞。彼の功績は，(1)ヒックスの IS=LM 分析をオープン経済体系に適用し，為替制度の相違ならびに資本取引規制の有無によって金融政策と財政政策の効果が異なることを示したことと，(2) ある特定の各国が独自の通貨や金融政策を放棄して共通通貨を保有するのが適している経済条件を明示したことである。(2) の理論は欧州通貨制度における通貨統合の妥当性を判断する基準として適用され，「最適通貨圏理論」と呼ばれている。

## 1.　マンデル＝フレミング・モデル

　マンデル＝フレミング・モデルは，輸出や輸入が盛んなオープン経済における IS=LM 分析の適用であることはすでに述べたとおりである。基本的なマンデル＝フレミング・モデルは，自国の経済規模がマクロ経済全体に影響を与えないという理由により，価格が硬直的な短期，資本移動が完全に自由な状態，外国金利や外国の財価格を所与とする小国の開放経済を仮定する。資本移動は自国と外国の金利格差の変化に反応して変動し，貿易収支の動向は自国と外国の相対価格の変化に依存すると想定する。

　国際取引は，為替の変動相場制・固定相場制により状況が大幅に変化する。各国間の通貨交換比率を固定する固定相場制では自国通貨と外国通貨のバラン

スは中央銀行の通貨交換によって行われるが，変動相場制では外国為替市場における交換比率の変化によって行われる。つまり，中央銀行は，固定相場制では自国通貨のバランスを維持するための外貨を必要に応じて売り買いするが，変動相場制では，売り買いはない。

　固定相場での金融政策をみてみよう。中央銀行が公開市場操作を通じて貨幣供給を増やすと国内金利が低下して資本が海外へ流出する。外国通貨への需要が高まると自国通貨の金利切り下げ圧力が生じ，中央銀行は自国通貨と交換に外貨準備を取り崩して市場へ放出する。こうして外貨準備が減少する結果，国内で流通する自国通貨残高が減少し，貨幣供給はもとの水準まで減少する。結局，国内所得は元の状態に戻り，金融政策は経済調整手段として無効であることがわかる。

　次に固定相場での財政政策をみる。中央政府が財政支出を増加させると，財・サーヴィスに対する総需要が高まり，貨幣需要が増加し国内金利が上昇する。国内金利の上昇は外国との金利格差を生み，国外資本が国内に流入する。外国通貨に比べて自国通貨への需要が高まり，金利切り上げ圧力が生じる。こうした圧力を抑制して固定平価を維持する為に，中央銀行は外国通貨と交換に自国通貨を市場に放出する。これにより市場に出回る自国通貨の流通残高が増加し，貨幣供給が増えることで国内所得は上昇し国内金利は元の水準に戻る。財政政策は有効であることがわかる。

　今度は変動相場での金融政策をみてみよう。資本が海外に流出すると自国通貨の為替レートは減価する。この結果，純輸出が拡大するので，純需要が増えて国民所得は増加することになる。変動相場制の場合には中銀は外国為替市場に介入しないので，外貨準備を取り崩す必要がないことから，貨幣供給は減少しない。従って金融政策は有効となる。

　次に変動相場での財政政策をみる。国際資本が流入することで自国通貨の為替レートは増価する。この結果，純輸出が低下して財・サーヴィスに対する総需要が低下するので国民所得は元の水準に戻ってしまい，財政政策は有効に機能しない。

このようにマンデル＝フレミング理論は固定相場制と変動相場制では，正反対の結果となる。

## 2. 最適通貨圏理論

ある特定の各国が独自の通貨や金融政策を放棄して共通通貨を保有するのが適している経済条件を明示し，欧州通貨制度における通貨統合の妥当性を判断する基準として適用された「最適通貨圏理論」が成立する条件として，マンデルは，貿易の取引費用が低いこと，相対価格に関する不確実性が低いことを挙げている（白井早由里「時代を先取りした天才的資質」『経済セミナー』1999年12月号（No.539），40-41頁）。

また，EUの単一通貨ユーロは，最適通貨圏理論の実践の場でもある。最適通貨理論は，ロバート・マンデルの有名な理論であるが，賃金の伸縮性と労働の自由な移動が前提となっている。しかしながら，EU域内では，この2つの

表1　国内不均衡と国際収支不均衡の組合せと財政・金融政策の政策混合

| | 需要不足<br>（デフレ）<br>$D < Z$ | 供給不足<br>（インフレ）<br>$D > Z$ |
|---|---|---|
| 国際収支黒字 | (1)<br>内需拡大<br>｛財政支出拡大<br>（減税）<br>金融緩和政策 | (2)<br>財政支出抑制（増税黒字）<br>金融緩和政策<br>（貨幣供給増加，<br>利子率引下げ） |
| 国際収支赤字 | (3)<br>財政支出拡大<br>（減税赤字）<br>金融引締め政策<br>（貨幣供給抑制，利<br>子率引上げ） | (4)<br>内需抑制<br>｛財政支出抑制<br>（増税）<br>金融引締め政策 |

D：総需要
Z：総供給能力
出所：丸尾直美『入門経済政策（改訂版）』、498頁。

条件は，国家の主権がからむ問題でもあり，必ずしも満たされていないのが現状である（木村武雄『EUと社会システム』創成社，2008年，126頁）。

## 3. ポリシー・ミックス・モデル（図1，表1参照）

　変動相場制における金融政策では，国際収支を均衡させる政策は国内均衡と経済の均衡成長にとって好ましい場合もあるが，そうでない場合もあり，そのときは金融政策と財政政策を合わせた政策をとることがある。これをポリシー・ミックスという。マンデルはこのジレンマを解決する策としてマンデルのポリシー・ミックス・モデル（図1）を提案した。横輔に金融政策を代表するものとして利子率をとり，縦軸に財政政策を代表するものとして財政支出抑制と増税による財政黒字の程度をとっている（丸尾直美『入門経済政策』（改訂版）中央経済社，1993年）。

**図1　国内均衡と国際収支不均衡の同時達成の為の財政政策と金融政策の政策混合**

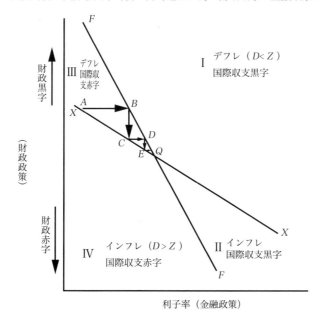

出所：丸尾直美，前掲書，498頁。

図1で, 例えば, ある国の状態がA点（デフレで国際収支赤字）にあるとする。その時は, 国際収支の赤字に対して, 利子率の引き上げを行い, デフレ対策に財政黒字減少を行う為, 減税と財政支出を拡大させ, 矢印の方向に進み, 国内・国際均衡点のQ点へ向かうことが提示される。

## 4. 貿易の利益と各種貿易政策

ミクロ的分析にはいり, 小国の貿易の利益をみてみよう。ここで言う小国は輸入量が少なく, 世界価格に影響を与えないケースである。図2において, S, Dは各自国内の供給曲線, 国内の需要曲線。$P^*$, $P_W$ は各自国内の均衡価格と世界価格。Aは国内の均衡点, Bは世界価格と国内の供給曲線の均衡点, Cは世界価格と国内の需要曲線の均衡点。$P_1$, $P_2$ は各自国内の需要曲線と国内の供給曲線の切片を示す。その際, 貿易が無い場合の消費者余剰と生産者余剰の合計は, 三角形 $P_1AP_2$。貿易が行われ, 各種の貿易政策がないなら, 販売価格は世界価格で, 消費者余剰と生産者余剰の合計は三角形 ABC だけ増加する。次に各種の貿易政策の事例研究を示す。

### (1) 関　税（図2参照）

図2において, 世界価格 $P_W$ に $P^* - P_W$ だけの関税を賦課すると, 市場価格

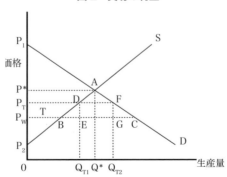

図2　貿易の利益

はP*となり，輸入を完全に排除できる。また，Tだけ関税をかけると，この財の価格は$P_T$になり，国内生産量は$Q_{T1}$となる。無関税の場合と比べて，生産者余剰は四角形$P_T P_w$ BDだけ増加。関税収入は四角形DEFG。消費者余剰は四角形$P_T P_w$ CFだけ減少し，総余剰は三角形BDE及び三角形CFGを合わせた分だけ減少する。

### (2) 輸入割当

$Q_{T2}-Q_{T1}$だけ輸入割当する場合を想定する。この際，国内価格は関税Tを賦課した場合と同じ価格$P_T$となる。結局，関税と輸入割当は同じ効果。但し，関税の場合による収入は政府収入となるが，輸入割当の場合，業者に入る。

### (3) 輸出税（図3参照）

図3は図2と同じ国内の需給バランスを設定する。貿易がない場合の国内均衡点はAである。国際価格$P_w$が企業の販売価格。この時輸出量はIL。国内の人は高い価格で購入せざるを得ない。今，tだけの輸出税を課すと，企業の販売価格は国際価格$P_w$よりtだけ低い価格$P_T$で販売。この時輸出量はOPだけ減少。四角形JKNOは輸出税収。消費者余剰は四角形$P_t P_w$ NIだけ増加で，生産者余剰は四角形$P_T P_w$ LOだけ減少。結局，三角形IJN＋三角形KLOの分だけ総余剰の減少がある。OPに相当するだけの輸出数量制限した時の効果は輸出税の場合と同じ。輸出量はNOに減少するが，四角形JKNOの分が

**図3　輸出税**

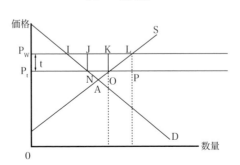

業者の収入となる。

### (4) 輸出補助金（図4参照）

図4は図2と同じ国内の需給バランスを設定する。今，輸出補助金付与後の世界価格を $P_S$ とし，t だけの輸出補助金を与えるとする。国際価格は $P_W$ となる。輸出補助金がない場合の国内価格は世界価格と同水準。国内需要量は $P_W X$，輸出量は XY。輸出補助金後の国内需要量は $P_S T$ に減少するが，輸出量は TU に増加。補助金総額は四角形 TUWZ になる。消費者余剰は四角形 $P_S P_W$ TX だけ減少。生産者余剰は四角形 $P_S P_W$ UY だけ増加する。しかし，TUWZ の補助金の分を考慮すると，三角形 TXW＋三角形 UYZ の分だけ総余剰は減少する。結局，この政策は消費者の犠牲で生産者に利益を付与する政策である。

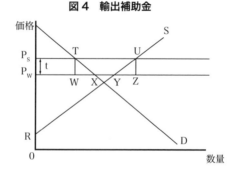

図4　輸出補助金

### (引用文献)

1. 木村武雄『経済体制と経済政策』創成社，1998年。
2. 酒井邦雄他著『経済政策入門第2版』成文堂，2011年。
3. 白井早由里「時代を先取りした天才資質」『経済セミナー』1999年12月号(No.539)，40-41頁。
4. 丸尾直美『入門経済政策改訂版』中央経済社，1993年。
5. ロバート・A・マンデル，渡辺太郎，箱木侃澄，井川一宏訳『新版国際経済学』ダイヤモンド社，2000年。[Robert Mandell, *International Economics*, New York：

Maemillian Company, 1968]

6. ロバート・A・マンデル，竹村健一訳『マンデルの経済学入門』ダイヤモンド社，
2000 年。[Robert A. Mandell, *Man and Economics*, New York：McGraw-Hill,
1968]

7. ロバート・A・マンデル，柴田裕訳『新版マンデル貨幣理論』ダイヤモンド
社，2000 年。[Robert A. Mandell, *Money Theory*, Pacific Palisades（CA）：
Goodyear Publishing 1971]

# 第32講　ミードと国際収支

　ジェームズ・エドワード・ミードはケインズ・グループの俊英で，ケインズ
の遺志を受け継ぎ第2次世界大戦後の英国経済や世界経済についての指針提
示に尽力した。彼は1907年イングランド生まれ，オックスフォード大学に学
び，「サーカス」と呼ばれる『貨幣論』研究グループをロビンソン夫妻等と共
に結成した。30年卒業後同大学講師，37年まで勤務。38年国際連盟経済部
部員としてジュネーブに赴いた。第2次世界大戦が勃発するとロンドンに戻
り，40年内閣経済部経済補佐官。46年同部部長，翌47年ロンドン大学教授。
57年ケンブリッジ大学教授。77年国際貿易・国際資本移動の理論的研究によ
りB.G.オリーンと共にノーベル経済学賞を受賞。95年12月22日逝去。ケ
インジアンらしく，ミードも市場原理に基づく経済主体の行動を分析するとい
うよりはマクロ経済学的なテーマ，福祉や品行，厚生に対する関心が高かっ
た。第2次世界大戦後，英国経済建て直しの政策立案過程で経済成長に注目し，
戦後の彼の研究テーマとなった。51年の『国際収支』(『国際経済政策論』第1巻)
では国際資本移動の側面から国際収支理論を展開。55年の『貿易と厚生』(同
書第2巻)では厚生経済学に社会的厚生の増加という新しい概念を与えた。61
年の『経済成長の理論』により，新古典派経済成長論への先駆的貢献に対して
77年ノーベル経済学賞受賞。

　ミードは国際貿易の国内生活水準に対する影響を研究した。「経済学者とし
て初めて，自らが名付けた「国際均衡 (external balance：対外均衡)」と「国内
均衡 (internal balance：対内均衡)」のどちらを達成するかによって経済政策の
目的を分類した」(マリル・ハートマッカーティー著，田中浩子訳『現代経済思想』日
経BP社，2002年，424頁)。国際均衡は国際支払いの均衡に関するもので，輸

入への支払額及び海外からの長期投資の買入額が，輸出の受取額及び海外投資家への長期投資の売却額に等しい状態を指す。国内均衡は国内経済の状況，具体的には完全雇用と物価の安定が達成された状態を指す」（前掲書，424 頁）。ミードは国際均衡については金融政策によって解決することに反対し，金融政策は圏内の必要性に基づき，単独で決定されるべき，とした（前掲書，425 頁）。1978 年に『直接税の構造と改正』として出版されたミード報告は，ミードの下に英国の指導的立場にある税制の専門家を総動員して作成されたもので，英国の税制を検討し，現行税制の不備を指摘して，経済効率を高め，しかも公平な税制を提案したものであったが，税務行政的には非現実的な提案であった。

〔参考：国際収支統計と新旧発表形式，122 頁〕


**(引用文献)**

1. 小林威「ミード報告」『財政学を築いた人々——資本主義の歩みと財政・租税思想』ぎょうせい，1983 年。
2. ノーベル賞人名事典編集委員会編『ノーベル賞受賞者業績事典 ( 新訂版 )』日外アソシエート，2003 年。
3. M. ハートマッカーティ，田中浩子訳『現代経済思想』日経 BP 社，2002 年。
4. ミード，北野熊喜男他訳『経済学入門　分析と政策』東洋経済新報社，1952 年。
5. ミード，山田勇監訳『経済成長の理論』ダイヤモンド社，1964 年。
6. ミード，大和瀬達二他訳『経済学原理 1，2』1966 年。
7. ミード，渡部経彦他訳『理性的急進主義者の経済政策』岩波書店，1977 年。
8. ミード『直接税の構造と改正』( 通称ミード報告 )，1978 年。
9. ミード，柴田裕他訳『公正な経済』ダイヤモンド社，1980 年。
10. J. E. Meade, "Exchange-Rate Policy, " in *Readings in Money, National Income and Stabilization  Policy*, Warren L. Smith et al., eds., Homewood ( Ⅲ ) : Richard D. Irwin,1970.
11. J. E. Meade, "The International Money Mechanism, " *Reading in Macroeconomics*, M. G. Mueller, ed., NY: Holt Rinechart & Winston, 1966.

## 図 1　国際収支統計の新旧発表形式

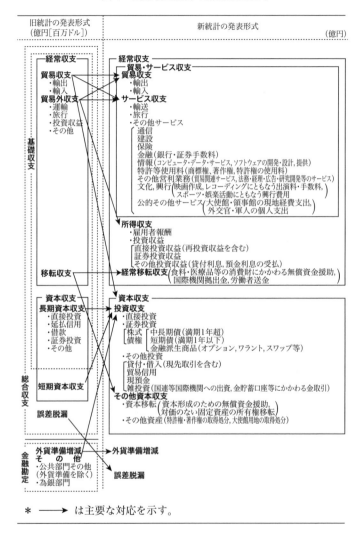

出所：日本銀行国際収支統計研究会『国際収支のみかた』日本信用調査，1966年，27頁。

# 第 33 講　オリーンと貿易理論

　ベルティル・オリーン（1899.4.23-1979.8.3）は 1899 年 4 月 23 日，スウェーデン，クリパンに生まれ，16 歳でルンド大学に入学，数学，統計学，経済学を学び，1919 年ストックホルム商科大学を卒業，ハーバード大学留学後 1924 年，ストックホルム商科大学で博士号取得。同年コペンハーゲン大学教授，29 年，ストックホルム商科大学教授に就任。また，38 年から 70 年までは国会議員も勤め，44-45 年商務大臣，44-67 年，野党自由党総裁，55-70 年まで，北欧理事会スウェーデン代表，56-65 年同主席代表を務める。77 年国際貿易，国際資本移動の理論的研究により，E. ミードと共にノーベル経済学賞受賞。79 年 8 月 3 日，ストックホルムで逝去。享年 80 歳。

　オリーンは 29 年『賠償問題一論考』で第一次世界対戦の賠償問題について分析，ドイツに課せられた賠償について，ドイツの負担が重すぎるとするケインズと対立，一大論争を起こした。この論争は近代の一国主義的な国際収支に関する理論を考える上で重要なものとして評価されている。1933 年，オリーンは "Interregional and International Trade"（『地域貿易と国際貿易』）を発表。この作品の中でオリーンは，オリーンと師であり，リカードの比較優位説を徹底的に検証したヘクシャーの博士論文を継承し，国際取引に関する経済理論を構築した。この理論は貿易理論に関する標準的モデルとして使用される国際分業のパターンの決定に関する定理であり，ヘクシャー＝オリーンの定理として知られている。オリーンは多数市場の存在を仮定し，各国国内での生産要素の移動を考慮した，相互依存価格理論を一般均衡分析の手法を用いて展開した。

## 1. ヘクシャー・オリーン・サミュエルソンの定理

自由貿易が行われると，生産要素の自由な移動が行われるときと同様な，賃金，地代，利潤など生産要素の価格の均等化が生じるという命題。ヘクシャーの 1919 年の論文をもとに，オリーンが 1933 年に発表した見解が，のちにラーナー，サミュエルソンらによって定式化され，証明された（長谷田彰彦『完全体系　経済学辞典』富士書店 1994 年，240 頁）。相対的に豊富な生産要素を用いる商品を輸出し，逆に希少な生産要素のそれを輸入する（ヘクシャー・オリーンの定理）。

このヘクシャー・オリーン・モデルのその後の主要な展開は以下のとおりである。

リプチンスキーの定理：生産要素価格を一定として，生産要素量が変化したときの生産の変化を表したものである。労働力が増加すると資本集約財の生産は増加するが労働集約財の生産は減少する。

ストルパー・サミュエルソンの定理：逆に，財の価格が変化したときの生産の変化を表したものである。労働集約財の価格が上昇すると労働力の相対的価格は上昇し，資本集約財の価格が上昇すると資本の相対的価格は上昇する。

このようにして，市場価格と財の生産を取り扱うミクロ経済学は，一国の問題だけでなく，二国間の問題にも有効であることをオリーンたちは示したのである（依田高典『改訂現代経済学』）。

## 2. 為替理論

### (1) 価格弾力性と貿易収支

貿易収支が為替レート切下げにより改善される可能性は，輸出入需要曲線の傾きが緩やかであるほど大きくなる。つまり輸出入財への需要の価格弾力性（価格が 1% 変化した時に需要量が何 % 変化するかを示す無名数）が比較的高いとき，

第33講　オリーンと貿易理論　185

輸出入量の切下げに対する反応は大きくなり，貿易収支の赤字は縮小（黒字は増大）する傾向にある。逆に，輸出入財への需要の価格弾力性が比較的低ければ，輸出入量の切下げに対する反応は小さくなり，貿易収支の赤字が増大（黒字は縮小）する可能性が強まる。

1）弾力性アプローチ（輸出入の関係に着目した弾力性アプローチ）：為替レートの変化が貿易収支に与える影響についてのもっとも伝統的アプローチであり，輸出入需要の価格弾力性に基づく。ひとつの貿易財の生産に特化する日本（自国）と米国（外国）からなる世界を想定し，自国財の価格（$P_X$）は円建て，外国財の価格（$P_m{}^*$）はドル建てで固定する。この仮定は両国の供給の価格弾力性が無限大であり，供給量は需要のみにより決定されるとする。自国の貿易収支（J）は自国財の輸出量を X，外国財の輸入量を M とし，

J $= P_X{}^* X - P_m{}^* M$……（1–1），但し上付添字 $*$ は価格がドル建てを示し，自国財のドル建て価格は先の仮定から，

$P_X{}^* = (P_X / E)$ ……（1–2），ここで E は名目為替レート（ドルの円価格）であり，E の上昇は円の切下げ（減価）を意味する。（1–1）は，日本の貿易収支をドル建ての輸出額からドル建ての輸入額を控除したもの。自国財の輸出は，外国での自国財への需要で決まるとする。

X $= X〔(P_X / E)，……〕$ ……（1–3），ここで〔 〕内の……は，所得水準等自国財価格以外の要因を指すが，それらはみな一定とする。（1–3）式は，自国財の輸出需要がそのドル建て価格の負の関数である。したがって自国財の円建て価格が一定であるとき，円切下げ（E の上昇）は，そのドル建て価格の下落により，日本からの輸出が増大する。　ドル建て価格を縦幅，輸出量を横幅にしたグラフでは，この輸出需要曲線は右下がり，次に価格弾力性が無限大であるという仮定により，輸出供給曲線は水平に描かれる。　したがって，円切下げは自国財をより低いドル価格で無制限に購入できるので，供給曲線は下方移動する。

一方，自国の輸入は外国財への需要により決定する。

M $= M〔(E・P_m{}^*)，……〕$ ……（1–4），ここで（1–3）式と同様に価格以外の要因は一定と置く。（1–4）式は，外国財の輸入需要がその円建て価格の負の

関数。したがって，外国財のドル建て価格が一定であるとき，円切下げは，その円建て価格を上げて，外国財の輸入を減少させる。ドル建て価格を縦軸，輸入量を横軸にしたグラフではこの輸入需要曲線は右下がりで，円切下げはその下方に移動させる。なおドル建て価格を縦軸とした場合，輸入の供給曲線は水平となり，ドル価格が固定されている限り為替レートの変化にしても移動はしない。

　2）マーシャル＝ラーナー条件：先の例では，貿易財価格は生産国通貨で固定される（供給の価格弾力性は無限大）という仮定での，切下げで貿易収支が改善する必要な弾力性の条件を「マーシャル＝ラーナー条件」とする。仮定が限定的なため，マ条件がそのまま現実に適用するとは考えられないが，為替レートと貿易収支との関係を考慮する際，基本的枠組みとして有益な概念である。

　(1-1) 式に (1-2) 式を代入し，その全微分を取ると，次の式が導出される。

$$dJ = (P_X/E)\ dX - P_m{}^*dM - (P_X X/E^2)\ dE \cdots\cdots (1\text{-}5)$$

ここで輸出需要の価格弾力性を $\varepsilon_X$〔$\equiv -$ (dlnX/dlnPX$^*$) $>0$〕，輸入需要の価格弾力性を $\varepsilon_m$〔$\equiv -$ (dlnM/dlnP$_m$) $>0$〕と置くと，(1-5) 式は次のようになる。

$$dJ = 〔P_X{}^*X\ (\varepsilon_x - 1) + P_m{}^*M\ \varepsilon_m 〕\ dlnE \cdots\cdots (1\text{-}6)$$

ここで当初の貿易収支をゼロ（$P_X{}^*X = P_m{}^*M$）と置くと，為替レート切下げにより，貿易収支が正の変化をする条件は，

$$(dJ/dlnE) = (\varepsilon_x + \varepsilon_m - 1) > 0 \quad 或いは \quad \varepsilon_x + \varepsilon_m > 1 \cdots\cdots (1\text{-}7)$$

即ち，輸出と輸入の価格弾力性の和が1より大きい場合は，為替レートの切下げが貿易収支を改善へ導く。弾力性アプローチの応用としてJカーヴ効果がある。

　3）アソープション・アプローチ：貯蓄・投資の関係に着目した分析手法で，1950年代にシドニー・アレクサンダーを中心とするIMFのエコノミスト達により提唱された。貿易収支（あるいは経常収支）は国内生産と国内消費の差に等しいという事実に着目したことによる。アソープション（A）とは，民間消費，民間投資そして政府支出という国民所得（Y）の3要素を集合した概念。Y ＝ A ＋ B $\cdots\cdots$ (5-8)，但し，B ＝（$\equiv$ E−M）。E, M は輸出量と輸入量の名目値。Bはサーヴィス貿易や要素受取・支払を考慮すれば，貿易収支とも経常収支とも解釈できる。

第33講　オリーンと貿易理論　*187*

(1-8) を転換すると，B = Y–A ……(1-9)，(1-9) 式は，貿易収支が国内生産と国内消費の差額を示している。したがって，貿易収支の赤字はＡがＹを凌駕しているから生じるので，Ａを減じるかＹを増加させればよい。伝統的ケインズ経済学では，前者を「支出削減政策」，後者を「支出切り替え政策（需要を外国財から自国財へ転換する）」と呼ぶ。しかし完全雇用の世界ではＹを政策により増加できないので，貿易収支の調整は主としてＡの動向如何による。

では切下げの効果はどうか。(1) 切下げは一般的に交易条件を悪化させ，国民の実質所得を減らし，消費を抑制する。(2) 切下げは物価水準を上げ，通貨や債券といった名目資産の実質価値を下げる資産効果を通じて，消費を抑制する。一部の実証研究では資産効果が微々たるものなので，切下げによる消費抑制現象の貿易収支改善効果は，限定的かつ一時的である。

## 3.　為替レートの決定要因

1) 購買力平価説：長期的な均衡為替レートは内外通貨の一般的購買力の比率によるとする説。20世紀初頭，スウェーデンの経済学者グスタフ・カッセルによって提唱された。長期的な均衡為替レートは内外通貨の一般的購買力の比率によって決定される。通貨の一般的購買力は一般物価水準の逆数であるから，日本と米国の一般物価水準を各自 p, p*，為替レートを e（1 ドル＝ e 円）とすれば，均衡レートは e = p/p* となる。相対的に物価上昇率の低い（高い）国の通貨の相対価値は上昇（下落）することになる。

2) アセット・アプローチ：中・短期均衡為替レートは内外の金融資産の選択（金利差・為替レート）とする。近年の国際的資本取引の活発化を反映して，内外金融資産の選択が為替レートを決定するというのがこの理論である。

## 4.　クローサーの国際収支の発展段階説

体制転換において重要なのが為替の信用である。為替は国家の経済力を示し，

他国からの信用を反映する。国家の発展段階にそった分析をクローサーが行っている。彼によれば発展段階は，第1段階：未成熟の債務国，第2段階：成熟債務国，第3段階：債務返済国，第4段階：未成熟の債権国，第5段階：成熟した債権国，第6段階：債権取崩し国に分けられる。

第1段階「未成熟の債務国」は，経済発展の初期段階で，開発に必要な投資財は輸入により調達され，国内貯蓄は充分とはいえないので，必要な資本は海外に仰ぐことになる。したがって経常収支は赤字，長期資本は流入超過となる。第2段階「成熟した債務国」は，輸出産業の発達に連れて財貨サーヴィス収支は黒字化するが，過去の債務の利子返済が続く為，経常収支は赤字が続く。第3段階「債務返済国」は，輸出がさらに拡大し経常収支は黒字化するが，それまで累積していた対外債務を返済し始めるため，長期資本は流出超過となる。第5段階「成熟した債権国」は，依然として投資収益は黒字であるが，貿易収支は輸出産業が発達してくるに連れて財貨・サーヴィス収支は黒字化する一方，過去の債務の利子支払いが継続する為経常収支は赤字が続く。第6段階「債権取崩し国」は，財貨・サーヴィス収支は遂に赤字化するが，過去に累積した債権の存在により投資収益は黒字であり，経常収支も黒字である。

## 5. 相互需要の原理

二国間の貿易の交易条件は，相互に相手の輸出品に対する輸入需要が均等する点で定まるという，ミル，マーシャルの理論。

ミルは，リカードの比較生産費説を批判し，「国際交易の条件は国際需要の方程式に依存するとし，交易条件そのものの決定は二国間の相互需要に依存するという現代貿易論の原型を提出した。相互需要の原理は交易条件の決定論であり，国際価値論と呼ばれている。

**国際収支の発展段階 - イギリス、アメリカ、西ドイツ、日本**

| | 財貨サービス収支 | 投資収益収支 | 経常収支 | 長期資本収支 | 戦前(上段)戦後(下段) | イギリス | | アメリカ | | 西ドイツ | | 日本 | |
|---|---|---|---|---|---|---|---|---|---|---|---|---|---|
| | | | | | | 期間(年) | 経常収支/名目GNP | 期間(年) | 経常収支/名目GNP | 期間(年) | 経常収支/名目GNP | 期間(年) | 経常収支/名目GNP |
| Ⅰ. 未成熟の債務国 | − | − | − | + | 前 | | | | | | | (1868-1880) | − |
| | | | | | 後 | | | | | | | | |
| Ⅱ. 成熟した債務国 | + | − − | − | + | 前 | | | (1871-1890) | ▲0.6 | | | (1881-1914) | − |
| | | | | | 後 | | | | | | | 1955-1964 | ▲0.2 |
| Ⅲ. 債務返済国 | ++ | − | + | − | 前 | | | (1891-1910) | (0.7) | | | (1914-1920) | (7.2) |
| | | | | | 後 | | | | | | | | |
| Ⅳ. 未成熟の債権国 | + | + | ++ | − − | 前 | (1851-1890) | (3.8) | (1910-1940) | (2.4) | | | | |
| | | | | | 後 | | | 1946-1970 | 0.6 | 1951-1970 | 1.3 | 1965-1969 | 0.8 |
| Ⅴ. 成熟した債権国 | − | ++ | + | − | 前 | (1891-1925) | (3.4) | | | | | | |
| | | | | | 後 | 1948-1982 | 0.3 | 1971-1981 | 0.4 | 1971-1982 | 0.5 | 1970-1983 | 0.7 |
| Ⅵ. 債権取崩し国 | − − | + | − | + | 前 | (1926-1944) | (-2.6) | | | | | | |
| | | | | | 後 | | | | | | | | |

出所：経済企画庁『昭和59年度 経済白書』。
(引用文献) 小峰隆夫『最新日本経済入門 (第2版)』日本評論社、2003年、193頁。

*190*

**(引用文献)**

1. 小峰隆夫『日本の経済発展（第3版）』東洋経済新報社，2002年。

2. 高木信二『世界経済の政治学』同文舘，1991年。

3. 西川俊作『日本経済読本（第16版）』東洋経済新報社，2004年。

4. 長谷田彰彦『経済統計で見る世界経済2000年史』柏書房，2004年。

5. トーマス・カリアー，小坂恵理訳『ノーベル経済学賞の40年（上・下）』筑摩書房，2012年。

# 第34講 ルイスと二重経済

　発展途上国経済について二重構造的発展モデルを提唱したウィリアム・アーサー・ルイスは，1915年，当時英国領であった西インド諸島セントルシア島で生まれ，29年セント・メリー・カレッジ卒業後，下級官吏となった。33年ロンドン大学入学後，同大学講師，博士号取得（40年，ロンドン大学）を経て，48年マンチェスター大学教授。59年西インド大学副総長，63年プリンストン大学ジェームズ・マディソン記念政治経済学講座教授。同時に，英国政府植民省の臨時長官，ガーナ等，アフリカ各国の経済顧問なども兼任した。79年経済開発論研究の先駆的業績により，黒人として初のノーベル経済学賞を受賞。91年6月15日バルバドス島の自宅で逝去。

　1937年ロンドン大学を卒業したルイスは，産業組織を研究，間接費に対するより現実的なアプローチを示し，それに基づいて産業内の価格体系を詳細に調査した。49年これら一連の産業構造分析に関する論文を集めた『間接費経済分析に関する論文集』を出版。以後，研究テーマの関心は次第に経済発展へ移り，54年論文「労働の無制限供給下の経済発展」を発表。開発途上国における経済の二重構造的発展をルイス・モデルと呼ばれるモデルにより理論化し，一躍脚光を浴びた。79年開発途上国の経済発展論に関する一連の研究に対してノーベル経済学賞が贈られた。

　ルイス・モデルを簡潔に説明すると「規模に関して収穫一定の生産関数の下では，賃金率が一定である限り，利潤極大技術に対応した資本生産高比率は一定にとどまる。すべての利潤は貯蓄され投資にまわされるので，利潤率は資本ストックの増加率と等しくなる。もし労働力の増加が資本ストックを下回るならば，やがてすべての労働が完全雇用される「転換点」が訪れる。この点か

ら経済は異なったシステムに移行する」(絵所秀記『開発経済学とインド』日本評論社, 2002年, 213頁)というものである。

たとえば東アジア諸国の発展の過程では, 生産と雇用の比重が農業から工業へ推移している。この過程をルイス・モデルが模写している。多くの途上国経済は, 昔ながらの伝統部門(零細な家族農業)と新たに持ち込まれた近代部門(都市の工業)からなる「二重経済」である。当初その国の労働者全員が農業に従事していると仮定する。農業労働は限界生産性にあり, 労働投入が増加すると生産は減少する。この時賃金は慣習により生存水準により決められており, 村の作物を農業全員で分け合っている。これ以下の収入では生きていかれず農村が崩壊する。限界的な労働者の生産性がゼロにもかかわらず, すべての人が雇用されているのは, この村が利潤原理でなく共生原則に則って運営されているからである。近代工業が導入されると, そこでの労働は利潤極大条件, 即ち「労働限界生産性 = 賃金」を満たすように雇用される。工業労働の限界生産性はこの部門の労働需要曲線に等しい。一方, 労働供給は, 農村に余剰労働が残っている限り, 最低賃金で幾らでも雇うことが可能である。この時, 特定の労働者だけが農業から工業へ移動する。工業の発展に伴って, 労働移動の増加が起こると国全体の農業生産は減少しはじめる。人口を不変とすれば, 食料が不足気味になり, 食料価格が上昇し, 賃金もそれに合わせて上昇しはじめる可能性がある。この問題を克服してさらに工業が拡夫すると, やがて労働移動がさらに増加し限界点を越える。この時, 農業の限界生産性は賃金に等しくなる。工業が農業からこれ以上の労働者を雇用するためには, 賃金水準が農業の限界生産性曲線に沿って上昇しなくてはならない。かくして余剰労働は完全に消滅する。この点を「転換点」と呼ぶ(以上大野健一『東アジアの開発経済学』有斐閣アルマ, 1997年22頁を要約)。

ルイスの転換点については様々な議論がある。ルイスは, 経済発展の初期は過剰労働で特徴づけられる段階があると考えた。この段階で賃金は, 古典派と同様生存水準で決定されるので, 彼の理論は「古典派的接近」と呼ばれる。一方経済発展のどの段階でも過剰労働は存在せず, 賃金は新古典派の限界生産力

説によって説明されるというのが「新古典派的接近」と呼ぶ。経済発展論には
この 2 つの理論が対立している。ルイスは 1958 年の論文で，日本経済はここ
10 年ぐらいの間に転換点に達するであろうと予想した。この説に対して反論
もあるが，南亮進は 1960 年転換点説を採用している（南亮進『日本の経済発展（第
3 版）』東洋経済新報社，2002 年，213 頁）。

　農業部門の限界生産性が制度的賃金を上回るか否か。即ち転換点以前におい
て，賃金は限界生産性より高いが，転換点以降は賃金は限界生産性によって決
定される。(1) 賃金・限界生産性比率，(2) 労働供給の賃金弾力性（近代部門
への労働供給増加率 / 近代部門賃金上昇率），(2) は戦前は 1.69 〜 4.91 の範囲，
戦後は 0.78 〜 0.86 の範囲，従って戦前では限界生産性を上回る賃金が支払
われたが戦後はそれが逆転した。(2) は戦前は 59 年までは 1.3 で，1959 〜
1964 年は 0.1 である。日本の場合，1960 年前後が「転換点」と実証され，社
会的観察とも一致する（渡辺利夫『開発経済学（第 2 版）』日本評論社，1996 年（初
版 1986 年），72 頁）。

**（引用文献）**

1. 大野健一『東アジアの開発経済学』有斐閣アルマ，1997 年。
2. ノーベル賞人名事典編集委員会編『ノーベル賞受賞者業績事典（新訂版）』日外ア
   ソシエート，2003 年。
3. 南亮進『日本の経済発展（第 3 版）』東洋経済新報社，2002 年。
4. W. プレイト他編，佐藤隆三他訳『経済学を変えた 7 人』勁草書房，1988 年。
5. 渡辺利夫『開発経済学（第 2 版）』日本評論社，1996 年（初版 1986 年）。
6. ルイス，石崎昭彦他訳『世界経済論』新評論，1969 年。
7. ルイス，原田三喜雄訳『国際経済秩序』東洋経済新報社，1981 年。
8. ルイス，益戸欽也他訳『人種問題のなかの経済』産業能率大学出版部，1988 年。
9. W. Arthur Lewis, "Economic Development with Unlimited Supplies of Labor,"
   Paradigmas in Economic Development, Rajani Kanth, ed., Armonk (NY) :M. E.
   Sharpe, 1994.
10. W. Arthur Lewis, *Theory of Economic Growth*, NY・Harper and Row, 1965.

## 図1　ルイスの二重経済モデル

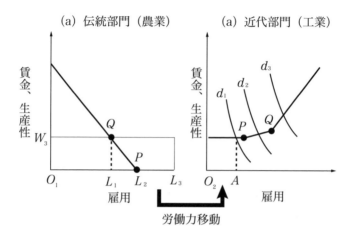

# 第35講　トービンと q 理論

　ジェイムズ・トービンは 1918 年，米国イリノイ州に生まれた。ハーバード大学に入学後 J.M. ケインズの『雇用・利子及び貨幣の一般理論』を読み経済学に専心する。39 年同大学を卒業後，同大学院に進学。40 年修士。42 年米国海軍将校として 46 年まで勤務。同年ハーバード大学ジュニア・フェローになり，47 年博士号（同大学）取得。50 年エール大学准教授を経て，55 年同大学教授，および同大学コウルズ経済研究所所長に就任。同年 1. B. クラーク賞受賞。58 年米国計量経済学会会長，71 年米国経済学会会長を歴任。その間，61 年から 62 年に掛けて米国第 35 代，故ケネディ大統領の経済諮問委員会委員も務める。81 年金融市場と歳出，雇用，生産，価格との関係の分析によりノーベル経済学賞受賞。2002 年 3 月 11 日逝去。

## 1.　トービンの q

　投資家がリスク回避的であって，安定資産が存在する時，危険資産の最適組合せは，投資家の効用関数とは独立に決定される。この「分離定理」は，1950年代にトービンによって示された。この定理は資産価格決定理論を考慮する際，重要な意味を持っている。彼は投資家のある特定の効率的な資産選択と，その投資家の総資産における証券と現金の配分を関連付けた。つまり，リスク回避型の投資家，リスク許容型のそれぞれに向けた複数の効率的資産選択を，どちらのタイプにとっても効率的なひとつの資産選択に置き換えた。日本の場合を例にとって説明すると，「市場には 3 種類の資産しかないと仮定。それらは(1) マイクロソフト（MS）株，(2) NTT 株，そして (3) 国債とし，それらの

時価総額が，300兆円，200兆円，500兆円とする。ある投資家はリスク回避度が市場全体の平均と同じと考えれば，各資産の保有比率は，市場の時価総額と同じ比率となる。その人が1,000万円の資産を（1）300万円，（2）200万円，（3）500万円を投資をする。一方別の投資家は市場全体の平均値より高く，1,000万円の総資産のうち（3）に600万円投資するなら，（1）240万円，（2）160万円を投資するだろう。いずれの投資家についても，（1）と（2）の保有比率は3対2になっている」（野口悠紀雄他『金融工学』ダイヤモンド社，2000年，50，51頁）となる。

ケインズ理論によりその発展が促進された経済成長論は，R.ハロッドとE.ドーマーによりハロッド＝ドーマー・モデルとして定式化された。このモデルでは資本と労働の間の代替性は仮定されていなかったが，これに対してJ.トービン，R. M.ソローらは，資本と労働の代替性が存在する成長モデルを構築した。また初期の経済成長モデルでは貨幣的要因は軽視されたが，55年論文「動学的集計モデル」を発表，新古典派の経済成長モデルに貨幣的要因を導入した。その後，貨幣が均衡成長経路にどのように効果を与える等を研究した。58年論文「危険に対する行動としての流動性選好」において，不確実性下における資産保有者の資産選択の際の危険回避行動を分析した。これによりケインズが『雇用・利子及び貨幣の一般理論』の中で展開した流動性選好理論を資産選択理論へ発展させた。またこの論文は，不確実性下での経済モデルの構築に甚大な影響を与えた。61年ケネディ大統領の経済諮問委員になると，ケインズ経済学と新古典派経済学を総合したニューエコノミックスによる経済政策を主張した。69年に発表した論文「貨幣理論に対する一般均衡アプローチ」ではq理論と呼ばれる投資理論を展開，新古典派的投資理論の欠陥を補った。81年これら一連の業績に対してノーベル経済学賞が贈られた。

投資理論には，限界効率，加速度原理，ストック調整モデル，調整費用モデルに加え，トービンのq理論がある。実物的な投資の世界における調整は，通常の金融資産取引のように瞬時に金利裁定が行われる世界とは基本的に異なることに着目し，実物資産が取引される資本財市場（調整費用が大きい）と金融資

産が取引される金融市場（調整費用は殆ど存在しない）を明白に峻別したところに基本的な立脚点を持っている。ここでいう「調整費用」とは，ある一定の設備投資をして生産能力を拡大する時に，成長率を高くしようとすれば余分に掛かる追加的諸経費のことで，例えば，短期間に設備を2倍に拡大しようとすると，専門知識を持つ技術者を大量に育成したり，販売網の拡充，組織の大幅な改造等をする場合に余計に掛かる費用を指す。トービンの q とは「企業の市場価値」と「現存する企業資本ストックを現在の市場価格でそっくり購入する費用」の比率である。q＝（企業の市場価値）／（現存資本を買い換える費用総額）。「企業の市場価値」は，株式市場での企業の株価の総額（即ち，一株当たりの株価に発行株式を乗じたもの）と債務の総額を合計したもの。企業の投資の視点からは q が1より大きい時，現存の資本設備は過小設備で，投資が必要。q が1より小さい時は現在の資本ストックは過大となる。投資家の立場からは，前者の場合つまり，企業の市場価値が資本ストックの価値よりも大きい時，市場がこの会社の成長力を現在の資本ストックの市場価値以上に評価している。今この会社に投資を行えば，1単位余分に行う時，それに要する費用よりも，そこから得られる予想利益の方が大きいので，投資家にとり有利と判断される。あくまで現行の時点での資料なので，将来のことは誰も予想できない。q 理論は「平均概念」に基づいているが，投資により直接的に関与するのは「限界概念」に基づく q でなければならない。企業は「追加的な」投資をすべきか否かについて決定を迫られているのであって，会社を解散して新たにすべての資産を買い換えるべきかについての決心を迫られた訳ではないからである。林文夫により，ある条件の下での「平均の Q（トービンの Q）」と「限界の q」が一致することが証明された（中谷巌『マクロ経済学（第4版）』日本評論社，2000年，386頁より要約）。

## 2. 日本経済とトービンの q

　日本経済におけるトービンの限界 q と平均 q の時系列を観察してみる。高

度成長期が終わりを告げる 1971 年から 73 年の間には，限界 q は 2 を越えて
おり，企業家は設備投資から高い収益を得られると予想していたことが分かる。
第一次石油危機の到来とともに，収益性は大幅に低下する。75 年には限界 q
は 1.07 と僅かに 1 を越える水準まで低下。75 年を除く 74 〜 91 年までの期
間，限界 q は 1.26（83 年，91 年）から 1.51（80 年）の間を推移する。ところ
が 92 年以降，限界 q は急速に低下しており，98 年には 0.55 と 1 を大きく割
り込んでいる。一方平均 q は，80 年代中頃迄は 1 前後で推移しており，その
範囲は，0.81（83 年）か 1.33（73 年）である。しかし，87 年から 90 年に掛
けて平均 q は急上昇しており，90 年には 1.81 にまで至っている。その後は，
再び 1 前後を推移。90 年代に入り，限界 q が急降下したのとは対照的に，平
均 q はそれほどの落ち込みを示していない。限界 q と平均 q の相関係数は 0.24
とそれほど高くない。これは，バブル以降，株式市場における企業の評価が，
利潤率に基づく設備投資の収益性から乖離したことを反映しているかもしれな
い。因みにバブル期以降を除いて 71 年から 86 年までの期間に限定して，両
者の相関係数を計算すると 0.82 まで上昇する（小川一夫『日本経済：実証分析の
すすめ』有斐閣，2002 年，139 頁）。

**（引用文献）**
1. 小川一夫他『日本経済：実証分析のすすめ』有斐閣ブックス，2002 年。
2. 中谷巌『マクロ経済学（第 4 版）』日本評論社，2000 年（初版 1981 年）。
3. 中村洋一「需要・所得面からみた日本経済の姿」，貝塚啓明他監修『日本経済事典』
   日本経済新聞社，1996 年。
4. ノーベル賞人名事典編集委員会編『ノーベル賞受賞者業績事典（新訂版）』日外ア
   ソシエート，2003 年。
5. 野口悠紀雄他『金融工学』ダイヤモンド社，2000 年。
6. M. ハートマッカーティ，田中浩子訳『現代経済思想』日経 BP 社，2002 年。
7. Fumio Hayashi , " Tobin's Marginal Q and Average Q A Neoclassical Interpretation, "
   *Econometrica*, 1982.
8. W. ブレイト，佐藤隆三他訳『経済学を変えた 7 人』動草書房，1988 年。
9. トービン，間野英雄他訳『国民の為の経済政策』東洋経済新報社，1967 年。
10. トービン，矢島欽次他訳『インフレと失業の選択』ダイヤモンド社，1976 年。
11. トービン，浜田宏一他訳『マクロ経済学の再検討』日本経済新聞社，1981 年。

# 第36講 シュルツ，ベッカーと教育の経済学

## 1. T.W. シュルツ

　人的資本の経済要因についての研究で有名な T.W. シュルツは 1902 年，米国サウスダコタ州に生まれ，27 年サウスダコタ州立大学卒業後，28 年修士号（ウィスコンシン大学），30 年博士号（ウィスコンシン大学）取得。同年アイオワ州立大学に就職，43 年シカゴ大学へ移った。49 年米国経済学会副会長，60 年同会長。と同時に連邦政府農務省顧問国連の低開発国調査委員会委員等を務めた。72 年ウォーカー賞受賞。79 年開発途上国問題の考察を通じた経済発展理論の研究によりノーベル経済学賞受賞。1998 年逝去。教え子に G.S. ベッカーがいる。

　シュルツの経済学に対する貢献は，古典派経済学以来，経済学が暗黙の前提としていた「土地」信仰を否定し，そこで生活する人々に注目したことである。当初は関心が米国の農業問題に限定されていたが，次第に一国経済における農業発展に注目するようになった。さらに農業発展の過程における教育投資の貢献に注目し，教育の経済学的分析を研究するようになった。シュルツは開発途上国問題にも関心を持ち，人的資本理論をこれに適用した。68 年論文集『経済成長と農業』を出版，開発途上国における工業優先の開発政策を批判し，農業部門と農業部門への教育投資の重要性を主張した。79 年一連の業績に対してノーベル経済学賞が贈られた。

## 2. G.S. ベッカー

　1930 年，米国ペンシルヴァニア州ポッツビルに生まれ，51 年プリンストン大学卒業，シカゴ大学大学院に進み，53 年修士号。55 年博士号（シカゴ大学）取得。54 年シカゴ大学助教授に就任。57 年コロンビア大学に移り，助教授，准教授を経て，60 年同大学教授。66 年 J.B. クラーク賞受賞。69 年シカゴ大学に戻り，70 年同大学教授。92 年ミクロ経済分析の領域を人間の行動様式や相互作用といった非市場分野に迄敷術したことによりノーベル経済学賞受賞。恩師は T.W. シュルツ。ベッカーは人的資本の分析を行い，64 年『人的資本』を出版。教育が経済発展に与える影響を考察した。71 年『経済理論』を上梓。経済学的アプローチをあらゆる人間行動に応用し，経済分析の領域を拡大したことに対して，92 年ノーベル経済学賞受賞。2014 年 5 月逝去。

　ベッカーによる社会的要因の経済分析は，犯罪や結婚などにその特徴が表れている。彼は，結婚を政府の干渉を最小限に止めながら，社会厚生を増進するもう一つの自由な意思決定として捉える。また犯罪については他の社会的行動と同様に，期待便益や費用に対するある特定な個人の合理的な反応だと捉える。

### 〔ベッカーの人的資本分析〕

　ベッカーの代表的な研究は，人的資本（human capital）の分析と，その意義の解明にある。その経済効果は以下のとおりである。

①企業独自の人的投資は，当該従業員の資格や熟練度を高め，企業の生産向上に寄与する。しかし，他社の生産には役立たないので，ヘッド・ハンティングされることはない。

②企業自身にも役に立つ人的投資なので，その従業員を継続的に雇用する。職業訓練した分，賃金も上がり，企業に継続雇用させる誘因を持っている。

③職業訓練投資は当該企業が負担するので，その分だけ賃金が低くなる。定年まで雇用する形態の為訓練後はもとの賃金体系に戻る。

④年金体系も職業訓練期間中も勤務期間としたものと見なしている。

### (日本の終身雇用，年功序列の労働慣行に類似性)

ベッカーの人的資本分析は，かつて日本の大企業において主流であった終身雇用，年功序列の賃金体系と類似するものであった。すなわち，①長年勤務することにより，それにみあった高い賃金が支払われる，②生計費は年齢に応じて多く必要になるので，それに応じた賃金が支払われる，③長期間勤務により熟練度が増すので，それに応じて賃金も高くなる，というものである。

### (犯罪の経済学)

ベッカーは経済合理性による社会問題の解明を試みた，その代表が犯罪の経済学である。犯罪を企む者の心理は，犯罪によって期待される収益と，逮捕されるリスクとの比較によって決定されると捉え，経済効果から考慮すれば刑罰の重さよりも逮捕・有罪の可能性に重点を償いた方が合理的である，とした。長い間この犯罪における経済合理性に意義が認められていたが，1980 年ころ，犯罪におけるインフォーマルな部門にスポットが当てられるに及び，その意義は薄れていった。

### (ヴァウチャー・システムの教育・福祉サーヴィス)

ベッカーは公共サーヴィスについて，ヴァウチャー・システムを推奨している。その利点は，①サーヴィスの負担能力に関係なく配布される，したがって低所得者でもニーズに応じて公平にサーヴィスを購入できる，②需要者に選択の自由がある，③供給者の競争による効率化を促す事ができるというものである。しかし供給者が倒産した場合など，サーヴィスの継続性に問題が出てくる。日本では要介護に応じた介護受給権を得て，自己選択で介護サーヴィス業者を選択（購入）する形になっており，ヴァウチャー・システムの利点①から③が該当する。

### (引用文献)

1. ノーベル賞人名事典編集委員会編『ノーベル賞受賞者業績事典（新訂版)』日外アソシエート，2003 年。
2. M. ハートマッカーティ，田中宏子訳『現代経済思想』日経 BP 社，2002 年。

3. シュルツ, 清水義弘他訳『教育の経済価値』日本経済新聞社, 1964 年。[Theodore Schulz, *The Economic Value of Education*, NY: Columbia University Press, 1963]

4. シュルツ, 逸見謙三訳『農業近代化の理論』東京大学出版会, 1966 年。

5. シュルツ, 川野重任監訳『経済成長と農業』農政調査会, 1971 年。

6. ベッカー, 佐野陽子訳『人的資本』東洋経済新報社, 1976 年。

7. ベッカー, 鞍谷雅敏他訳『ベッカー教授の経済学ではこう考える　教育・結婚から税金・通貨問題まで』

8. Theodore Schulz, "Investment in Human Capital, "*American Economic Review*,March 1961.

9. Gary Becker, "Altruiam, Egoism, and Genetic Fitness, "*Journal of Economic Literature* 14, No.3(Sep. 1976).

10. Gary Becker, *The Economic Approach to Human Behavior*, Chicago: University of Chicago, 1976.[宮沢健一訳『経済理論人間行動へのシカゴ・アプローチ』東洋経済新報社,　1976 年]

# 第37講　経済思潮各派と経済政策

　第37講では現代経済思潮各派の論点と経済政策について考察する。不況対策やインフレ対策の経済政策は，その原因を何に求めるかによって，対策や手段が異なる。そこで，経済学派の思想についてその経済政策の論点を整理することにする。

## 1.　不況対策と経済思潮

　フリードマンを始めとするマネタリストは不況の原因を貨幣供給の過度の収縮と見る。その結果その不況対策は，潜在的趨勢の経済成長率に見合った適切なマネーサプライを増加させることに重点を置くことになる。これに対して，供給重視派は，マネーサプライ増加の障害になっているのは，貯蓄及び投資意欲の減退と考える。勤労意欲の低下もそれに拍車をかけていると見なしている。従って，その不況対策は，家計や企業の活力を回復するには，減税が一番即効がある。中長期に勤労意欲を底支えするのは規制緩和と見ている。ケインジアンは，元祖「有効需要の不足」派で，政府の財政政策を中心とする有効需要を拡大する政策が最も有効な手段と考える。

## 2.　インフレ対策と経済思潮

### （マネタリスト派のインフレ政策）

　マネタリストは，インフレの原因を貨幣供給量に求める。従って，貨幣供給量の増加を押し止める政策を優先する。具体的には，k％ルールの導入等であ

る。これは貨幣供給の増加を一定率（その増加率は自然失業率に対応するような実質的経済成長率にマーシャルの K の趨勢的変化率を考慮した予め設定されたもの）に維持することである。このルール設定は恣意的政策を排除する為の便法である。一つにはマネタリストが政府の裁量的介入には弊害が多いという新自由主義の理念に基づいているから。もう一つは政策が決定されてから，効果が表れるまでには長時間かかるので，裁屋的政策であれば，政策の必要性が認識されて実行に移されてから，政策効果が表れる頃には経済趨勢が変わってしまう場合が多いと考えるからである。マネタリストの第二の特徴は，政府支出，公的部門等の政府介入を出来うる限り小さくする「小さな政府」を推進し，経済活動を民間部門の自力回復によって蘇生しようとする考えである。

**（ケインズ派のインフレ政策）**

（a）需要インフレのみの場合は，財政金融政策による一連の総需要抑制政策を施せばよい。しかし，他のインフレ要因を伴わない単純な需要圧カインフレは実際の先進工業国には殆どないと言ってよい。総需要が総供給を凌駕する以前の総供給能力にゆとりがある場合でも物価上昇が生じる。失業率が小さくなれば完全雇用点以前でも物価膣貴が生ずることはフィリップス曲線も示唆するとおりである。そこでケインズ派は，失業率と物価上昇率は競合関係になっているので，どちらをどの程度バランス・優先するかの課題になる。（b）しかし，フィリップス曲線の位置が右上方のかなり高い所にある場合には，物価安定と完全雇用の両方の政策目的を満たすことは困難なので，ミクロ労働市場政策をも導入して，マクロ需要政策との組合せで，先の2つの目的を満たす必要がある。（c）それでも賃金等の上昇率が生産性上昇率を凌駕して物価上昇率が高すぎると判断される場合には緩い所得政策を補完的に施す。（d）他方，生産性向上を図ることによって名目賃金率上昇率と国民経済生産性上昇率とのギャップ縮小を図る。ケインズ派のインフレ対策は，狭義では（a）であるが，広義的には（a）から（d）の組み合わせであり，コスト・インフレ対策をも一部包含する。

**（制度派（含むポスト・ケインジアン）のインフレ政策）**

スタグフレーションの原因を，社会的結合の低下や労働市場の制度的要因等

の社会学的・制度的要因と政治メカニズムの欠如に求める。特に社会諸集団による競合的な所得引き上げをスタグフレーションの原因と見る。相応の費用負担増を伴わない財政支出の拡大と財政赤字の肥大化が民主主義的政府によって押し進められることも，スタグフレーションを促す間接的な社会的原因と見なすこともできる。したがって，この理論において，何らかの所得政策と労働市場の構造改革，そして安易な賃金・物価上昇をもたらす囚人のジレンマ的なシステムを労使の参加型に変えることと，財政支出や財政赤字の拡大をもたらす政治メカニズムの改革も必要である。

## 3. 財政政策と経済思潮

もともとケインズは古典派の自然回帰説を否定して出現したので，財政政策はケインズ派と反ケインズ派の主張が大きく異なる。反ケインズ派には，マネタリスト，合理的期待形成派，供給サイド派がある。

**（ケインズ派の財政政策）**

不況の原因を総需要不足と見るので，財政政策によって需要が拡大すれば，自ずと供給は増加すると見る。そして政府支出の乗数効果は大きく，貨幣需要の利子弾力性については，貨幣需要の利子弾力性が大で，LM 曲線は水平的と見なす。押出効果（クラウディング・アウト効果）はあまり重視しない。インフレ期待はあまり重視しない立場である。政府と市場システムに関する基本理念は，価格メカニズムの機能を必ずしも信頼を置かない。価格と賃金の硬直性を想定している。財・サーヴィスのマクロ的需要関係に関する想定では，総需要不足が不況期には一般的と考えている。

**（反ケインズ派の財政政策）**

反ケインズ派は，不況の原因を供給サイドに求めている。したがって，財政政策によって需要が拡大しても，実質的所得と雇用が増えるとは必ずしも首肯していないのである。

政府支出の乗数効果は少ないとしている。フリードマンは消費性向は恒常所

得に依存する為としている。政府支出が部分的に集中する為に，充分に咀嚼できない場合がある為で，ことによったら時間切れになる恐れがある。貨幣需要の利子弾力性が小さく，LM 曲線は垂直的と見なす。押出効果は民間投資によって減少し，政府支出の増加を減殺させる可能性が高い。大量国債発行の増富効果により貨幣需要が増加し，利子率上昇を招き，延いては民間投資を萎縮させる。インフレ期待の為に，政府支出の増加効果は一時的（フリードマン）効果が生じる。合理的期待形成派は，インフレ期待の為殆ど生じないとしている。政府に対する不信感は大きく，反対に価格メカニズムに対して大きく信頼を委ねている。財・サーヴィスのマクロ的需要関係に関する想定では，供給サイド派はスタグフレーションに原因を求めている点が特徴的である。

## 4.　金融政策と経済思潮

金融政策の有効性（不況と失業克服政策）に関して，経済思潮各派は次のような相違がある。

**古典派：**貨幣供給の増加は物価を上昇させるが，実質生産と雇用の拡大には何ら影響しない（貨幣ヴェール観）。貨幣供給増加は貨幣数量説の論理で物価を高騰させる。

**ケインズ派：**不況が深刻な局面では LM 曲線が水平的（貨幣儒要が利子弾力的）な上に，不況局面では IS 曲線が垂直的（投資が利子非弾力的）な為に，金融政策は景気回復と雇用拡大にはあまり有効ではない。

**マネタリスト：**貨幣供給の増加は一時的には利子率を引き下げ，投資と雇用を促進し，実質国民所得を増加させるが，やがてインフレの為に名目利子率が上昇し，投資も雇用も元の水準に戻り，物価の上昇だけが残る。

**合理的期待形成派：**貨幣供給の増加をすると，合理的期待が形成され，物価と名目利子率だけが上昇し，実質生産も雇用も増加しない。

**(引用文献)**

1.　丸尾直美『入門経済政策』（改訂版）中央経済社，1993 年。

# 第3部　労働経済論

# 第1講　労働経済学とは何かとM字カーヴ

### (1) 労働経済学（「仕事と暮らし」の経済学）

「労働」と「経済学」　　labor ＋ economics

労働→生活の糧（かて）を得るための経済的活動。無償の役務の提供→ボランティア。家事労働を主婦がやる場合と家政婦がやる場合がある。後者は経済活動。

労働経済学→労働市場，賃金，労働時間等の労働条件，労使関係等を研究対象とする経済学の一分野（簗田（やなだ）長世編『研究社ビジネス英和辞典』）。

### (2) 経済学（ミクロ経済学の応用経済学）（図1-1　労働市場の均衡，参照）

英語の経済学は古典ギリシャ語のオイコス（家政）

ミクロ経済学は市場均衡（需要と供給），価格（縦軸）と数量（横軸）

**図 1-1　労働市場の均衡**

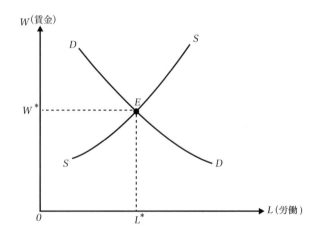

労働市場の均衡。縦軸に労働市場の価格（賃金），横軸は労働量。

右下がりの需要曲線。右上がりの供給曲線。

⑶ **労働経済学の起源（米国の制度派経済学）**（教材「経済学の流れと古典」参照）

元々は米国では制度派経済学と言われた。1940年代にミクロ経済学は現実の労働市場を反映されていないとされ，労働組合の交渉力が賃金を決定するという考え方の労働経済学が誕生した。

⑷ **労働に対する英語（work, labor）**（梅田修『英語の語源事典』大修館書店）

① Work →古英語（1066年のノルマン人の征服以前，700-1100年）の英語固有語。

② Labor →中世英語（1066年のノルマン人の征服以降）で，1300年頃ラテン語由来の古フランス語から英語に入った。

Labor:労働。苦痛を伴うニュアンス→ laboring pains 陣痛, easy labor 安産。

Work: 仕事。やや中立的。

『10ヵ国語経済・ビジネス用語辞典』の4-5頁の日本語「労働」は分業，強制労働，労働争議，労働市場では②，熟練労働者，労働者階級では①。因みに労働組合は①も②も使わない。

労働と余暇：対立概念→労働供給の基本原理。

⑸ **労働力とその内容**（図1-2参照）

男子・女子労働力比較。女子の労働力がM字形状なのは結婚・出産・育児等の理由で退職し，育児が一段落すると再び職場復帰することを示している。

⑹ **日本の労働力構造**（図1-3）

総人口→労働力人口と非労働力。労働力人口→労働可能人口（15歳以上）。労働力人口→就業人口と失業者。就業者→雇用者，自営業主，家族従業者。失業者の定義→①仕事がない，②仕事を探している，③すぐに仕事に就ける。全てを満たす。

図1-2 男女年齢階層別労働力率（2002年）

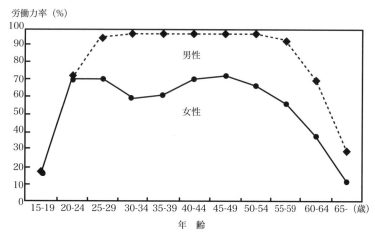

出所：総務省統計局（2002）「労働力調査年報」

図1-3 日本における労働力構造（2004年）

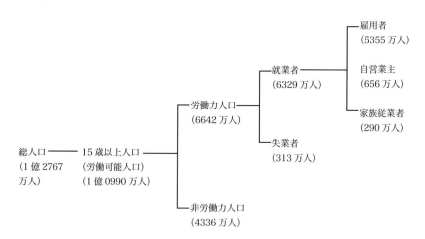

（注）労働力状態等について不詳と答えているケースもあるので，各項目の人数を足し合わせたものと計は必ずしも一致しない。
出所：総務省統計局（2004）『労働力調査年報』。

⑺ **所得構造**（図 1-4 参照）

所得→勤労所得と非勤労所得。勤労所得→賃金収入と付加給付。

**図 1-4 個人の所得構造**

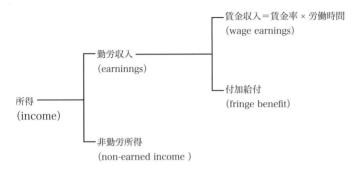

勤労所得 = 賃金率 × 労働時間

⑻ **労働統計**（表 1-1 参照）

測定できるものだけ対象。
①労働力調査
②毎月勤労統計
③就業構造基本調査

212

表 1-1　労働に関する主な統計

| 属性 | 統計（調査機関） | 調査周期・公表時期 | 利用のポイント |
|---|---|---|---|
| 世帯を通じた調査 | 労働力調査（総務省統計局） | 月次<br>翌月末 | ・対象：無作為に選定した約4万世帯に居住する15歳以上の者。<br>・失業者の属性（業種、年齢階層）がわかる。<br>・非労働力の動きにも要注意。 |
| | 労働力特別調査（総務省統計局） | 四半期 | ・2002年より年4回（2、5、8、11月）調査、通常調査へ統合。<br>・失業では求職中で就職できない理由などの項目を用いることにより、失業者の範囲をアメリカの基準などに近づけられている。 |
| | 就業構造基本調査（総務省統計局） | 5年ごと<br>調査年の9カ月後 | ・ふだんの就業・不就業の状態を調査し、就業構造・就業異動の実態を明らかにする。<br>・就業・不就業の定義が「労働力調査」とは異なる。 |
| 事業所を通じた調査 | 毎月勤労統計調査（厚生労働省）<br>・全国調査<br>・地方調査<br>・特別調査 | 月次　翌月末<br>月次　3カ月後<br>年次　5カ月後 | ・5大産業別に所定内・所定外の賃金、労働時間、雇用異動がわかる。<br>・90年に統計作成上の大幅改訂（5人以上調査では従業員現規模30人以上の計数を利用のこと。89年以前の整備拡充）から、<br>・標本事業所の入れ替えによる遡及改訂は指数、増減率、比率に限定されているため、実数での時系列比較には注意を要する。<br>・約2カ月遅れ程度で、夏季・年末の賞与の結果について公表されている。<br>・特別調査は、毎月調査でカバーされない常用雇用者1-4人規模の調査。 |
| | 労働経済動向調査（厚生労働省） | 四半期<br>調査月（5、8、11、2）の1カ月後 | ・目的：生産、販売活動およびそれに伴う雇用、労働時間などの現状と今後の短期的見通しなどを把握。 |
| | 雇用動向調査（厚生労働省） | 半期<br>6カ月後 | ・目的：事業所における常用労働者の1年間の移動状況などを把握。 |
| | 賃金構造基本統計調査（厚生労働省） | 年次<br>翌年3月末 | ・目的：常用労働者について、その賃金の実態を労働者の種類、性、年齢、学歴、勤続年数、経験年数別について把握。 |
| その他 | 職業安定業務統計（厚生労働省） | 毎月<br>翌月末 | ・職業安定所の労働需給の統計。<br>・有効求人倍率は景気動向指数・一致系列に採用。 |
| | 大学等卒業予定者就職内定状況等調査（厚生労働省） | 年4回<br>調査月（10、12、3、4）の1カ月後 | ・目的：大学、短大、高専、専修学校新卒者の就職内定状況の把握。 |
| | 賃金引上げ等の実態に関する調査結果（厚生労働省） | 年次<br>毎年12月頃 | ・目的：民間企業の賃金引上げ率を明らかにする。<br>・春季賃上げ率も厚生労働省が集計し、公表される。 |

出所：（引用文献）小巻泰之『入門経済統計』日本評論社、2002年4月、132頁。

## 第1講　労働経済学とは何かと M 字カーヴ　213

### (引用文献)

1. 清家篤『労働経済』東洋経済新報社，2002 年 4 月 (2015 年 8 月，8 刷)。
2. 古郡鞆子『働くことの経済学』有斐閣，1998 年 5 月 (2004 年 1 月，6 刷)。
3. 三谷直紀編著『労働供給の経済学』ミネルヴァ書房，2011 年 7 月。
4. 小巻泰之『入門経済統計』日本評論社，2002 年 4 月。
5. 井出多加子『グローバル時代の日本の働き方』銀河書籍，2015 年 9 月。

### キーワード

労働，仕事，労働経済学，労働力率，就業者，失業者，雇用者，M 字カーヴ。

### 研究課題

1. 労働経済学について記せ。
2. 日本の女子労働力構造を検証せよ。
3. 失業者の定義を述べよ。
4. 労働可能人口は何歳以上か。
5. 労働統計を纏めよ。
6. 労働市場の需要・供給バランスを人の移動の観点から図示せよ (井出多加子『グローバル時代の日本の働き方』7 頁)。

# 第2講　労働供給とバック・ベンド

## 1．労働供給の３つの次元 (図2-1)

　労働可能な個人→（意思）①働く，②働かない→①→（労働時間）③長時間，④標準時間，⑤短時間→（労働密度）［③，④，⑤それぞれ］⑥密度濃く，⑦ほどほど，⑧のんびりと。

**図2-1　労働供給の３つの次元**

| （働く / 働かない） | （労働時間） | （労働密度） |
|---|---|---|
| 働く | 長時間 | 密度濃く<br>ほどほどに<br>のんびりと |
| | 標準時間 | 密度濃く<br>ほどほどに<br>のんびりと |
| | 短時間 | 密度濃く<br>ほどほどに<br>のんびりと |
| 働かない | | |

（労働可能な個人）

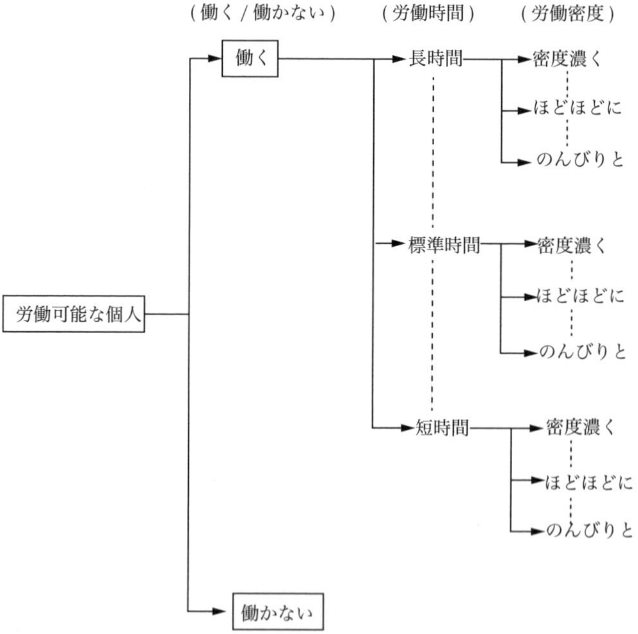

出所：清家，30頁。

## 2. マクロの労働供給

(労働可能な)労働力率 = 労働力人口 / 労働可能人口。

2014年総人口1億2,708万人で,労働可能人口1億2,708万人内,労働力人口6,587万人,労働力率59.4%。労働人口のピークは1998年の6,793万人。男女別年齢階層別労働力率。女子のM字カーブが特徴(第1講図1-2参照)。

## 3. ミクロの労働供給(図2-2)

労働と余暇の関係で分析。縦軸,に実質所得,横軸に余暇時間。同じ効用の水準を生む所得と余暇の組み合わせ。無差別曲線の導出。

**図 2-2 所得と余暇の無差別曲線**

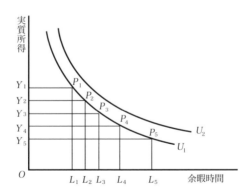

出所:古郡,22頁。

## 4. 無差別の特徴

①原点に向かって凸,②右上方にある無差別曲線ほど効用が高い,③無差別曲線同士は交わらない,④余暇と所得の限界代替率(余暇の増加分に対する所得

の減少分）は次第に低下。

## 5.　最適な労働時間（図2-3）

　1日は24時間。労働時間8時間→余暇時間16時間。縦軸に実質所得（W / P），横軸に余暇時間。実質賃金率　＝　実質所得 / 労働時間。予算線と無差別曲線の接戦の傾きが実質賃金率を示す。

**図2-3　無差別曲線の性質**

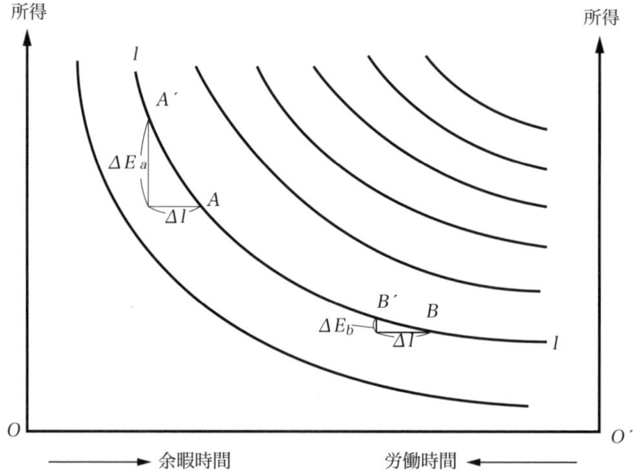

出所：古郡，23頁。

## 6.　労働供給曲線

### （1）　個人の労働供給曲線
　実質賃金率の上昇で労働時間が減少する場合と増加する場合がある。これは個人の所得と余暇の選好構造，すなわち無差別曲線の位置や形状，資産の有無等で生ずる。

## （2） 所得効果と代替効果（図2-4）

賃金の変化に対する労働者の対応は所得効果と代替効果の2つに分けられる。

賃金上昇すると所得が増加。所得が増加すれば，より多くの余暇を持とうとする。すると労働時間が減少する。→所得効果（所得増による賃金線の右へ平行移動）。

賃金の上昇は余暇の価格を高める。その上余暇は働けば得られる所得を犠牲にするので，賃金上昇により余暇は相対的高価になり労働の選択が強まる。→代替効果（同一効用曲線上のシフト）。

**図2-4 代替効果と所得効果**

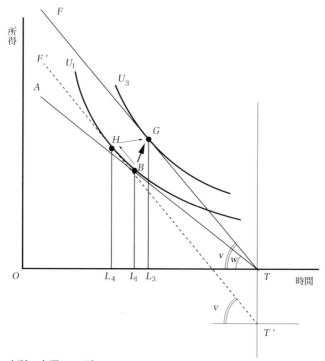

出所：古郡，23頁。

## 7. ヒックスのバック・ベンド（後屈）曲線（図2-5）

実質賃金率が低い水準の時は賃金上昇ならば労働時間上昇，しかしながら実質賃金率がある程度水準になると労働より余暇を選択（つまり労働時間下降）。

**図2-5　後屈型の労働供給曲線**

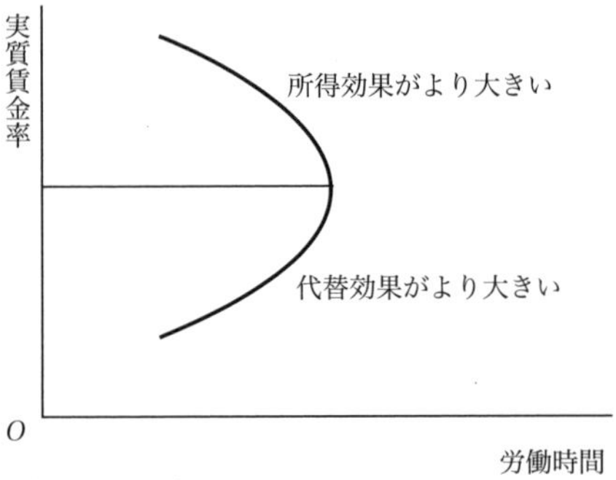

```
実
質
賃        ⟋⎺⎺⎲    所得効果がより大きい
金      ⎛
率      ⎝
        ⎛
        ⎝
         ⟍__⎳    代替効果がより大きい


    O
                        労働時間
```

出所：古郡，24頁。

**（引用文献）**

1. 清家篤『労働経済』東洋経済新報社，2002年4月（2015年8月，8刷）。
2. 古郡鞆子『働くことの経済学』有斐閣，1998年5月（2004年1月，6刷）。
3. 三谷直紀編著『労働供給の経済学』ミネルヴァ書房，2011年7月。
4. 永野仁『労働と雇用の経済学』中央経済社，2017年3月。

**キーワード**

労働供給の3次元，無差別曲線，所得効果，代替効果，バック・ベンド。

**研究課題**

1. 日本のマクロの労働供給の特徴は何か。
2. 賃金の変化を2つの要素に分解し説明せよ。
   　①所得効果とは何か。②代替効果とは何か。（永野仁，後掲書29頁）
3. ヒックスのバック・ベンドを説明せよ。
4　日本の人口のピーク及び労働人口のそれは何年で，何万人か。

# 第3講 労働需要と完全競争市場

## 1. 派生需要

　企業の第一目的である財の生産で，その過程で人間の雇用が必要になる。ロボットを使用すれば，労働者はいらないことになる。その意味で，派生需要となる。

## 2. 労働需要の3要素

①生産量
資本設備の規模，労働者数等の資本と労働の投入量に依存。
②生産技術
省力化された生産方式で，飛躍的生産増大に繋がる。
③生産要素の相対価格
労働者を雇うより機械化によりコスト低減。国内生産より海外生産の方がコストパフォーマンスが良い。

## 3. 生産関数 (図3-1 生産力曲線)

　生産量　=　f (資本，　労働)
　縦軸に生産量，横軸に労働投入量。資本一定で，労働投入量を増加されると，生産量がどう変化するか。

ケース1 逓増，ケース2 逓減，ケース3 一定。

**図 3-1 生産力曲線**

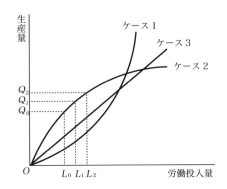

出所：古郡，38 頁。

## 4. 限界生産力逓減の法則（図3-2）

労働を1単位投入すると，追加生産量は低下する。

**図 3-2 企業の労働需要**

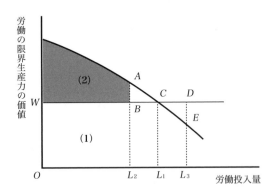

出所：古郡，38 頁。

## 5. 短期の労働需要

企業の労働需要は労働の限界生産力（技術的情報）に財市場と労働市場の競争条件（価格情報）に加わって決まる。

## 6. 市場形態（完全競争市場）

完全競争市場は4つないし5つの条件を満たしている。①需要者，供給者とも多数，②財は同質である，③情報の完全性，④市場の参入・退出が自由，及び，⑤売り手・買い手が独立に行動する。詳細は教材参照。

## 7. 独占的市場での労働需要 （図3-3）

財市場が独占的なら完全競争に比べ，労働需要が常に小さいので，労働の限界生産力の価値以下の賃金が支払われるが，企業の社会的イメージをよくするため，競争的な賃金率より高い賃金を支払うこともある。

図 3-3 独占的な企業の労働需要

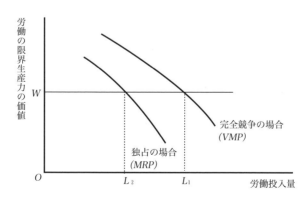

出所：古郡，38 頁。

## （引用文献）

1. 清家篤『労働経済』東洋経済新報社，2002 年 4 月（2015 年 8 月，8 刷）。
2. 古郡鞆子『働くことの経済学』有斐閣，1998 年 5 月（2004 年 1 月，6 刷）。
3. 三谷直紀編著『労働供給の経済学』ミネルヴァ書房，2011 年 7 月。
4. 高橋泰蔵・増田四郎編『体系経済学辞典（第 6 版）』東洋経済新報社，1984 年 11 月。

## キーワード

派生需要，労働需要の 3 要素，生産量，生産技術，生産要素の相対価格，生産要素（資本，労働，土地），生産関数，限界生産力，完全競争市場。

## 研究課題

1. 労働需要の 3 要素を説明せよ。
2. 限界生産力逓減の法則とは何か。
3. 完全競争市場とは何か。
4. コブ・ダグラス型生産関数とは何か（高橋泰蔵編『体系経済学辞典（第 6 版）』379 頁。
5. CES 生産関数とは何か（同上）。
6. 規模に関して収穫不変は数学的には何と言うか。

# 第4講　失業と自然失業率仮設

## 1. 失業の定義（表4-1）

日本の総務省統計局の「失業者」は①仕事がなく，②すぐ仕事に就け，③仕事を探している人。マクロ的には，労働市場の需給不均衡の1形態が失業。

## 2. 労働市場に於ける「失業」

失業とは何か。労働市場の図で確認することにする（図4-1）。

**図4-1　失業の定義**

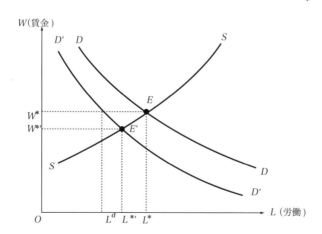

*224*

### 表 4-1 　主要国の失業率及

| | ILO(1982年決議)の定義・概念 | 日本 | 韓国 | アメリカ |
|---|---|---|---|---|
| 1. 失業者の<br>データ<br>収集方法 | ・経済活動人口データの収集の<br>ための設計においては、可能<br>な限り、国際基準を取り入れ<br>る努力をしなければならない | 実地調査による収集 | | |
| | | ・労働力調査<br>（標本調査） | ・経済活動人口調査<br>（標本調査） | ・Current<br>Population Survey<br>（標本調査） |
| 2. 調査時期<br>及び期間 | ・1週間又は1日のような特定<br>の短期間（調査期間）に関し<br>て測る | ・毎月1回<br><br>・1週間（月末） | ・毎月1回<br><br>・1週間（15日を含む） | ・毎月1回<br><br>・1週間（12日を含む） |
| 3. 調査対象<br>年齢 | ・一定年齢以上の全ての人 | ・15歳以上 | ・15歳以上 | ・16歳以上 |
| 4. 失業者の<br>定義 | ・仕事を持たず（就業者でない）<br><br>・現に就業が可能で<br>（調査期間中に就業が可能）<br>・仕事を探していた<br>（最近の特定期間に仕事を探<br>す特別な手だてをした）<br>☆　失業者の求職の定義にかか<br>わらず調査期間後のある時点<br>から就業の手はずを整えた者<br>で、現在は仕事がなく、現に<br>就業が可能な者は失業者とみ<br>なされなければならない<br>☆　一時レイオフの場合は、国<br>情によっては、求職の規定を<br>緩和して適用じてもよい。そ<br>の場合には、非求職で失業に<br>区分される一時レイオフ者を<br>別掲しなければならない。 | ・就業者でなく<br><br>・調査期間中に就業<br>可能で<br>・調査期間中（過去1週間）<br>に求職活動を行った者<br><br>☆　仕事があれば<br>すぐ就ける状態<br>で過去に行った<br>求職活動の結果<br>を待っている者<br>も失業者とする | ・就業者でなく<br><br>・調査期間中に就業<br>可能で<br>・過去4週間以内に<br>求職活動を行った者<br><br>☆　30日以内に新<br>たな仕事を始め<br>る予定の者も失<br>業者とする<br><br>☆　過去に求職活動を<br>行ったが、不可避の理<br>由で調査期間中に求<br>職活動を行えなかった<br>者も失業者とする | ・就業者でなく<br><br>・調査期間中に就業<br>可能で<br>・過去4週間以内に<br>求職活動を行った者 |
| 5. 失業率の<br>算出方法 | $\dfrac{失業者}{労働力人口}×100$ | 同左 | 同左 | 同左 |
| 　　分母人口 | ・就業者＋失業者<br><br>☆　無給の家族従業者は、調査<br>期間における就業時間にかか<br>わらず、就業者に含まれると<br>みなさなければならない<br>☆　軍隊の構成員は、就業者に<br>含めなければならない。 | ・就業者＋失業者 | ・就業者＋失業者<br>（軍人を除く） | ・就業者＋失業者<br>（軍人を除く）<br>☆　就業時間が15時<br>間未満の無給の家<br>族従業者は就業者<br>から除外 |
| 　　分母人口<br>　　のデータ<br>　　収集方法 | ———————— | ・労働力調査 | ・経済活動人口調査 | ・Current<br>Population Survey |
| 6. 公表機関 | ———————— | ・総務省統計局 | ・統計庁 | ・労働省労働統計局 |

［引用文献］『労働力調査年報　平成27年（2015）』総務省統計局、58-59頁。

## び失業者の調査について

| カナダ | イギリス | ドイツ | フランス | イタリア |
|---|---|---|---|---|
| 実地調査による収集 | | | | |
| ・労働力調査<br>（標本調査） | ・労働力調査<br>（標本調査） | ・労働力調査<br>（標本調査） | ・労働力調査<br>（標本調査） | ・労働力調査<br>（標本調査） |
| ・毎月1回<br><br>・1週間<br>（15日を含む） | ・3か月を1単位とし、13分割した調査区を毎週調査<br>・各1週間 | ・3か月を1単位とし、13分割した調査区を毎週調査<br>・各1週間 | ・3か月を1単位とし、13分割した調査区を毎週調査<br>・各1週間 | ・3か月を1単位とし、13分割した調査区を毎週調査<br>・各1週間 |
| ・15歳以上 | ・16歳以上 | ・15歳以上 | ・15歳以上 | ・15歳以上 |
| ・就業者でなく<br><br>・調査期間中に就業可能で<br>・過去4週間以内に求職活動を行った者<br><br>☆ レイオフ中の者は求職活動要件に関係なく失業者とする<br><br>☆ 4週間以内の就業が内定している待機者も求職活動要件に関係なく失業者とする | ・就業者でなく<br><br>・2週間以内に就業可能で<br>・過去4週間以内に求職活動を行った者<br><br>☆ 2週間以内の就業が内定している待機者も求職活動要件に関係なく失業者とする | ・就業者でなく<br><br>・2週間以内に就業可能で<br>・過去4週間以内に求職活動を行った者<br><br>☆ 2週間以内の就業が内定している待機者も求職活動要件に関係なく失業者とする | ・就業者でなく<br><br>・2週間以内に就業可能で<br>・過去4週間以内に求職活動を行った者<br><br>☆ 2週間以内の就業が内定している待機者も求職活動要件に関係なく失業者とする | ・就業者でなく<br><br>・2週間以内に就業可能で<br>・過去30日以内に求職活動を行った者<br><br>☆ 3か月以内の就業が内定しており2週間以内に就業可能な待機者も失業者とする |
| 同左 | 同左 | 同左 | 同左 | 同左 |
| ・就業者＋失業者<br>（軍人を除く） | ・就業者＋失業者 | ・就業者＋失業者 | ・就業者＋失業者 | ・就業者＋失業者 |
| ・労働力調査 | ・労働力調査 | ・労働力調査 | ・労働力調査 | ・労働力調査 |
| ・統計局 | ・国家統計局 | ・統計局 | ・国立統計経済研究所 | ・国家統計局 |

縦軸に賃金率，横軸に労働を採った労働市場の図。右下がりの労働需要曲線 $DD$ と右上がりの労働供給曲線 $SS$ が描かれている。2つの曲線 $DD$ と $SS$ の交点（均衡点）$E$ で労働の需給は均衡し，市場均衡賃金 $W^*$ と市場均衡雇用量 $L^*$ が決まる。ここで，不況のため労働需要曲線 $DD$ から $D'D'$ へシフトしたと仮定。不況の生産調整で，企業は同じ賃金でも少ない労働しか需要しなくなったわけである。新しい市場均衡点は労働供給曲線 $SS$ と新しい労働需要曲線 $D'D'$ との交点 $E'$ に移動し，新しい市場均衡賃金 $W^{*\prime}$，市場均衡雇用量 $L^{*\prime}$ となる。賃金が $W^*$ のまま変わらなければ，労働供給も $L^*$ のままである。一方，労働需要の方は，シフト後の労働需要曲線 $D'D'$ の下での賃金 $W^*$ の時の労働需要量であるから，$L^d$ に留まる。労働供給量 $L^*$ で労働需要量は $L^d$ であるから，$L^*$ と $L^d$ の差に当たる人数が，働く意思を持っていても雇ってもらえない人数ということになる。すなわち次式の $U$ が失業ということになる。

$$L^* - L^d = U$$

## 3. 失業の形態とその解決策

①構造的失業（需要不足失業）→労働需要曲線 $DD$ から $D'D'$ へのシフト。不況により労働需要の不足のため発生する現象。有効需要を増やせば解決。

②摩擦的失業→全体の労働需要は不変で労働需要曲線がシフトしない場合でも発生する現象。北海道の炭鉱が閉鎖し，失業者が発生。一方北九州で大手自動車会社が新しい工場を立ち上げ求人が発生。失業問題が職種変換や地域移動や人数がうまくフィットすれば過不足なく解決する。

③自発的失業→求職者が自己の限界生産力に相当する賃金を受け入れないで，より良い賃金を希望し就職しない場合。高い賃金で解決。

④非自発的失業→現行の賃金で働きたいと希望するが就職しない場合。自己の希望する賃金を下げれば解決。

⑤自然失業率仮説（本書第2部第20講フリードマンと自然失業率仮説，参照）

ケインズ理論の欠点を補った。長期のフィリップ曲線が垂直になるケース。

## 4. 失業統計（図4-2）

失業率，非自発的失業数，自発的失業数，男女比較。

**図 4-2　失業率と失業理由別失業者数の動き**

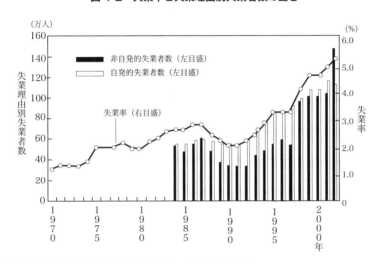

出所：総務省統計局『労働力調査年報』各年版から作成。

## 5. 失業に関する経験則・現象・法則

①失業者と景気変動（図4-3）

日本の1955~2000年。不景気の時，失業者が増えるのは当然であるが，ラグがある。

図のグレー部分は景気後退期で，グレーの左端が景気の山頂，右端が景気の谷。つまり白い部分は左端の景気の谷から右端の山頂に向かって登る景気上昇期。しかし，景気が良くなっても，失業率は暫く上昇し続け，半年後から下降。逆に景気後退期になっても失業者は直ぐに増えず，やはり半年くらいから上昇。

### 図 4-3 失業者数（季節調整済）と景気変動

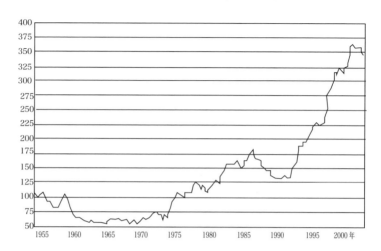

出所：生産性労働情報センター（2004）『活用労働統計』より転載。

失業者数の変動は景気変動に対して一定のラグがある。

②フィリップス曲線（失業率と名目賃金率の関係）（図 4-4）

縦軸に名目賃金率，横軸に失業率をとる。ニュージーランドの経済学者フィリップス（W.Phillips）が 1861-1957 年間の英国の失業率と名目賃金率上昇率に右下がりの関係を見出した。失業率が高い時は名目賃金率は低く，逆に失業率の低い時には名目賃金率は高い。

③トレードオフ曲線（失業率と物価上昇率）（図 4-5）

米国のサミュエルソン＝ソローはフィリップス曲線の縦軸を名目賃金率から物価上昇率に変えた時，失業率と物価上昇率の関係に二律背反の関係を見出した。失業率抑制すれば，物価抑制は成立せず。物価抑制すれば，失業抑制は不成立。失業率の高い不況期に財政・金融政策を緩めると，物価が上昇。景気の過熱を抑えるため（物価上昇を抑えるため）に財政・金融政策を引き締めると景気は悪くなり失業者が増える。米国の 1960 年頃はよく当てはまった。

④オークンの法則（失業率と GNP 増加率）

オークン (A.M.Okun) は1947-60年の米国の失業率の1％の減少がGNPの3％の増加と関連付けられる。浜田・黒坂 (1985) によると，日本のオークン係数が極めて大きいことを実証し，これを労働保蔵のためとしている。Kurugman (1995) が，日本のオークン係数は6であり，米国の2を大きく上回ると検証した（脇田成『日本の労働経済システム』107頁脚注2）

⑤ UV曲線（失業者数と欠員数の関係）（潜在成長率，デフレ・ギャップ）

縦軸に失業者 (unemployment) 数，横軸に欠員 (vacancy) 数を採って図示。摩擦的・構造的失業と需要不足失業の分析手法。縦軸に失業率，横軸に欠員率をとる。左上は需要不足失業率↑で景気後退。右下は需要不足失業率↓で景気拡大。

図4-4 フィリップス曲線

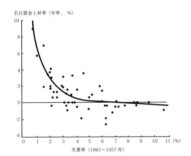

出所：Philips, A.W. (1958), "The Relation between Unemployment and the Rate of Change of Money Wage Rates in the United Kingdom, 1861-1957", *Econimica*, Vol.25, No.100.

図4-5 トレードオフ曲線

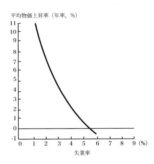

出所：Samuelson, P. and R.Solow (1960), "Analytical Aspects of Anti-Inflation Policy," *American Econimic Review*, Vol.50, No.2.

**(引用文献)**

1. 清家篤『労働経済』東洋経済新報社，2002年4月（2015年8月，8刷）。
2. 古郡鞆子『働くことの経済学』有斐閣，1998年5月（2004年1月，6刷）。
3. 三谷直紀編著『労働供給の経済学』ミネルヴァ書房，2011年7月。
4. 井出多加子『グローバル時代の日本の働き方』銀河書籍，2015年9月。
5. 樋口美雄『労働経済学』東洋経済新報社，1996年2月（2011年3月，13刷）。

**キーワード**

失業者，フィリップス曲線，トレードオフ曲線，オークンの法則，UV曲線，潜在成長率，デフレ・ギャップ，自然失業率仮説。

**研究課題**

1．日本の統計上の「失業者」の定義を述べよ。
2．G5の失業率の定義を比較検討せよ。
3．失業者と景気変動の変動に何故ラグがあるのか。
4．フィリップス曲線とは何か。
5．日本のフィリップス曲線を図示せよ（栗林世「日本経済の政策課題」『経済学論纂（中央大学）第57巻第5・6合併号（中野守教授古稀記念論文集）』2017年3月，169頁）。
6．オークンの法則を説明せよ。
7．UV分析を英国とポルトガルでせよ（井出多加子，後掲書16頁）。
8．日本のUV分析（1967-2015）を図示せよ（栗林世，前掲書167頁）
9．オークンの法則を実証せよ。
10．米国1960年代のトレード・オフ曲線を図示せよ。
11．完全失業率をG7（1980-2012年）を図示せよ（井出多加子，前掲書6頁）。
12．自然失業率仮説とは何か（樋口美雄『労働経済学』東洋経済新報社，285-290頁）。

# 第5講　賃金とその決定及びトレード・ユニオン

　労働市場の取引は，労働サーヴィスの売り手と買い手の鞘当てで決まる。労働サーヴィスの均衡労働価格（賃金）と均衡労働数量（労働量）が決まる。

## 1. 労働市場の均衡 （図5-1）

　①縦軸は賃金率，横軸は労働量。均衡賃金が決定。均衡賃金の上は超過供給，下は超過需要。
　労働市場に於ける労働需要曲線（$D_0$）と労働供給曲線（$S_0$）を示している。
○賃金率が高い水準なら労働需要が少ないが低い水準では労働需要が多い。
　　→労働需要曲線は右下がり。
○賃金率が高ければ高いほど労働供給が増えるので，労働供給曲線は右上がり。
　財価格は一定であるので，2つの曲線を貨幣賃金（従って実質賃金）を表す。
　労働市場が超過需要なら賃金率(価格)は上昇。逆に超過供給なら賃金率は下落。

図5-1　賃金決定のメカニズム

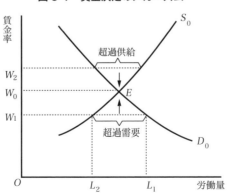

## 2. 労働供給の増加及び労働需要の減少による均衡点の移動

☆労働人口減少→労働供給曲線の左平行移動（図5-2）。→超過需要（労働不足）→賃金上昇。反対に，☆労働人口増加は右シフト（逆の動き）。

☆景気後退→労働需要曲線の左シフト（図5-3）。→超過供給→賃金下落。反対に☆技術進歩による場合，労働需要曲線の右シフト（逆の動き）。

**図 5-2　労働供給の増加と均衡点の移動**

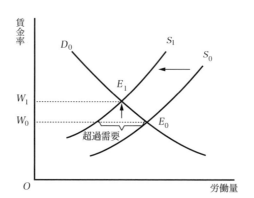

**図 5-3　労働需要の減少と均衡点の移動**

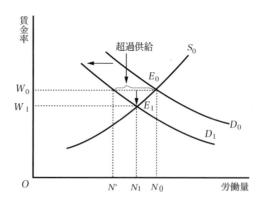

## 3. 労働需給の変化と均衡点の移動（図5-4, 図5-5）

均衡賃金は，労働の需要曲線と供給曲線が共に変化した場合はどう変化するのか。⑤労働需要曲線が左にシフト，次に労働供給曲線が右にシフトした場合。つまり，労働需要の減少と労働供給の増加の場合。均衡賃金率は２度に渡って下落する。⑥労働需要曲線と労働供給曲線が共に左にシフトした場合。つまり労働需要の減少と労働供給の減少する場合。需要の減少が供給の減少より大きければ，揺り戻しがある。しかし供給の減少が需要の減少を上回る時は当初の賃金率を上回る。

### 図5-4 労働需給の変化と均衡点の移動

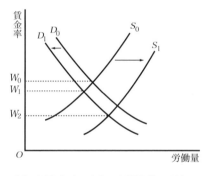

(1) 労働需要の減少と労働供給の増加

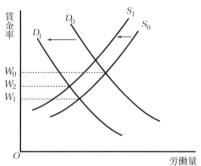

(2) 労働需要の減少と労働供給の増減

### 図5-5 不安定な労働市場

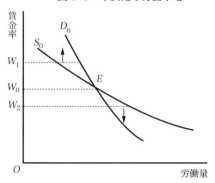

労働供給曲線が右下がりである不安定の労働市場の場合，均衡賃金率はどう変化するか。

市場の賃金率が均衡賃金率より高い場合，超過需要が発生し，企業の賃金引き上げ競争を招き，賃金率は更に均衡点から益々離れて上昇。逆に均衡賃金率より低い場合，超過供給が発生し，労働者側が賃金引下げる競争に走り，賃金は更に下落。この場合，労働者が売り急ぎをしないで済むように失業保険制度，賃金低下の歯止めとしての最低賃金制度等が必要。

## 4. 実際の賃金決定因子及び制度・慣習

①労働組合の影響（図5-6）
　労組の賃金要求が通る（Wu）と，失業者が発生する（$N_s-N_u$）場合がある。
②最低賃金制（図5-6）
　最低賃金制度によって（$N_o-N_u$）になり，企業は最低賃金以下で労働者を雇用出来なくなり，生産性の高い労働者を雇用せざることになり，生産性の低い労働者は排除される可能性がある。

図5-6　労働組合や最低賃金が労働市場に与える影響

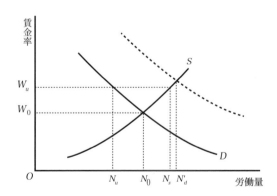

③春闘

日本は独自の賃金決定交渉で，毎年春に大手企業側とその労組が賃金交渉し，その決定が国全体の賃金体系に影響を与える（脇田成『日本の労働経済システム』23頁）。

**（引用文献）**

1. 清家篤『労働経済』東洋経済新報社，2002年4月（2015年8月，8刷）。
2. 古郡鞆子『働くことの経済学』有斐閣，1998年5月（2004年1月，6刷）。
3. 三谷直紀編著『労働供給の経済学』ミネルヴァ書房，2011年7月。
4. 脇田成『日本の労働経済システム』東洋経済新報社，2003年5月。

**キーワード**

最低賃金制度，春闘，労組（労働組合），トレード・ユニオン。

**研究課題**

1. 労働市場に於ける賃金決定メカニズムを図示説明せよ（賃金率，労働量，超過供給，超過需要，上昇，下落，右下がり，右上がり）。
2. ①労働人口増加，②労働人口減少，③景気後退，④技術進歩がある場合。①から④までの変化で，労働市場の均衡点はどのように推移するか。各場合を図示説明せよ。
3. 労働市場に於いて，⑤労働需要曲線が左に，次に労働供給曲線が右にシフトした場合，均衡賃金率はどのように変化するか図示説明せよ。
4. 労働市場に於いて⑥労働需要曲線と労働供給曲線が共に左にシフトした場合，均衡賃金率はどのように推移するか図示説明せよ。
5. 不安定な労働市場では，均衡賃金率はどう変化するか図示説明せよ。
6. 労組や最低賃金が労働市場に与える影響を図示説明せよ。
7. 日本の春闘は，西欧諸国に比べて特異なものか（脇田成，前掲書23頁）。
8. リカードとミルの賃金基金説を比べ検討せよ（本書第2部第4講リカード及び第6講ミルを参照）。

# 第6講　賃金格差と人的資本

## 1. 賃金体系（図6-1）

### (1) 現金支給と福利厚生費

　賃金は現金給与と現金給与以外の福利厚生費があり，現金給与は定期給与と臨時給与に別れる。定期給与には所定給与と所定外給与があり，所定内給与は更に基本給と諸手当からなる。所定内給与は，労働協約や就業規則によって定められた所定内労働時間に対する給与であり，所定外給与は所定外労働（基準外労働）に対する給与（残業手当等）に相当。残業手当はその率が決まってい

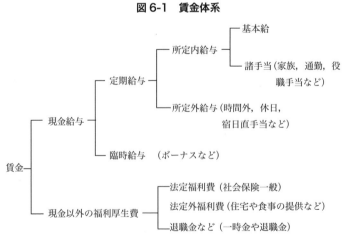

図6-1　賃金体系

出所：古郡, 74頁。

るから,定期給与に含まれる。臨時給与は夏や冬のボーナス等である。

基本給は算定方式によって,年齢給,勤続給,職務給,職能給(能力給),これらを組み合わせた総合決定給に別れる。

現金給与以外の給与は法定福利厚生費(社会保険)と法定外福利厚生費(住宅手当等)と退職金等からなる。

(2) 給与明細

俸給支給額は加給額(扶養,調整,住宅,通勤等)と控除額(共済関連,所得税,住民税等)を加味する。

## 2. 格差の諸側面と発生因

市場に競争原理が働いているならば,一物一価の法則によって同じ商品に対して同じ市場価格がつく。これを労働に関して言えば,同一労働に対して同一賃金が成り立つ筈である。もしそうでないとすれば,格差が存在することになる。

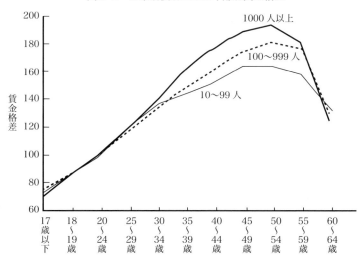

図 6-2 企業規模別にみた年齢別賃金格差

注:製造業男性生産労働者の所定内給与。20〜24歳の平均賃金= 100
出所:労働省『賃金センサス』1995 年。

### 図6-3 職種別,労歴別,性別にみた年齢別賃金格差

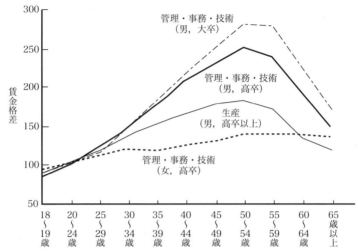

注：製造業生産労働者の所定内給与。20〜24歳の平均賃金＝100
出所：労働省『賃金センサス』1995年。

### 図6-4 年齢別賃金格差（会社規模別）の動向

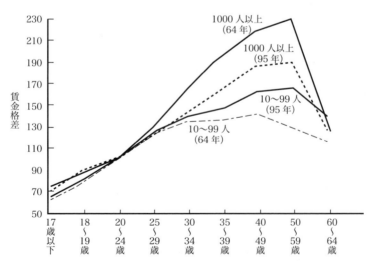

注：製造業男性生産労働者の所定内給与。20〜24歳の平均賃金＝100
出所：労働省『賃金センサス』1995年。

## (1) 賃金格差の諸側面

賃金格差には企業内と企業間に顕著に表れるものがある。

①年齢別賃金格差（図6-2）

年齢別の賃金格差は企業規模が大きいほど大きい。しかし若年層は中小企業の方が大企業より大きい。

②職種別賃金格差（図6-3）

年齢別賃金格差は，生産労働者より管理・事務・技術労働者，高卒より大卒，女性より男性で急勾配。

③雇用形態別賃金格差（正社員とパートタイマー）

1995年の時点で，正社員の賃金の7割前後がパートタイマーのそれ。

④企業規模別賃金格差（図6-4）

1995年賃金格差とその30年前のそれは大企業ほど大幅に小さくなっている。

⑤産業別賃金格差

賃金格差は産業間にも見られる。概して軽工業より重工業が高い。

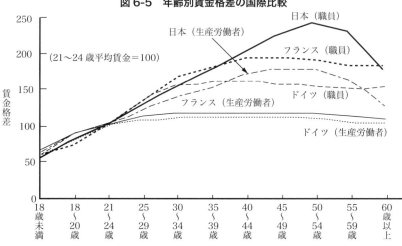

図6-5　年齢別賃金格差の国際比較

注：製造業男性生産労働者の所定内給与。日本の賃金は月間定期給与（1993年），その他の国の賃金については，生産労働者の時間当たり実収賃金（1972年）。管理・事務・技術労働者は月当たり実収賃金。

出所：労働省『賃金センサス』。EC, Structure of Earning in Industry, 1972.

⑥地域別賃金格差

京阪神・中京地区が高く，東北・南九州等では概して低い。

⑦国際比較の賃金格差（図6-5）

どのような国でも，年齢別賃金格差は，生産労働者より管理・事務・技術労働者で大きくなっている。

## 3. 教育と賃金 （図6-6）

①教育投資（もし大学教育を高い賃金を得る為の投資と考えると）

教育投資と賃金の関係をモデル化したものである。縦軸は賃金と教育投資の費用，横軸は年齢を示している。曲線Aは大学教育を受け22歳で就職する者の賃金ファイル，曲線Bは高校卒業と同時に就職し60歳で退職する者の賃金ファイルを表している。図の（1）に当たる部分は授業料や教科書代等教育の為の直接的費用。図の（2）は大学に進学しないで働けば得られたであろう賃金。これは大学進学によって放棄した放棄所得（機会費用）と呼ばれる。大学教育の為の費用はこの2つの部分の合計である。AとBの2つの曲線で囲まれた（3）の部分は大学教育への投資から生ずる収益を表している。この収益は就業年数が長いほど大きくなる。大学進学を決める為に，収益と教育投資を比較する。投資費用は最初の4年間に支出され，収益は後の長い期間に渡って発生するから，費用と収益を同じ現在時点で比較しなければならない。

②教育と賃金の関係の諸説

（a）人的資本理論説→教育は労働の生産性の向上に寄与すると考える。この生産性上昇は，企業が高学歴者に高い賃金を払う論拠。

（b）スクリーニング理論（選抜機能）説→高等教育，特に銘柄大学の卒業生であることは，企業にとっては応募者の能力や質を選別する（スクリーニング）手段であり，応募者にとっては賃金の高い仕事に就く為の切符であるかもしれない。

**図6-6　教育投資の費用と収益**

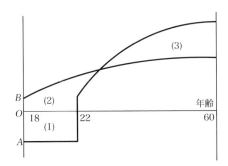

$A$＝大学卒業後就職する者の賃金プロファイル
$B$＝高校卒業後就職する者の賃金プロファイル

**（引用文献）**
1. 清家篤『労働経済』東洋経済新報社，2002年4月（2015年8月，8刷）。
2. 古郡鞆子『働くことの経済学』有斐閣，1998年5月（2004年1月，6刷）。
3. 三谷直紀編著『労働供給の経済学』ミネルヴァ書房，2011年7月。
4. 樋口美雄『労働経済学』東洋経済新報社，1996年2月（2011年3月，13刷）。

**キーワード**
法定福利費，人的資本，スクリーニング，賃金ファイル。

**研究課題**
1. 賃金格差の諸側面とその発生原因を挙げて分析しなさい。
2. 教育を人的投資と考え，大学教育を生涯賃金総額と教育投資の観点から分析せよ。
3. ベッカーの人的資本を論ぜよ（本書第2部第36講の人的資本の項目）。
4. OJT（on-the-job training）とOff JT（off-the-job training）を説明せよ。
5. 補償賃金仮説とは何か（樋口美雄『労働経済学』229頁）。
6. ヘドック賃金関数とは何か（同上）。
7. 賃金ファイルとは何か。

# 第7講　労働者と差別及びアファーマティヴ・アクション

## 1.　経済的不平等と差別

　労働市場で起こる種々の格差が差別によるものか判断するのは難しい。先ず何を持って差別というのか。

　①差別の定義

　二人の労働者の間に生産性の違いがあれば，一方は人的資本として他方に劣ることになるので労働市場で低く評価される。これは当然のことである。これを逆に言えば，経済の世界では同一労働同一賃金の筈である。労働市場に於ける差別は，生産性の同じ労働者を違う「尺度」で測って賃金やその他の待遇で異なる扱いをすることである。

## 2.　差別の諸側面

　①賃金差別

　生産性以外の要素で賃金格差を設ける時を指す。例えば，我が国に於いて，戦前で同じ師範卒であっても男訓導（教師）の給与の三分の一が女訓導のそれであった。

　②雇用差別

　個人やグループが他の個人やグループとは相違した採用状況や失業状態に於いて生ずる。例えば戦前に於いて，同じ大卒でも，帝国大学出（神戸大も含む）

と私大では賃金格差があった。

③職業差別

職業差別は，同じように有能な労働者がある職種から除外される時生ずる。例えば，女性には伝統的に「女性の仕事」があった。多くの女性が，その分野で活躍した歴史を持っている。その他の半面で，看護師（かつては看護婦と呼ばれた）のような仕事は女性の限られたものとするならば，これは男性排除の逆差別である。

## 3. 差別の理論

「差別」は経済的・社会的な多数派と少数派の間の力関係から生ずる。多数派が「正当」とする理論は差別嗜好理論と呼ばれている。

①差別嗜好理論（図7-1）

これはベッカー（G.S.Becker）が国際貿易の理論を援用した差別理論。国際貿易では原則として自由貿易を推進しているが，ある種の国内産業に「嗜好」を持ち，経済効率より優先して，関税や数量割当をして自由貿易を遮る。

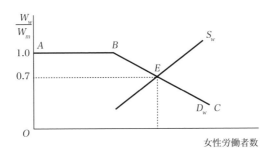

図7-1 差別嗜好理論

差別嗜好は，差別者（例えば男性）が被差別者（同女性）との間に，物理的或いは社会的に一定の距離を置きたいと想っている時に起こる。図7-1で，ある種の競争市場での男女間の賃金格差を描いた図である。差別の心理的コスト

を差別係数（$d$）とする。$d=0$ なら，企業の嗜好がなく賃金格差がない。$d$ が無限大である企業は，女性の賃金がどんなに低くても女性を雇用しない。男子労働者賃金（$W_m$）と女子労働者（$W_w$）とすると，$W_m = W_w + d$ 。

　縦軸に当該格差を（$W_w/W_m$），横軸に女性労働者の人数とする。男性労働者の人数と賃金は所与。　屈折需要曲線（$D_w$）は企業を差別係数の低いものから見る高い順に左から右に並べて描いている。水平部分の需要曲線は差別嗜好のない企業を指す。右下がり部分は差別嗜好を持つ企業を指し右に下がるに連れて $d$ は大きくなる。この地部分は $W_w/W_m$ は 1.0 より小さくなり右に進めば更に小さくなる。一方女性労働者の供給曲線は，賃金格差が縮小するほど供給が増加して右上がりとなる。需給の均衡点は賃金格差係数と女性労働者数が決定する。図では男女間の賃金格差係数は 0.7 であり，市場賃金は男性 1000 円，女性 700 円。需要曲線 ABE の部分は女性労働者を雇用するが，EC 部分は男性労働者のみを雇用。

## 4.　差別是正の制度的試み

　①アファーマティヴ・アクション（affirmaive action）（米国）→『10 ヵ国語経済用語辞典』

　同じ能力を持つ多数派と少数派（アフリカ系米国人や女性）がいた時，少数派に一定の採用枠を確保する制度。無能な少数派の人を採用し，有能な多数派の人を不採用にするという逆差別を生む弊害も生じた。本来なら不合格なのに，黒人に扮した白人が合格することを諷した米国映画があった。

　②男女雇用機会均等法→「第 9 講　女性労働者と男女雇用機会均等法」参照。

第7講　労働者と差別及びアファーマティヴ・アクション　245

## （引用文献）

1. 清家篤『労働経済』東洋経済新報社，2002 年 4 月（2015 年 8 月，8 刷）。
2. 古郡鞆子『働くことの経済学』有斐閣，1998 年 5 月（2004 年 1 月，6 刷）。
3. 三谷直紀編著『労働供給の経済学』ミネルヴァ書房，2011 年 7 月。

## キーワード

経済的差別，差別的嗜好理論，アファーマティヴ・アクション。

## 研究課題

1. 差別的嗜好理論を使用し，男女雇用機会の問題点を挙げて分析しなさい。
2. アファーマティヴ・アクションを説明し，合わせて弊害も論じなさい。

# 第8講　非正規の労働者とサービス経済化

## 1.　非正規労働者の増加

①正規労働者→特定の企業や団体に採用され期間を定めずに雇用契約を締んだ人達で休日を除き定常的に毎日一定時間働いている者。

②非正規労働者→期間を定めた雇用契約や不規則で短期間労働の雇用契約を結んで働く者，或いは正規労働者とは雇用形態の異なる人達。

## 2.　日本の非正規労働者

　非正規労働者は，一時的・縁辺的・補助的な労働力と見られていたが，産業構造の変化，女性の社会進出，企業の経営戦略等を背景に1970年代の後半から急速に増加。今では多くの企業，特にサービス経済化の進んでいる先進国の諸産業にとって不可欠の労働者。

　①パートタイマーの定義→週間労働時間が35時間未満の短期間雇用者（非農林業）。パートタイマーに分類された者に正規労働者同様，雇用期間を定めず雇用されて週間35時間以上働くものもある。

　②フリーターの定義→就業意思があって定職に就かずに臨時に働く者（表8－1）。

　③ニートの定義→就業意思がない，無就業者（表8-2）。

　④派遣労働者の定義→労働者派遣法に定められた労働者派遣業に従事する者。労働者派遣法（1985年）→自己の雇用する労働者を，当該雇用関係の下に，

第8講　非正規の労働者とサービス経済化　*247*

## 表 8-1　「フリーター」の主要な定義一覧

| 機関等 | 年 | 呼称 | 定義 |
|---|---|---|---|
| 厚生労働省<br>(旧労働省) | 1991 | フリーアルバイター<br>（フリーター） | 15-34 歳で<br>①現在就業している者については勤め先における呼称が「アルバイト」または「パート」である雇用者で<br>(i) 男性については継続就業年数が 5 年未満の者,<br>(ii) 女性については未婚の者<br>②現在無業の者については家事も通学もしておらず「アルバイト・パート」の仕事を希望する者 |
| 厚生労働省<br>(旧労働省) | 2000 | フリーター | 15-34 歳で<br>①現在就業している者については勤め先における呼称が「アルバイト」または「パート」である雇用者で<br>(i) 男性については継続就業年数が 1-5 年未満の者,<br>(ii) 女性については未婚で仕事を主にしている者<br>②現在無業の者については家事も通学もしておらず「アルバイト・パート」の仕事を希望する者 |
| 厚生労働省 | 2003 | フリーター | 15-34 歳の卒業者で女性については未婚の者とし,<br>①現在就業している者については勤め先における呼称が「アルバイト」または「パート」である雇用者で<br>②現在無業の者については家事も通学もしておらず「アルバイト・パート」の仕事を希望する者 |
| 厚生労働省 | 2010 | パート・アルバイト及びその希望者 | 男性は卒業者, 女性は卒業者で未婚の者のうち, 以下の者.<br>①雇用者のうち「パート・アルバイト」の者<br>②完全失業者のうち探している仕事の形態が「パート・アルバイト」の者<br>③非労働力人口で, 家事も通学もしていない「その他」の者のうち, 就職内定しておらず, 希望する仕事の形態が「パート・アルバイト」の者 |
|  |  | 非正規の職員・従業員及びその希望者 | 上記定義において「パート・アルバイト」を「非正規の職員・従業員」に置き換えた もの。 |
| 内閣府 | 2002 | フリーター | 15-34 歳の若年（ただし, 学生と主婦を除く）のうち, パート・アルバイト（派遣等を含む）および働く意思のある無職の人 |
| 労働政策研究・研修機構 | 2005b | 周辺フリーター | 学生でなく, 既婚女性でもないアルバイト・パート雇用者で, 年間就労日数が 99 日以下か, 週労働時間が 21 時間以下の者 |

出所：資料を用いて筆者が作成。

**表 8-2 「ニート」の主要な定義一覧**

| 機関等 | 年 | 呼称 | 定義 |
|---|---|---|---|
| 厚生労働省 | 2004 | 若年無業者 | 15-34歳で，非労働力人口のうち，卒業者かつ未婚であり，通学や家事を行っていない者 |
| 厚生労働省 | 2005 | 若年無業者 | 15-34歳で，非労働力人口のうち，家事も通学もしていない者 |
| 内閣府 | 2005 | 無業者 | 高校や大学などに通学しておらず，独身であり，ふだん収人になる仕事をしていない，15歳以上35歳未満の個人（予備校や専門学校に通学している場合も除く） |
| | | 求職型 | 上記無業者のうち就業希望を表明し，求職枯動をしている個人 |
| | | 非求職型 | 上記無業名のうち就業希望を表明しながら，求職括動はしていない個人 |
| | | 非希望型 | 上記無業者のうち就業希望を表明していない個人 |

注：内閣府（2005）は無業者の分類を表しており，このうち「ニート」に相当するのは「非求職型」
　　と「非希望型」である。
出所：資料を用いて筆者が作成。

かつ，他人の指揮命令を受けて，当該他人のために労働に従事させること（労働者派遣）。

## 3. 米国のコンティンジェント労働者

米国労働統計局定義→contingent work →労働者個人が明示的にも，暗黙のうちにも長期間の雇用契約を持たずに従事している仕事。Ex. contigent fee 成功報酬［10ヵ国語経済・ビジネス用語辞典137頁84］。

## 4. 非正規労働者増加の背景

①産業構造の変化と非正規労働者
経済構造が，モノの生産からサービスの生産へ。産業のサービス化が非正規労働者を増加させた。サービス産業の特徴として在庫がない。サービス産業に

ついては拙著参照（近代化以降の「サービス」の経済的意味合い『経済分析手法』木村武雄他著237頁）。

製造業より「卸売・小売業，飲食業」，サービス業で非正社員の割合が高い。非正社員のなかで最も多いのはパートタイマーで3割以上，チェーンストアでは，非正社員が8割に及ぶところもある。

②非正規労働者の供給

非正規労働者には女性特に主婦が多い。女性のライフサイクルの変化で，少子化の結果末っ子を持つ年齢が若年化→主婦のパートへの供給。

③非正規労働者の需要

企業は熾烈な国際競争化で打ち勝つ為にコスト削減が命題。非正規労働者は福利厚生（退職金，社会保険，雇用保険等）の負担がない。労務費の節約には最適の労働力。問題点としてどういうものが考えられるか。非正規労働者の増加が働く側の合理的選択の結果であれば望ましいが，企業側の都合のよいもので労働者が不本意な選択を強いられているとすれば問題である。

## 5.　非正規労働者の労働条件

①非正規労働者の賃金

非正規労働者の賃金は正規労働者の6割前後で賃金格差がある。正規労働者は各種手当（家族手当，住宅手当，役職手当，業績手当等）を得ているので格差はさらに拡大。福利厚生（雇用保険，健康保険，厚生年金），勤続年数加算，定期昇給，退職金も殆どないのが現状。

②初職が非正社員だった人は，生涯非正社員の比率が非常に高いと言われている。女性の場合，初職に就く段階で非正規だった割合は53%に上り，男性でも35%を占めている。

③大卒後正規労働者として雇用された女性労働者が，一旦，結婚・出産等で退職後職場復帰した時，非正規労働者になる場合が非常に多い。

## (引用文献)

1. 清家篤『労働経済』東洋経済新報社，2002 年 4 月（2015 年 8 月，8 刷）。
2. 古郡鞆子『働くことの経済学』有斐閣，1998 年 5 月（2004 年 1 月，6 刷）。
3. 三谷直紀編著『労働供給の経済学』ミネルヴァ書房，2011 年 7 月。
4. 全労連・労働総研編『2017 年国民春闘白書』学習の友社，2016 年 12 月 8 日。
5. 木村武雄・江口充崇『経済分析手法』五絃舎，2012 年 10 月 10 日。
6. 木村武雄『10 ヵ国語経済・ビジネス用語辞典』創成社，2014 年 11 月 20 日。
7. 廣松毅他『経済統計』新世社，2006 年 2 月 10 日。
8. 小峰隆夫『日本経済の基本」第 3 版』日本経済新聞社，2006 年 2 月 15 日。

## キーワード

非正規労働者，パートタイマー，フリーター，ニート。

## 研究課題

1. パートタイマーの問題点を挙げて分析しなさい。
2. 正規労働者と非正規労働者の定義は何か。
3. 非正規労働者の問題点を挙げよ。
4. 経済学上の財とサービスを比較せよ（表 8-3）（木村武雄・江口充崇『経済分析手法』237 頁）。
5. 経済サービス化の統計資料を検証せよ（廣松毅他『経済統計』174-175 頁，永野仁『労働と雇用の経済学』9 頁）。
6. 米国のコンティジェント労働者とは何か。
7. フリーターとは何か（木村武雄『10 ヵ国語経済・ビジネス用語辞典』123 頁 99，小峰隆夫『日本経済の基本　第 3 版』37 頁）。
8. ニートとは何か（木村武雄同上書同頁 100，小峰隆夫同上箇所）

表8-3　近代化以降の「サービス」の経済的意味合い

| | サービス | 財 |
|---|---|---|
| 名称 | 貨幣と交換される役務提供一般 | 貨幣と交換されるもの |
| 形 | 無形 | 有形 |
| 在庫 | 無 | 有 |
| 生産と消費 | 同時性（非可逆性） | 異時点 |
| コ・プロダクション | 有（その提供に顧客も参加） | 無 |
| 提供の過程 | 重要性（例，食堂の雰囲気や眺望） | 無 |
| 提供者との不可分性 | 有 | 無 |
| 変動性 | 有 | 無 |
| サービスの対象 | ユニバーサル（金が出せる人は誰でも） | ユニバーサル＊1 |
| サービスの内容 | 部分的・個別的（時間帯による変動） | 部分的・個別的 |
| 需供者の上下関係 | 上下関係無 | 上下関係無 |
| 有償 | 有償 | 有償 |
| 需要側の選択権 | 有（消費者主権） | 有（消費者主権） |
| サービスの定義<br>（商業サービス限定的） | ①他人の為に行う②人の③活動であっ<br>て④独立に取引の対象となるもの<br>（今枝昌宏＊2） | |

＊1:「ユニバーサル」とは①社内サービスではなく，一般の客対象。②顧客対応で人が提供するもの。
　　③飲食サービスは料理だけでなく店の雰囲気や景観も対象。④時間帯で違う価格帯になる。

＊2: 今枝昌弘『サービスの経営学』東洋経済新報社，2010年，23頁。サービスは，他人の為で，
　　自己の為のものはサービスとは呼べない。つまり，社内サービスやグループ内サービスは，
　　経済原理が働かないからである。

# 第9講　女性労働者と男女雇用機会均等法

## 1.　女性労働者の推移と変動要因 (表9-1)

　女性の職場進出の水準を示すのものとして，労働力率（＝労働力人口/15歳以上人口）がある。この指標の長期的推移を見ると，1960年の55%から75年49%まで低下，その後上昇90年50%に達した。その後横這いで推移し，2007年には49%である。

　女性の労働力率の推移を年齢別に見たのは表9-1である。この変化をグラフ

**表9-1　年齢階層別労働力率（女性）**

（単位：%）

| 年齢区分 | 日本 | | | アメリカ | ドイツ | フランス | イギリス |
|---|---|---|---|---|---|---|---|
| | 1990 | 2000 | 2007 | 2006 | 2005 | 2005 | 2006 |
| 年齢計 | 50.1 | 49.3 | 48.5 | – | – | – | – |
| (15-64歳) | (57. 1) | (59. 8) | (61.9) | (69.3) | (66 .8) | (64. l) | (70.3) |
| 15-19歳 | 17.8 | 16.6 | 16.2 | 43.7 | 26.8 | 11.5 | 55.6 |
| 20-24 | 75.1 | 72.7 | 69.5 | 69.5 | 66.3 | 55.3 | 71. 1 |
| 25-29 | 61.4 | 69.9 | 75.8 | 75.2 | 73.4 | 78.7 | 77.0 |
| 30-34 | 51.7 | 57.1 | 64.0 | 73.6 | 74.3 | 79.5 | 75.9 |
| 35-39 | 62.6 | 61.4 | 64.3 | 74.6 | 78.7 | 82.0 | 75.4 |
| 40-44 | 69.6 | 69.3 | 72.0 | 77 .1 | 83.4 | 82.9 | 80.2 |
| 45-49 | 71.7 | 71.8 | 75.6 | 77.2 | 82.9 | 83.2 | 81.4 |
| 50-54 | 65.5 | 68.2 | 70.8 | 74.7 | 78.2 | 77.3 | 77.0 |
| 55-59 | 53.9 | 58.7 | 60.8 | 66.7 | 64.4 | 53.4 | 64.3 |
| 60-64 | 39.5 | 39.5 | 42.2 | 47.0 | 23.0 | 13.4 | 33.0 |
| 65- | 16.2 | 14.4 | 12.9 | – | – | – | – |

注) 1. 年齢計の（ ）内の数値は15-64歳である。
　　2. アメリカは，15歳のところは16歳である。
出所：総務省「労働力調査」および労働政策研究・研修機構『国際労働比較』(2008年)

化すると，M字の形状を示す。これは，結婚，出産，育児等の理由で退職し，育児が一段落すると再び職場復帰することを示している。この形状を示すのは日本に限ったことである。他の先進国には見られない現象である。

長期的な女性の労働力率の上昇の背景としては，労働需要と労働供給の双方の影響がある。

労働需要面から見ると，第三次産業に於ける雇用機会拡大が女性への雇用需要の拡大となって現れた。卸小売業（飲食店を含む），金融保険業，医療福祉業，サービス業は女性の占める割合が大きい分野でもあり，パートタイム労働といった短期就業形態，一方で主婦層に適した就業形態でもある。他方，労働供給面から見ると，①出生率の低下と育児負担の減少，②学歴水準の向上と社会参加意欲の高まり，③家事労働を軽減する洗濯機・掃除機・冷蔵庫等の電気器具の発達や冷凍食品，紙おむつ，ベビーフード等の普及が女性の社会的進出に寄与した。

## 2. 女性雇用の実態と男女間賃金格差

①女性雇用の現状

女性労働者の就業実態を，男性と比較してその特徴を見てみよう。従業上の地位別にみると（2015年労働力調査年報），自営業主，家族従業者，雇用者の各自の割合は女性4.9%（男性11.2%），4.7%（同0.8%），89.8%（同87.4%）。女性に於いて家族従業者の割合が多い。また，女性自営業主の3割程度は内職者であり，他方，男性の内職者は殆ど存在しない。

産業別就業状況を見ると，第三次産業従事者の割合が多く，8割が卸小売業，サービス業に集中している。職業別就業状況では，事務や技能工・生産工程作業者として従事者が多い。雇用別就業状況では，常勤，臨時雇，日雇の各自の割合は女性89.6%（男性94.5%），9.9%（同4.1%），1.3%（同1.2%）。女性に於いて臨時雇が多い。正規労働者・非正規労働者別就業状況は女性43.6%（男性78.1%），56.3%（同21.8%）。男性の8割近くが正規労働者であるのに対して，

女性は6割近くが非正規労働者である。女性の場合，パートタイム労働や派遣労働者として非正規労働者として働くことが多い。女性の勤続年数も増加している.。平均勤続年数は，1980年6.1年から2007年8.7年に，延びている。

　②男女間賃金格差の要因

　厚生労働省「賃金構造基本統計調査」により，女性の賃金は長期に渡って男性の6~7割程度で推移している。医師，教員，弁護士，裁判官といった国家試験や都道府県教育委員会試験合格を必要とする専門職には男女賃金差別はない。戦前において，男性教員1人の給与は女性教員3人分だった。この差は何か。民間での男女間で就業している産業や企業規模, 学歴格差, 勤続年数, 年齢, 職種等が異なるのか。これらの要素が等しい場合に果たして格差が存在するのか。日本の「ジェンダー・ギャップ指数」が144ヵ国中111位（2016年度版）。2015年国税庁調査によると，男女賃金格差は，（平均給与）男性521万円，女性276万円を前年差242万円から3万円広がっている。その原因を探ると(2017年『国民春闘白書』)，①女性の6割占める女性非正規の賃金が下がったこと。前年比3千円減。その結果，女性の賃金は，男性の賃金が前年比6万1千円増に対して3万8千円増に留まっている。②女性の非正規は13万人増加し1345万人（「労働力調査」2015年平均）。③女性が第一子の妊娠出産を契機に離職する比率は5割と高いこと。職場復帰しても元の賃金より低い非正規労働者になる可能性が高い。④女性労働者の役職比率は12.5%と依然低いこと。⑤医療福祉の労働者は女性が多く占めているが，保育士・ヘルパー等，他産業と比べて10万円程度低い賃金であること。この職種が更に増えたことにより女性が平均賃金を引き下げることになったこと。

## 3. 男女雇用機会均等法

　1945年国連憲章に男女平等の実現が盛り込まれている。しかし男女平等の達成実現への本格的な動きは1975年国連婦人年以降で, 79年国連総会で,「婦人に対するあらゆる形態の差別の撤廃に関する条約（女性差別撤廃条約）」を採

択し，日本は 80 年に同条約に署名した。我が国は 1985 年「雇用の分野における男女の均等な機会及び待遇の確保等女性労働者の福祉の増進に関する法律（男女雇用機会均等法）」を制定，翌年施行（せこう）。

## 4. コース別雇用管理

　男女雇用機会均等法の施行により，男女不問の求人，男女同一初任給の増加，男女別定年制の廃止，女性の従来の補助的業務から，適性に応じた活用に転換等。コース別管理は，基幹的業務に従事し住居の移動を伴う転勤のある総合職と，定形型補助的業務に従事し転職のない一般職に分けて管理。実態として，総合職を望まない女性が多く，結局男性が総合職，女性が一般職を選択することになり，コース別雇用管理制度は形を変えた男女差別であるとの指摘がしばしばされた。

**（引用文献）**
1. 清家篤『労働経済』東洋経済新報社，2002 年 4 月（2015 年 8 月，8 刷）。
2. 古郡鞆子『働くことの経済学』有斐閣，1998 年 5 月（2004 年 1 月，6 刷）。
3. 三谷直紀編著『労働供給の経済学』ミネルヴァ書房，2011 年 7 月。
4. 笹島芳雄『労働の経済学』中央経済社，2009 年 3 月。
5. 全労連・労働総研編『2017 年国民春闘白書』学習の友社，2016 年 12 月 8 日。

**キーワード**
女性労働率，男女雇用機会均等法，コース別管理，派遣契約，業務請負契約。

**研究課題**
1. 男女雇用機会均等法の問題点を挙げて分析しなさい。
2. 男女賃金格差の原因を分析せよ。
3. 間接雇用（派遣契約と業務請負契約）を説明し，問題点を指摘しなさい。

# 第10講　高齢者雇用とラジアー理論

## 1. 高齢者の就業と雇用

　高齢者の高い就業意思にも関わらず，その雇用を阻んでいるのは何か。それを種々の側面から分析してみることにする。

## 2. 高齢者の労働力率の推移（図10-1，図10-2）

　高齢者の労働力は1960年代から，趨勢的に低下傾向。この背景要因は2つ

図10-1　男子高齢者（60～64歳）の労働力率の趨勢

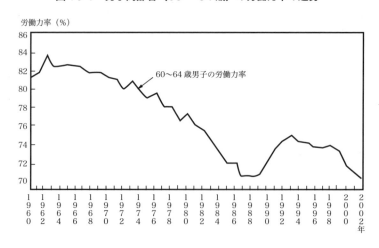

出所：総務省統計局「労働力調査年報」各年版。

### 図10-2 高齢者の労働力率と1人当たり平均実質受給額の対比

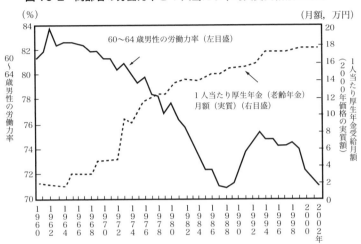

出所：社会保険庁『事業年報』各年版，総務省統計局『消費者物価指数』各年版。

ある。一つは労働力構造上の問題。農業を中心とした自営業者の減少。もう一つは労働者の労働供給そのものの減退。公的年金の充実が整いつつあったこと。1970年代中盤以降，厚生年金の一人当たり受給額は飛躍的増加。これが雇用者の引退可能性を高め，労働力率を下げた。

## 3. 高齢者の労働供給の決定要因

①所得と余暇のどちらを選択するか。
②働く場合に得られる賃金水準
③働かなくても得られる非勤労所得
④労働時間の自由度といった賃金以外の，労働需要側の提示する雇用制度要因

①は健康状態がよくないほど余暇を選択。高等教育を受けたほど，その教育投資を回収しようと，所得獲得にはしる。

②の賃金水準は健康状態や学歴の要因と密接な関係。

③は高齢者にとって，年金所得が最大関心。年金取得は勤労意欲を低下させる。

④は定年退職の経験と大都市圏居住の要素。定年退職を契機の就業をやめる人は少なくない。大都市圏の居住者は雇用機会が多く，就業する確率が高い。

## 4. 高齢者への労働需要の厳しい実態

30人以上の従業員のいる企業の9割が定年制を実施。

60歳代前半の求人は1割未満。

## 5. ラジアー理論

ラジアーの理論。働き盛りに低賃金で働いた分を中高年の高い賃金で埋め合わせる仕組みの下では，収支バランスを合わせるには定年退職が必要。年功序列賃金制度には，定年制の他年功的昇進制度も補完している。

図 10-3　ラジアー理論

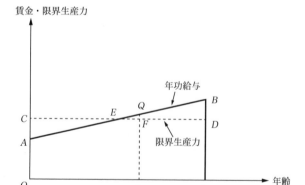

出所：清家篤『労働経済』東洋経済新報社，164頁。

図 10-3 はラジアー理論を説明する図である。縦軸には年功型賃金とその限界生産力（個人の企業への貢献度），横軸には年齢をとっており，実線 *AB* はある労働者の年功給与カーヴを，点線 *CD* はその限界生産力カーヴを示す。労働者は原点 *O*（例えば大卒なら 22 歳）で入社し，R（例えば 60 歳）で定年になるものとしよう。この図からわかるように，年功給与体系というのは，若年では企業への貢献より安い給与（賃金の *AE* の部分）を獲得し，その代償として中高年になったら貢献より高い給与（年功賃金の *EB* の部分）を取得する仕組みである。ラジアー（E.P.Lazear）は△ *ACE* で企業に供託金を預け，それを△ *EBD* で引き出す仕組みであると説明している（企業は採用時の期待どおりに定年まで真面目に働いているかどうかのモニタリング・コストがかかる）。この供託金がモニタリング・コストを下げることがミソである。労働者がサボタージュして，途中で首になったら，この供託金の一部が未回収になる。図からわかるように，供託金は定年まで勤めあげてはじめて全額回収される。例えば *P* の時点で解雇されると，□ *FQBD* 分の供託金は返済されない。こうした年功制給与体系と同じ効果を齎すものして定年退職時に支払われる多額の退職金がある。退職金は給与の後払い的性格をもつので，途中で解雇されると定年まで勤め上げることに比べて満額貰えなく，損をする。

**（引用文献）**
1.　清家篤『労働経済』東洋経済新報社，2002 年 4 月（2015 年 8 月，8 刷）。
2.　古郡鞆子『働くことの経済学』有斐閣，1998 年 5 月（2004 年 1 月，6 刷）。
3.　三谷直紀編著『労働供給の経済学』ミネルヴァ書房，2011 年 7 月。
4.　笹島芳雄『労働の経済学』中央経済社，2009 年 3 月。

**キーワード**
自営業者の減少，公的年金，定年制，ラジアー理論。

**研究課題**
1.　高齢者の労働力率の長期的トレンドの規定要因を挙げて分析しなさい。

*260*

2. 高齢者の労働需要の規定要因を挙げて分析しなさい。

3. 高齢者の就業促進のための公的制度改革について述べなさい。

4. ラジアーの理論（定年退職制の正当化理論）を説明しなさい（清家篤後掲書 164 頁）。

5. 嘗て，日本の美徳とされた年功序列賃金制度がある。これは，定年制とセットであったことを例証しなさい。

# 第11講　雇用調整とレイ・オフ

## 1. 雇用調整とは何か（図11-1）

　雇用調整→企業の労働需要の具体的な姿で，生産変動に応じて現在の雇用量に一致させようとすると企業行動。縦軸に資本設備量（ここではロボット台数），横軸に雇用量。技術は不変と仮定し，各生産水準に応じて，$X_{t-1}$，$X_{t-1}$，$X_t X_t$ 等の等量両曲線が書ける。また労働者の賃金や資本設備のリース料が生産要素の相対価格も変化しないと仮定。$C_{t-1}$，$C_t$ のような等費用線が確定。今 $X_{t-1}$ と $X_t$ を各自 t-1 期，t 期の生産量とすると，各自の労働需要量，すなわち最適雇用量は $L_{t-1}$，$L_t$ となる。t-1 期から t 期にかけて不況の為に $\Delta L$（$= L_t - L_{t-1}$）分

**図11-1　労働需要理論からみた最適な雇用調整**

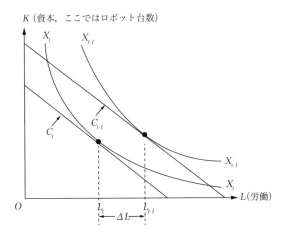

だけ雇用調整量。

## 2. ラグの存在 (図11-2, 図11-3)

不況あるいは好況になると，生産量の調整は機械ではすぐ対応できるが，雇用量調整はラグがある。

**図11-2 生産量と理論的最適雇用者数の対応図**

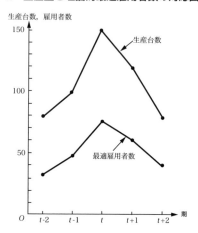

**図11-3 実際の生産変動と雇用変動（製造業生産指数と製造業常用雇用指数）（四半期・季節調整済）**

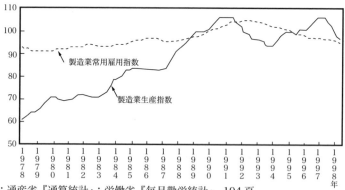

出所：通産省『通算統計』：労働省『毎月勤労統計』。194頁。

## 3. 雇用調整係数

雇用調整係数 $\beta \to L_{t-1} - L_t = \beta\ (L_{t-1} - L_t)$。$\beta = 1$ の時は雇用調整が完全に実現されること。$\beta = 0$　の時は雇用調整が全く実現されないこと。両者ともないので，実際はその間の　$0 < \beta < 1$ である。

## 4. 雇用調整コスト（4つの理由）

①長期雇用契約→必ずしも明文化されていないが，暗黙の長期雇用契約で日本では雇用慣行。

　しかしながら解雇は難しく，雇用権濫用法理が流布されている。

②人的資本投資の存在→企業の従業員に対する教育・訓練費用の未回収の可能性。

③調整に関わる直接費用→ ex. 希望退職時の割増退職金。

④頻繁な雇用調整の風評→ ex. 企業の悪の評判や従業員の士気低下を招く。

## 5. 産業別雇用調整係数（図11-4，図11-5）

縦軸に雇用調整コスト，横軸の雇用調整係数（0～1）をとると，(0, 1) を終点とする右下がり曲線。

　化学工業のような装置産業は雇用調整係数は小さい。繊維工業のような軽工業は雇用調整係数は大きい。

## 6. 国別雇用調整係数（図11-6）

米国のように，不況期にレイオフが雇用慣行化されていれば雇用調整は比較的容易。逆のケースの好況の時のリコールも容易で景気回復のレスポンスが早い。

**図11-4　雇用調整コストと雇用調整係数の関係図**

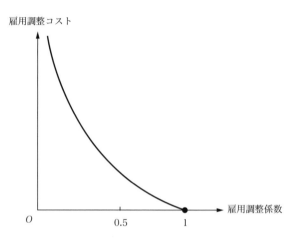

**図11-5　日本の製造諸業における雇用調整係数**

**図11-6　雇用調整係の日米比較**

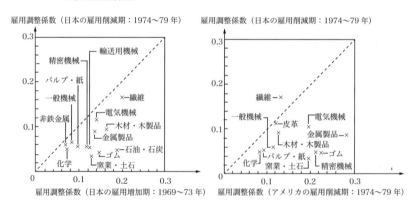

出所：清家篤（1982）「製造業企業における雇用調整の性格に関する比較分析」『三田商学研究』第25巻5号。

**(引用文献)**

1. 清家篤『労働経済』東洋経済新報社，2002 年 4 月（2015 年 8 月，8 刷）。
2. 古郡鞆子『働くことの経済学』有斐閣，1998 年 5 月（2004 年 1 月，6 刷）。
3. 三谷直紀編著『労働供給の経済学』ミネルヴァ書房，2011 年 7 月。
4. 笹島芳雄『労働の経済学』中央経済社，2009 年 3 月。


## キーワード

雇用調整，ラグ，雇用調整係数，雇用調整コスト，レイ・オフ。


## 研究課題

1. 生産の変動と雇用変動の間にはどのような経験的関係があるか述べよ。
2. 雇用調整とは何か，図示せよ（縦軸資本量，横軸労働量）。
3. 雇用調整係数の値（絶対値）は何故ゼロと 1 の間なのか述べよ。
4. 雇用調整を躊躇する 4 つの企業側の理由を述べよ。
6. レイ・オフとは何か。

# 第12講　労使関係と囚人のジレンマ

## 1.　労働組合

**経済システム的位置づけ**

「労働市場で（売り手である労働者個人から付託を受けた）労働組合が買い手である企業と取引，交渉」。　（価格＝賃金率，　　数量＝労働量）

法律システム的には「労働組合は労働者が団体行動を行うための自主的な組織」。

ウエッブ夫妻（S.J. & B.P. Webb）の古典的な定義，労働組合は「賃金労働者の労働生活の諸条件を維持・改善するために組織する恒常的な団体」。

① 労働組合の機能

a 相互扶助→組合金をプールして組合員の記念日に贈与品。

b 団結・団体交渉と労使協議→賃金交渉が決裂した場合ストを決行する。

c 政治的・社会的→メーデーとか政府の政策が労働者の権利を侵害されると示威運動をする。

② 労働組合の形態

a 職業別→英国で炭鉱ストが有名。賃上げを獲得したが，英国病を引き起こし，サッチャーの登場を見る。

b 産業別→米国でUAW（全米自動車労組）が有名。

c 企業別→日本では一般的。同一企業で年功序列賃金制度，終身雇用制，退職金制度が可能。

③ 労働組合の組織率

雇用者に占める組合員の割合は，戦後の４割から５割台から低下の一途で，最近では２割弱。

## 2. 団体交渉

☆**賃金への影響**

賃金は景気変動や春闘によって影響を受ける。春闘は日本独自なもので，毎春大手企業幹部と労組で賃金等の条件を巡って交渉。

☆**雇用への影響**

労組が賃金を上げようとすれば，雇用が減少すると考えるが，その程度は労働需要の弾力性によって異なる。それは，４つの要因に依存する。このことを組織労働に対する需要の弾力性に当てはめてみる。

### （1）財に対する需要の弾力性

→賃金上昇によって組合のある企業が財の価格を釣り上げれば，競争により組織のある市場占有率が減少。その結果，組織労働が排除されることも起こりうる。

### （2）生産要素間の代替可能性

→労働組合員の代わりに非組合員や管理職の利用が可能。1981 年レーガン政権下の航空管制官ストがある。大幅賃上げ要求したストは，レーガン大統領がスト参加者全員解雇し，空軍管制官に変えたことにより幕を閉じた。航空管制官に対する需要の弾力性が予想に反して弾力的だったわけである。

### （3）他の生産要素の供給の弾力性

→企業がコストの高い労組員を他の生産要素で代替しようとする場合，その要素が需要増によって大きく上昇すればするほど，労組によっては有利になる。

### （4）総生産費に占める労働費用の割合。

コストの内，労組員の賃金の割合が小さいほど，賃金上昇が財価格に与える影響は小さく，組織労働に対する需要が非弾力的になることをしている。

## 3. 労働争議

労働争議とは，団体交渉で労使の合意が得られない時，発生する紛争。
①労働争議のモデル（図 12-1）

使用者はストによる損害と要求される賃金の見合いによる。ヒックスの賃金の団体交渉モデル。賃金率を縦軸，ストの予想期間を横軸に取ると，使用者の譲歩曲線と労組の抵抗曲線。

使用者の譲歩曲線,使用者がストを避けるために支払い可能な最高の賃金を，それぞれの予想期間を示している。

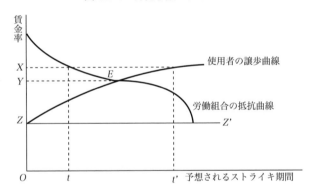

図 12-1　労働争議モデル

☆ストライキの発生

②労働争議の調整→労働委員会が調整。
(1) 斡旋→斡旋員が労使双方の主張の論点整理し，双方の譲歩を促す。
(2) 調停→公益側・労働者側・使用者側の3者委員からなる調停委員会で，双方の譲歩を促す。
(3) 仲裁→3人の仲裁委員会により最終解決を目指し，法的拘束力を持つ。
(4) 緊急調整→政治問題化した時，首相が決定日から50日間争議行為が禁止。
(5) 争議の調整の実情→斡旋9割以上，調停・仲裁は少ない。

③労使の駆け引き（ゲーム理論の囚人のジレンマ）（本書第2部第24講参照）

囚人のジレンマ→ゲーム理論の応用（2人の囚人→企業・労組）

表12-1　労使の駆け引きで，米国ニューウージャージー州の公安労働者の争議仲裁結果を見てみよう。この表は代理人の有無により，使用者側に有利な裁定の割合。（　）内の数字は労働者側に有利な裁定割合。代理人が付けたほうが有利になるが，双方が付けた場合は囚人ジレンマにより双方とも損をし，弁護士だけが大儲けする構図。

### 表12-1　労使の駆け引き

| 企業＼労働組合 | 代理人無 | 代理人有 |
|---|---|---|
| 代理人無 | 44<br>(56) | 23<br>(77) |
| 代理人有 | 73<br>(27) | 46<br>(54) |

**（引用文献）**

1. 清家篤『労働経済』東洋経済新報社，2002年4月（2015年8月，8刷）。
2. 古郡鞆子『働くことの経済学』有斐閣，1998年5月（2004年1月，6刷）。
3. 三谷直紀編著『労働供給の経済学』ミネルヴァ書房，2011年7月。
4. 笹島芳雄『労働の経済学』中央経済社，2009年3月。
5. 脇田成『日本の労働経済システム』東洋経済新報社，2003年5月。

**キーワード**

労働組合，団体交渉，囚人のジレンマ。

**研究課題**

1. 労働組合の存在について述べなさい（経済システム，機能，団体交渉）。
2. 労働組合の経済学的存在意義について述べなさい（賃金，雇用）。
3. 労働組合活動における春闘の役割について述べなさい。
4. 囚人のジレンマについて述べなさい（本書第2部第24章）。
5. 組合参加率と集権的賃金交渉カバー率から，日本の賃金支払システムを他の先進国のそれと比べて論ぜよ（脇田成『日本の労働経済システム』23頁）。

## 第13講 経済の構造変化と雇用制度及び社会システム

### 1. 雇用と経済構造

#### ☆社会システムのサブ・システム

　社会システムは，政治システム・宗教システム・法律システム・国際関係システム・経済システムからなる（木村武雄『ＥＵと社会システム』）。雇用制度は経済システムのサブ・システムにあたる。雇用システムは経済構造の変化に影響される。嘗て日本の高度成長期には雇用システムが経済構造の変化にうまく対応していた。つまり，雇用システムが年功序列賃金制度と終身雇用制度に裏打ちされていた点が大きい。これは日本経済の状況が，先進国へのキャッチ・アップ型の経済発展段階にあったことと若年者の多い金字塔型の人口構造であったことも大きく寄与した。

　しかしながら，労働市場で現在３つの大きな構造変化が起こっている。ひとつは人口構造の変化である。もうひとつは企業を取り巻く競争構造の変化である。特に国際競争環境が為替レートの変化である。更に個人の意識の構造変化もある。

### 2. 人口構造の変化 （四分の一, 二倍速）（図13-1）

　日本経済を考えるうえで大きくかつ確実に予測される構造変化は人口構造の変化である。その骨子は高齢化であるが，これは高齢者の急増と若年層の激減

**図 13-1　各国の高齢者人口比率の推移**

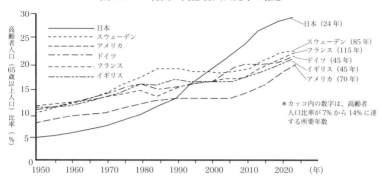

(資料) 総務庁統計局「国勢調査」
国立社会保障・人口問題研究所「日本の将来推計人口」(97年1月推計)(中位推計)
UN The Sex and Age Distribution of World Population：1992、1994

である。高齢人口急増のキーワードは四分の一と二倍速である。

図13-1で，2015年には日本の人口の約25％，すなわち四分の一が65歳以上の高齢者になり，欧米諸国を凌ぎ，世界一の高齢者比率の高い社会になった。高齢化社会は国連定義で，65歳以上の高齢者比率が7％以上の社会を指す。また高齢社会は国連定義で，65歳以上の高齢者の比率が14％超過社会を指す。「二倍速」と言うのは，日本の高齢化のスピードを象徴する数字。高齢化社会から、高齢社会へのスピードが通常50年以上かかるのに，日本は25年で(1970-1994年)達成した。

20歳代の人口が2000年1,800万人が2015年1,300万人で500万人も減少（図13-2）。

## 3.　競争構造の変化（単純労働から専門職労働へ）

賃金に関しての国際比較をすると（主として2002年），1時間当たり日本2,223円，英国1,918円，米国1,825円，ドイツ1,816円，スウェーデン1,606円，

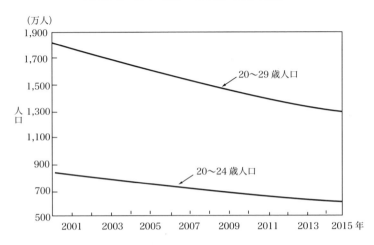

図13-2 若年（20〜29歳）人口の減少

出所：国立社会保障・人口問題研究所「日本の将来人口」2002年推計。

カナダ1,526円(『活用労働統計2005年版』)。賃金は世界の最高水準であるので、付加価値競争にならざるを得ない。国内の労働者には素晴らしいことであるが、企業経営の観点から見ると、日本企業が国内で活動しようとすれば、賃金の高い日本人を雇ってなお利益の出る付加価値の高いものやサービスを提供しなければならない。そうでなければ、賃金下げか、あるいは市場を閉じて国際競争の影響を遮断するしかない。競争構造の変化は、雇用のあり方も変えている。労働時間の多さではなく、労働の質、つまり結果（業績）に応じて支払われる賃金体系に変わりつつある。

## 4. 意識構造の変化

☆豊かさのパラドックス

　所得水準は世界一だが、豊かさを実感できない。

☆自発的失業の減少傾向

　不況でも自発的失業が多くなった。自分の能力とミス・マッチなので転職す

第 13 講　経済の構造変化と雇用制度及び社会システム　273

ること。

## 5.　年齢に関係なく活躍できる雇用制度（1）

　労働人口の減少期，高齢者の高い就業意思を活用。しかしながら，高齢者雇用には 2 つの理由で難しい。ひとつは労働市場の需給バランス。若年層はこれから激減するが，現時点では若年層の就職難状態。もうひとつは雇用制度。年功序列制度が色濃く残る賃金体系では高齢者雇用の逆・インセンティブが働く。

## 6.　高い付加価値作りに適した雇用制度（2）

### ☆雇用のリスク

　「変人を採用するリスク」，「できる人材を逃してしまうリスク」人材採用のミス・マッチ

## 7.　途中でやり直せる雇用制度（3）　（図 13-2）

　終身雇用制度を維持できなくなった理由は 2 つある。ひとつは，企業を取り巻く競争の激化。企業が未来永劫存続するとは限らなくなった。もうひとつは，若年層の減少。若年層が産業構造変化の転換起爆剤だった。企業間労働移動が難しいので，若年層の就職先が成長産業に行って，労働者の産業構造変化に対応できた。

## (引用文献)

1. 清家篤『労働経済』東洋経済新報社，2002年4月（2015年8月，8刷）。
2. 古郡鞆子『働くことの経済学』有斐閣，1998年5月（2004年1月，6刷）。
3. 三谷直紀編著『労働供給の経済学』ミネルヴァ書房，2011年7月。
4. 笹島芳雄『労働の経済学』中央経済社，2009年3月。
5. 富山県統計課『経済指標のかんどころ』増補改訂20版富山統計協会1999年1月，156頁。
6. 松浦司編著『高齢社会の労働市場分析』中央大学出版部，2014年1月，24-25頁。
7. 木村武雄『EUと社会システム』創成社，2008年6月。

## キーワード

社会システム，サブ・システム，高齢化社会，高齢社会，付加価値競争，豊かな社会の逆理。

## 研究課題

1. 高齢化社会と高齢社会の違いは何か。
2. 高齢化社会から高齢社会になるのに日本は25年かかった。フランス，スウェーデン，米国，英国，ドイツはそれぞれ何年かかったか（『経済指標のかんどころ』156頁）。
3. 企業を取り巻く競争構造を変える要因2つについて述べなさい。
4. 高齢者雇用が進まない理由2つ挙げて，述べなさい。
5. 企業が終身雇用を保障しにくい理由を2つ挙げて，述べなさい。
6. 社会システムとは何か（木村武雄『EUと社会システム』）。

# 巻末付録

キーワード一覧（経済思想）

研究課題（経済思想）

経済学史略年表

経済思想家列伝

## キーワード一覧（第2部　経済思想）

**第1講**：大学の起源，経済学，古典派，アダム・スミス，新古典派，マーシャル，ケインズ経済学，歴史学派，制度学派，反ケインズ派（サプライサイド派，合理的期待形成学派，マネタリズム派），反古典派（ドイツ歴史学派，マルクス学派，米国制度学派）。

**第2講**：絶対主義国家，重商主義，コルベルティスム，農産物輸出規制，ギルド制，奢移品，自然法，範式。

**第3講**：市民社会，使用価値，交換価値，支配労働価値，投下労働価値，価値構成論，価値分解論，資本蓄積，分業。

**第4講**：比較生産費，特化，差額地代，等価定理，価値分解説，賃金基金説，投下労働価値説，資源制約論。

**第5講**：エリザベス救貧法，人口論，ピット。

**第6講**：ベンサム，功利主義，ヘーゲル，ドイツ観念論哲学，市民社会，古典派経済学。

**第7講**：古典派経済学，労働価値説，生産費説。

**第8講**：ドイツ歴史学派，ロマン主義，5段階の経済発展，幼稚産業，ドイツ関税同盟，有機体思想。

**第9講**：商品，剰余価値，資本の有機的構成，再生産表式，生きた労働，対象化された労働，柴田・置塩定理。

**第10講**：限界革命，ドイツ統一，ビスマルク体制，メンガー，ワルラス，ジェヴォンズ。

**第11講**：限界革命，限界革命3人男，主体的価値論，商品の販売力，不完全競争の市場観，社会主義計算論争。

**第12講**：非現実的完結モデル，企業者，ワルラス的模索過程，模索過程の安定性，粗代替性。

**第13講**：演繹的帰納法，交換の学問，功利主義，ボックス・ダイヤグラム，パレート最適。

**第14講**：部分均衡分析，短期均衡，長期均衡，消費者余剰，余剰分析，生産者余剰，経済生物学，不完全競争。

**第15講**：非自発的失業，有効需要，市場，貨幣二元論，流動性選好，投機的需要，資本の限界効率。

**第16講**：古典派，限界派（新古典派），ケインズ派，価値，分配，貨幣，雇用，政策，分析の力点，近代経済学，新古典派経済学，ケンブリッジ分類。

**第17講**：定常的循環，動態理論，創造的破壊，新結合（イノベーション），「資本主義はその成功によって滅ぶ」。

**第18講**：2つの間，経済厚生の3つの命題，個人間の効用比較，ピグー効果，アローの多数決の矛盾。

**第19講**：社会主義計算論争，シャドウ・プライス．ランゲ・モデル，農業余剰，重工業建設，個人的な選択。

**第20講**：貨幣の重要性の再評価，自然失業率，反ケインズ主義，マネタリズム，バブル。

**第21講**：新古典派総合，IS曲線，LM曲線，ケンブリッジ資本論争，ロビンソン，スラッ

ファ。

**第22講**：IS-LM 分析，金融市場の均衡，財市場の均衡，IS 曲線，LM 曲線。

**第23講**：外部性，不完全情報の経済学，レモン市場，逆選択，シグナル理論，モラル ハザード，エイジェント，プリンシパル，組織の経済学，財産権の経済学，法の経済学。

**第24講**：ゲームの理論，線型計画法，シンプレックス法，ゼロ和ゲーム，囚人のジレ ンマ，非協調ゲーム，ナッシュ均衡，協調ゲーム，トリガー戦略，損得行列，マック スミン原理，ミニマックス原理。

**第25講**：クズネッツ逆 U 字仮説，近代経済成長，クズネッツの波，投資率と限界算出・ 資本比率。

**第26講**：ソロー・モデル，成長因子計算，ヴィンティジ・モデル，ハロッド＝ドーマー・ モデル，コブダグラス型生産関数，資本節約的技術進歩，労働制約的技術進歩，中立 的技術進歩，ヒックス定義，中立的技術進歩，ハロッド定義の中立的技術進歩，ソロー 定義の中立的技術進歩。

**第27講**：合理的期待形成，完全予見モデル，確率的モデル，予期された金融政策，予 期せざる金融政策。

**第28講**：金融工学，期待収益率，収益の分散，証券ポートフォリオ，$\beta$（ベータ）， CAPM，トービンの分離定理。

**第29講**：エンジニアリング・アプローチ，実証的経済学，規範的経済学，利己心，自制心， 交換エンタイトルメント，ケイパビリティ，思慮に欠けた市場自由化，市場の暴力性， 予定調和的な市場観。

**第30講**：投入，産出表，生産物部門（行），利用者部門（列），レオンチェフの逆理。

**第31講**：マンデル＝フレミング・モデル，最適通貨圏理論，ポリシー・ミックス・モデル。

**第32講**：豊かさの中の貧困，国際均衡，国内均衡，均衡化への 3 つの目標，ミード報告， 国際収支。

**第33講**：オリーン国際収支の発展段階説，未成熟の債権（債務）国，成熟した債権（債 務）国，債務返済国，債権取り崩し国，弾力的アプローチ，マーシャル＝ラーナー条 件，アソープション・アプローチ，購買力平価説，アセット・アプローチ，ヘクシャー・ オリーンの定理，相互需要の原理，国際価値論。

**第34講**：二重構造的発展，過剰労働論，転換点。

**第35講**：ポートフォリオ分離定理，トービンの q 理論，限界 q，平均 q。

**第36講**：人的資本の経済要因，教育投資，人的資本分析，犯罪の経済学，ヴァウチャー・ システム。

**第37講**：古典派，ケインズ派，マネタリスト，合理的期待，供給重視派，制度派。

## 研究課題（第2部　経済思想）

1-1　中世における大学及び経済学の成立について論ぜよ。

1-2　アダム・スミスは重商主義政策をどのような観点から批判したのか。

1-3　ケネーは重商主義をどのような観点から批判したのか。

1-4　古典派と新古典派の異同を問う。

1-5　重商主義とは何か。

1-6　経済思想上，何故古典派が主流派なのか。

1-7　1870年代の限界革命とは何か。

1-8　ケインズ経済学は古典派のどのような点を批判したか。

1-9　ケインズ経済学を批判した，ブキャナンとフリードマンのそれぞれの論点を整理
　　しなさい。

2-1　重農主義とは何か。

2-2　重農主義に関して，地租単一税及び穀物輸出の自由化政策の理論根拠を述べなさい。

3-1　経済社会思想に於けるアダム・スミスはいかなる点で貢献したか，述べよ。

3-2　市民社会とは何か。

3-3　工業が発達する前に，農業部門の生産性の向上があるが，18世紀英国の産業革
　　命前夜の事情を述べよ。

3-4　ホッブズとスミスの「利己心」は，どのように異なるか，説明せよ。

3-5　使用価値と交換価値の異同を問う。

3-6　資本主義経済が発展すると，支配労働価値と投下労働価値が異なってくる何故か。

3-7　価値構成論と価値分解論の異同を問う。

3-8　新古典派マルクス学派の両派とも，何故アダム・スミスを学問の祖とするので
　　あるか。

3-9　スミスの資本蓄積論を説明せよ。

3-10　スミスの分業の利点を説明せよ。

4-1　投下労働価値説を説明せよ。

4-2　賃金基金説を説明せよ。

4-3　価値分解説について述べよ。

4-4　比較生産費説を説明せよ。

4-5　差額地代論を説明せよ。

4-6　等価定理を説明せよ。

4-7　戦後日本経済の高度成長とその終焉をリカードの比較生産費論と資源制約論を
　　使って説明せよ。

4-8　リカードの国際収支均衡メカニズムを説明せよ。

5-1　何故マルサスは人口論を匿名で出版するに至ったか。ゴドウィンや英国の状況に
　　照らして述べよ。

5-2　マルサスの人口論の骨子を述べよ。

5-3　救貧法を説明せよ。

5-4 英国産業革命の光と影を説明せよ。

6-1 ミルの市民社会論について記せ。

7-1 古典派経済学の理論的・政策的特徴について述べよ。

7-2 古典派経済学の思想的特徴について記せ。

8-1 ドイツ歴史学派を説明せよ。

8-2 ロマン主義とは何か。

8-3 リストの古典派の批判論を後進国の立場から展開せよ。

8-4 リストの古典派の批判論を自由貿易論から展開せよ。

8-5 リストの古典派の批判論を歴史的発展段階から展開せよ。

8-6 リストの理論の背景となる独逸の状況を説明せよ。

8-7 独逸哲学の有機体思想を説明せよ。

9-1 マルクス思想の形成や発展について記せ。

9-2 マルクスの言う「商品」とは何か。

9-3 剰余価値とは何か。

9-4 資本の有機的構成とは何か。

9-5 再生産表式について説明せよ。

9-6 剰余価値率は一定なのか。

9-7 生きた労働と対象化された労働について説明せよ。

9-8 柴田・置塩定理を説明せよ。

10-1 限界革命時 (1871 年) の欧州の状況について説明せよ。

10-2 限界革命 3 人男の各々の古典派経済学に対する批判論を述べよ。

10-3 限界革命の理論史的意義を 2 つ述べよ。

10-4 古典派と新古典派の異同を述べよ。

11-1 メンガーの主体的価値論を説明せよ。

11-2 メンガーの言う商品の販売力について述べよ。

11-3 不完全競争の市場観と社会主義計算論争の関係について述べよ。

12-1 ワルラスとマーシャルの方式の相違点を書け。

12-2 ワルラスの企業者の概念について説明せよ。

12-3 ワルラス的模索過程を説明せよ。

12-4 アレによる模索過程の安定性を証明せよ。

12-5 粗代替性とは何か。

13-1 演繹的帰納法とは何か。

13-2 ジェヴォンズが経済学を交換の学問とした理由を述べよ。

13-3 功利主義を当為命題とする政策理論を説明せよ。

13-4 ボックス・ダイヤグラムを使って，パレート最適を説明せよ。

13-5 ジェヴォンズとメンガーとワルラスの違いを述べよ。

14-1 マーシャル登場時の英国の 2 課題について説明せよ。

14-2 部分均衡分析とは何か。ワルラスの一般均衡分析と比較しつつ説明せよ。

14-3 マーシャルの時間区分概念について解説せよ。

14-4 消費者余剰分析について記せ。

14-5 生産者余剰とは何か。

14-6 経済生物学とは何か。

14-7 不完全競争の概念について説明せよ。

15-1 新古典派の限界とケインズ理論の出現について書け。

15-2 非自発的失業とは何か。

15-3 有効需要とは何か。

15-4 有効需要の理論を説明せよ。

15-5 ケインズ体系を簡単な数式で説明せよ。

15-6 ケインズ体系では労働市場の均衡をどう捉えているのか。ワルラスの体系とどう違うのか。

15-7 ケインズによる重商主義政策の再評価について述べよ。

15-8 「一般理論」体系の要約を図を使い試みよ。

15-9 古典派の「市場貨幣二元論」をケインズはどのようにして克服したか。

15-10 流動性選好とは何か。

16-1 古典派・限界派・ケインズ派に関して，価値，分配，貨幣，雇用，政策，分析の力点で図式せよ。

16-2 分類の方式として，近代経済学，新古典派経済学，ケンブリッジ分類を説明せよ。

17-1 ケインズとシュムペーターを比較検討せよ。

17-2 『理論経済学の本質と主要内容』について，知る所を書け。

17-3 『経済発展の理論』について，知る所を書け。

17-4 資本主義観をマルクスとシュムペーターを比較検討せよ。

18-1 ピグーは2つの間の学者と言われるがなぜか。

18-2 ピグーが掲げた経済厚生の3つの命題を解題せよ。

18-3 経済厚生の3つの命題が成立する2つの条件を挙げて説明せよ。

18-4 個人間の効用比較は可能か。

18-5 ピグー効果を説明せよ。

18-6 アローの多数決の矛盾を説明せよ。

19-1 社会主義経済計算論争を概略せよ。

19-2 ミーゼスとハイエクの計算論争での主張の骨子を述べよ。

19-3 ミーゼスやハイエクが描く経済像とランゲやドッブのそれとはどうように違うのか。

20-1 貨幣の重要性の再評価についてフリードマンの見解を述べよ。

20-2 自然失業率のメカニズムを説明せよ。

20-3 反ケインズ主義と言われるフリードマンの学説を解説せよ。

20-4 マネタリズムについて述べよ。

20-5 バブルの発生過程を述べよ。

20-6 フリードマンの金融政策がうまく機能する前提条件を述べよ。

21-1 新古典派総合とは何か。

巻末付録　281

21-2　新古典派総合の批判を挙げよ。

21-3　IS 曲線を導出せよ。

21-4　LM 曲線を導出せよ。

21-5　ケンブリッジ資本論争の概略を説明せよ。

22-1　ヒックスの経済学に対する貢献を論ぜよ。

22-2　21-3,21-4 を踏まえヒックスの IS・MS 理論を説明せよ。

23-1　外部性とは何か。

23-2　不完全情報の経済学を説明せよ。

23-3　レモン市場とは何か。

23-4　逆選択を説明せよ。

23-5　シグナル理論を説明せよ。

23-6　モラルハザードとは何か。

23-7　エイジェント関係とは何か。

23-8　市場と組織の関係を説明せよ。

24-1　ゲームの理論とは何か。

24-2　ゲームの理論が成立しない場合はどういう状況の時か。

24-3　線型計画法の問題は，どういう解法で解けるのか。

24-4　ゼロ和ゲームとは何か。

24-5　囚人のジレンマを説明せよ。

24-6　戦略的行動とは何か。

24-7　非協調ゲームを説明せよ。

24-8　ナッシュ均衡とは何か。

24-9　協調ゲームを説明せよ。

24-10 トリガー戦略とは何か。

25-1　クズネッツの経済学に対する貢献を論ぜよ。

25-2　国民総生産の概念を説明せよ。

25-3　景気循環について論ぜよ。

26-1　ソローは経済学上でどんな貢献があるのか。

26-2　成長因子計算とは何か。

26-3　ヴィンティジ・モデルとは何か。

26-4　ハロッド＝ドーマーの成長理論の問題点を挙げよ。

26-5　コブ＝ダグラス型生産関数とは何か。

26-6　経済成長率での技術進歩率はどういう概念か。

26-7　ヒックスの定義の中立的技術進歩を説明せよ。

26-8　ハロッドの定義の中立的技術進歩を説明せよ。

26-9　ソローの定義の中立的技術進歩を説明せよ。

27-1　ルーカスは経済学上，どのような貢献があったのか。

27-2　合理的期待形成の前提条件を述べよ。

27-3　合理的期待仮説の側面を述べよ。

27-4　合理的期待学派の主張を纏めよ。

27-5 合理的期待仮説のモデルの完全予見モデルを説明せよ。

27-6 合理的期待仮説のモデルの確率的モデルを説明せよ。

27-7 予期された金融政策と予期せざる金融政策を合理的期待仮説に照らして説明せよ。

28-1 金融工学の起源について述べよ。

28-2 マーコヴィッツの論文骨子を述べよ。

28-3 マーコヴィッツの革新とは何か。

28-4 証券の価値はどう計測するのか。

28-5 リスクをどう評価するのか。

28-6 シャープの貢献を述べよ。

28-7 シャープの言う証券リスクの発生原因を3つ挙げよ。

28-8 トービンの分離定理について説明せよ。

29-1 アマルティア・センのノーベル経済学賞の受賞理由を述べよ。

29-2 センは,実証的経済学から規範的経済学への移行でどのような貢献があったのか。

29-3 どうして予定調和的な市場観の究極する必要があるのか。

29-4 交換エンタイトルメントとは何か。

29-5 ケイパビリティを説明せよ。

29-6 思慮に欠けた市場自由化とはどういうことを指して言っているのか。

29-7 新古典派経済学を開発経済学の理論的支柱に置いた時, どのような不都合なことが起ったのか。

29-8 センは「市場」をどのように見ているのか。倫理的側面から追求せよ。

30-1 投入, 産出表（レオンチェフ表, IO表, 産業連関表）を説明せよ。

30-2 レオンチェフの逆理について説明せよ。

31-1 マンデル＝フレミング・モデルを説明せよ。

31-2 マンデルの最適通貨圏理論を説明せよ。

31-3 マンデルのポリシー・ミックス・モデルを説明せよ。

32-1 ミードミードのいう「豊かさの中の貧困」とは具体的には何を指すのか。

32-2 国際均衡と国内均衡との均衡化への3つの目標を説明せよ。

32-3 国際均衡と国内均衡を均衡化させる手段を説明せよ。

32-4 何故, 国際均衡を達成する手段として金融政策に反対したのか。その替わりの手段は何か。

32-5 ミード報告書を説明せよ。

33-1 オリーンの弾力性アプローチを説明せよ。

33-2 マーシャル＝ラーナー条件とは何か。

33-3 アソープション・アプローチを説明せよ。

33-4 購買力平価説を説明せよ。

33-5 アセット・アプローチを説明せよ。

33-6 クローサーの国際収支発展説を説明し、日本経済はどの段階か確認せよ。

33-7 ヘクシャー・オリーンの定理を説明せよ。

33-8 相互需要の原理を説明せよ。

33-9 レオンチェフの逆説を説明せよ。

34-1 ルイスの二重構造的発展モデルを説明せよ。

34-2 ルイスの新古典派的接近を説明せよ。

35-1 投資家がリスク回避的行動をとる際の危険資産の組み合わせについて説明せよ。

35-2 トービンの q 理論とは何か。説明せよ。

35-3 トービンの q 理論を用いて日本経済を説明せよ。

36-1 シュルツの人的資本の経済要因について説明せよ。

36-2 ベッカーの人的資本分析について、経済効果ベカーを 4 つあげよ。

36-3 ベッカーの犯罪経済学を説明せよ。

36-4 公共サーヴィスにおけるヴァウチャー・システムの役割を説明せよ。

37-1 不況対策と経済思潮各派の主張と論点を整理せよ（マネタリスト，供給重視派，ケインジアン）

37-2 インフレ対策と各派の主張と論点を整理せよ（マネタリスト，ケインジアン，制度派）。

37-3 財政政策と各派の主張と論点を整理せよ（ケインズ派，反ケインズ派）。

37-4 金融政策と各派の主張と論点を整理せよ（古典派，ケインズ派，マネタリスト，合理的期待形成）。


補問（拙著『経済用語の総合的研究（第 4 版以降）』創成社，参照）

A-1 現代経済学の 20 流派とその代表的論者を挙げ，学説間の親疎の程度がよく取れるような系統樹にして図示せよ。但し，直接の師弟関係や学派の継承関係を実線で，学説上の影響を破線で示すこと。

A-2 経済学の代表的な古典を 10 冊とその著者及び発表年を挙げよ。

A-3 限界革命の 3 学派とその代表的論者とその著書を挙げよ。

A-4 英国古典派の論者 (5 名) とその代表的な著書 (3) とその発表年を挙げよ。

A-5 重商主義の論者 (2 名) とその代表的な著書とその発表年を挙げよ。

A-6 重農主義の論者 (2 名) とその代表的な著書とその発表年を挙げよ。

A-7 ドイツ歴史学派の論者 (3 名) とその代表的な著書とその発表年を挙げよ。

A-8 米国歴史学派の論者 (3 名) とその代表的な著書とその発表年を挙げよ。

A-9 ケンブリッジ学派の論者 (3 名) とその代表的な著書 (2) とその発表年を挙げよ。

A-10 ローザンヌ学派の論者 (2 名) とその代表的な著書とその発表年を挙げよ。

A-11 オーストリア学派の論者 (4 名) とその代表的な著書とその発表年を挙げよ。

A-12 スウェーデン学派の論者 (2 名) を挙げよ。

A-13 20 世紀マルクス主義の論者 (2 名) とその代表的な著書とその発表年を挙げよ。

A-14 ケインズ左派の論者 (4 名) を挙げよ。

A-15 新古典派総合の論者 (2 名) を挙げよ。

A-16 シカゴ学派の論者 (4 名) を挙げよ。

284

A-17 制度派経済学の論者 (2名) を挙げよ。

A-18 新制度学派の論者 (2名) を挙げよ。

A-19 環境経済学の論者 (2名) を挙げよ。

A-20 レジュラシオン学派の論者 (3名) を挙げよ。

A-21 現代のマルクス経済学の論者 (2名) を挙げよ。

A-22 ポスト・ケインズ派の論者を挙げよ。

A-23 新ケインズ派の論者 (3名) を挙げよ。

A-24 現代の新古典派の論者 (2名) を挙げよ。

A-25 金融経済学の論者 (2名) を挙げよ。

A-26 ゲーム理論の論者 (2名) を挙げよ。

A-27 現代オーストリア学派の論者 (2名) を挙げよ。

A-28 経済倫理学派の論者を挙げよ。

A-29 複雑系経済学の論者を挙げよ。

A-30 経済心理学の論者を挙げよ。

A-31 実験経済学の論者を挙げよ。

B ノーベル経済学賞特定回の受賞者 (複数の場合は全員で最大3名) に関して, 氏名, 国籍生年月日及び (存命中の者を除き) 死亡年月日, 出身地, 主な業績 (発表年も) 及び代表的著作, 博士号の取得大学及び主な職歴を記せ。なお, 特定回 (複数) は無作為に教官が試験当日指定する。

C-1 マネーサプライ (通貨供給量) を説明せよ。

C-2 マネーサプライを英語で説明せよ。

C-3 $M_0$, $M_1$, $M_2$, CD を, 英語と日本語で説明せよ。

C-4 日本のマネーサプライの定義を言え。

D 国際収支を説明せよ。

E 完全競争市場について記せ。

F インド・ヨーロッパ語族 (印欧語) について記せ。

## 経済学史略年表

| 年代 | 経済学に関する重要文献 | 年代 | 主要政治・経済事項 |
|---|---|---|---|
| 1615 | 経済学概論（モンクレティアン） | 1600 | 〔英〕東印度会社設立 |
| 1621 | 東印度貿易論（マン） | 1601 | 〔英〕エリザベス救貧法制定 |
| 1651 | リヴァイアサン（ホッブス）*1 | 1602 | 〔蘭〕合同東印度会社（VOC）設立 |
| 1662 | 租税貢納論（ペティ） | | *61 大塚久雄参照 |
| 1664 | 外国貿易によるイングランドの財宝 | 1604 | 〔仏〕東印度会社設立 |
| | （マン） | 1609 | 〔英〕正貨輸出禁止令 |
| 1689 | 統治二論（ロック）*2 | 1618 | 30年戦争（～48） |
| 1690 | 政治算術（ペティ） | 1642 | 〔英〕ピューリタン革命（～49） |
| 1690 | 交易論（バーボン） | | |
| 1691 | 交易論（ノース） | 1649 | 〔英〕クロムウェル共和制（～54） |
| 1692 | 利子・貨幣論（ロック）*2 | 1651 | 〔英〕航海法 |
| 1693 | 新交易論（チャイルド） | 1661 | 〔仏〕コルベール蔵相（～83） |
| 1695 | 仏詳論（ボアギュベール） | 1662 | 〔英〕定住法，羊毛輸出禁止 |
| 1695 | 英国貿易論（ケアリ） | 1688 | 〔英〕名誉革命（～89） |
| 1696 | 東印度貿易論（ダヴナント） | 1694 | 〔英〕イングランド銀行設立 |
| 1705 | 貨幣及交易論（ロー） | 1701 | スペイン王位継承戦争（～14） |
| 1705 | 富・貨幣・租税の性質（ボアギュベール） | | |
| 1707 | 王国十分の一税案（ヴォーバン） | 1707 | 〔英〕イングランド・スコットランド |
| | | | 合邦 |
| 1714 | 蜂の寓話（マンデヴィル）*3 | | |
| 1728 | 英国経済の構図（デフォー） | 1720 | 〔仏〕ジョン・ロー蔵相，金融恐慌発生 |
| 1729 | 紙幣の性質と必要に関する小論（フランクリン） | | |
| 1734 | 貨幣万能（ヴァンダーリント） | 1735 | 〔英〕ケイ，飛梭機を発明 |
| 1735 | 問いただす人（バークリー） | 1740 | オーストリア継承戦争（～48） |
| 1748 | 法の精神（モンテスキュー） | 1745 | 〔英〕ジャコバイトの反乱 |
| 1752 | 政治論集（ヒューム） | 1750 | 〔仏〕この頃英国農法の導入を図る |
| 1755 | 道徳哲学体系（ハチソン） | 1756 | 7年戦争，英・仏植民地争奪戦争 |
| | | | （～63） |
| 1755 | 商業論（カンティヨン） | 1757 | プラッシーの戦い，英国の覇権確立 |
| 1756 | 借地農論（ケネー）*4 | 1760年代 | 〔英〕第2次囲い込み，産業革命 |
| | | | 始まる |
| 1756 | 人間の友（ミラボー） | 1763 | 〔英・仏〕パリ条約，英北米植民地で |
| | | | 領土拡大 |
| 1757 | 穀物論（ケネー） | 1765 | 〔英〕ワット，蒸気機関の改良に成功， |
| | | | 印紙条例発布，北米植民地の対英反抗強 |
| | | | まる |
| 1758 | 経済表（「原表」ケネー。63「略表」66 | | |
| | 「分析」を経て，67「範表」に完成）*4 | 1767 | 〔英〕囲い込みの自由拡大 |
| 1759 | 道徳感情論（スミス）*5 | 1769 | 〔英〕アークライト，水力紡績機発明 |
| 1762 | 社会契約論（ルソー） | 1769 | 〔仏〕財政窮乏，農民暴動続発 |

| | |
|---|---|
| 1762 法学講義（〜 63, スミス講義ノート）*5 | 1773〔英〕穀物法改正〔米〕ボストン茶会事件 |
| 1764 穀物輸入入について（デュポン・ド・ヌ ムール） | 1774〔仏〕テュルゴー蔵相，財政改革 |
| 1767　政治社会の自然的本質的秩序（リヴィエ ール） | 1775〔米〕独立戦争（〜 83） |
| 1767 市民社会史（ファーガソン） | 1776〔米〕独立宣言 |
| 1767 経済学原理（ステュアート） | 1784〔英〕カートライト，力織機発明 |
| 1776 国富論（スミス）*5 | 1786〔英・仏〕イーデン条約 |
| 1777 穀物法の性質に関する研究（アンダーソン） | 1789〔仏〕大革命始まる |
| 1781 富の概論（イスナール） 生 | 1795 〜 96〔英〕不作で穀物価格高騰（国民の 生活苦） |
| 1789 道徳及び立法の原理序説（ベンサム）*6 | 1796〔英〕ピット，救貧法改正 |
| 1798 人口論（マルサス）*7 | 1797〔英〕イングランド銀行兌換停止（〜 1881）金融恐慌 |
| 1803 経済学概論（セイ）*8 | 1801〔英〕英国，アイルランドを合邦 |
| 1808 四運動の理論（フーリエ） | 1802〔英〕工場法制定 |
| 1813 新社会観（オーウェン）* 9 | 1806〔英・仏〕ナポレオン大陸封鎖令 |
| 1816 政治経済学問答集（マーセット夫人） | 1811〔英〕ラダイト運動始まる |
| 1817 経済学及び課税の原理（リカード）*10 | 1815 ナポレオン戦争終わる〔英〕戦後不況生 じる |
| 1819 経済学新原理（シスモンディ） | 1815〔英〕新穀物法成立 |
| 1820 経済学原理（マルサス）* 7 | 1817〔日〕英国船，浦賀来航，通商要求 |
| 1821 経済学要綱（J.S. ミル）* 13 | 1819〔英〕ピータールーの虐殺事件 |
| 1823 産業者の政治的教理問答（〜 24, サンシモン） | 1820〔英〕ロンドン商人，自由貿易請願 |
| 1824 富の分配（トムソン） | 1821〔英〕イングランド銀行，正貨兌換再開 |
| 1825 労働擁護論（ホジスキン） | 1824〔英〕団結禁止法廃止 |
| 1825 経済学原理（マカロック） | 1825 最初の周期的過剰生産恐慌発生 |
| 1825 リカード価値論の批判（ベイリー） | 1830〔仏〕7 月革命〔英〕最初の鉄道開通 |
| 1833 価値観念に関する講義（ロイド） | 1831〔仏〕リヨン絹織物工の暴動 |
| 1836 経済学綱要（シーニョア） | 1832〔英〕第一次選挙法改正 |
| 1838 富の理論の数学的原理に関する研究（ク ールノー）* 12 | 1833〔独〕関税同盟成立 |
| 1841 経済学の国民的体系（リスト）* 11 | 1838〔英〕チャーチスト運動始まる |
| 1843 国家経済学講義要綱（ロッシャー） | 1840〔中・英〕アヘン戦争 |
| 1846 経済的諸矛盾の体系（プルードン） | 1844〔英〕ピール銀行条例 |
| 1848 経済学原理（J. S. ミル）* 13 | 1846〔英〕穀物法廃止 |
| 1852 ルイ・ボナパルトのブリューメル 18 日 （マルクス）* 14 | 1847〔英〕十時間労働法 |
| 1854 人間交通の発展並びにこれより生ずる人 間行為の法則（ゴッセン） | 1848 48 年革命〔仏〕2 月革命〔独〕3 月革命 |
| | 1849〔英〕航海法廃止 |
| 1857 経済学批判要綱（〜 58, マルクス執筆）* 14 | 1857〔印〕セポイの反乱（〜 59） |
| 1859 経済学批判（マルクス）* 14 | 1858〔英〕東印度会社解散，政府直接支配始 |

| | |
|---|---|
| | まる |
| 1862 剰余価値学説史（〜63，マルクス執筆）*14 | 1860 〔英・仏〕コブデン条約，自由貿易体制確立 |
| 1867 資本論第1巻（マルクス，第2巻85，第3巻94）* 14 | 1864 第1インターナショナル |
| | 〔日〕明治維新 |
| 1871 経済学の理論（ジェヴォンズ）*16 | 1871 〔仏〕パリ・コミューン |
| 1871 国民経済学原理（C・メンガー）*17 | 1873 大不況（〜96）独占化進む |
| 1874 純粋経済学要綱（〜77，ワルラス）*15 | |
| 1879 産業の経済学（マーシャル）* 18 | |
| 1881 数理心理学（エッジワース）* 19 | |
| 1884 資本及び資本利子（ベーム・バヴェルク）* 23 | 1884 列強ベルリンでアフリカ分割を協議。 |
| 1886 全労働収益権史論（A・メンガー） | 1884 第2インターナショナル（〜1914） |
| 1890 経済学原理（マーシャル）*18 | 1890 〔独〕ドイツ社会民主党結成 |
| 1894 英国恐慌史論（ツガン・バラノフスキー） | 1893 〔英〕独立労働党創立 |
| 1897 独逸社会民主党史（〜98，メーリング） | |
| 1899 社会主義の諸前提と社会民主党の任務（ベルンシュタイン） | 1899 〔英〕ボーア戦争（〜1902） |
| 1899 ベルンシュタインと社会民主党綱領（カウツキー） | |
| 1901〜06 国民経済学講義（ヴィクセル）* 21 | 1901 〔米〕モルガン鉄鋼トラスト成立 |
| 1904 社会科学的及び社会政策的認識の客観性（ヴェーバー）*27 | 1904 〔独〕製鋼連盟成立，ドイツ金融資本確立 |
| 1905〜10 剰余価値学説史（マルクス）* 14 | |
| 1906 経済学提要（パレート）*20 | |
| 1908 理論経済学の本質と主要内容（シュムペーター）*34 | |
| 1910 金融資本論（ヒルファディング） | |
| 1912 貨幣及流通の手段（ミーゼス）* 32 | |
| 1912 資本蓄積論（ルクセンブルク） | |
| 1912 経済発展の理論（シュムペーター）*34 | |
| 1914 社会経済の理論（ウィーザー）* 22 | 1914 第1次世界大戦（〜18），各国金輸出禁止 |
| 1914 経済学史（シュムペーター）*34 | |
| 1915 社会科学の過去と未来（シュムペーター）*34 | |
| 1917 帝国主義論（レーニン） | 1917 〔露〕ロシア社会主義革命 |
| 1919 産業と商業（マーシャル）* 18 | 1919 コミンテルン（〜43） |
| 1919 帝国主義と社会階級（シュムペーター）*34 | |
| 1920 厚生経済学（ピグー）*29 | |
| 1922 共同経済（ミーゼス）邦訳なし *32 | |
| 1923 貨幣改革論（ケインズ）*33 | |
| 1925 経済学入門（ルクセンブルク） | 1925 各国金本位制に復帰 |

| | |
|---|---|
| 1929 景気と貨幣（ハイエク⑧）*47 | 1928 世界大恐慌始まる |
| 1930 貨幣論（ケインズ）*33 | |
| 1932 限界効用の新測定法（フリッシュ②）*41 | 1931 世界恐慌拡大，先進各国で金本位制廃止 |
| | 相次ぐ |
| 1933 集産主義計画経済の理論（ハイエク⑧） | 1933 〔米〕ニュー・ディール政策始まる， |
| *47 | NIRA 設置 |
| 1933 地域及び国際間貿易（オリーン 14）*45 | 1933 〔独〕ヒトラー政権成立，国際連盟脱退 |
| 1936 雇用・利子及び貨幣の一般理論（ケイン | 1933 ロンドン世界経済会議失敗 |
| ズ）*33 | |
| 1936 景気循環論（ハロッド）*49 | |
| 1937 政治経済学と資本主義（ドップ）*48 | |
| 1937 雇用理論入門（ロビンソン）*53 | |
| 1937 景気循環理論の統計的検証（ティンバーゲン①）*56 | |
| 1938 計画経済理論（ランゲ）*57 | |
| 1939 価値と資本（ヒックス⑤）*58 | 1939 第 2 次世界大戦（～45） |
| 1939 経済変動理論集（カレツキ）*46 | |
| 1939 貨幣及び資本理論の研究（リンダール）*39 | |
| 1939 景気循環論（シュムペーター）*34 | |
| 1939 生産組織と生産計画の数学的方法（カントロヴィチ⑩）*76 | |
| 1939 貨幣的均衡（ミュルダール⑨）*44 | |
| 1940 ヒューマン・アクション（ミーゼス）*32 | |
| 1941 財政政策と景気循環（ハンセン） | |
| 1941 米国経済の構造（レオンチェフ）*59 | |
| 1942 資本主義発展の理論（スウィージー） | |
| 1942 資本主義・社会主義・民主主義（シュムペーター）*34 | |
| 1944 隷従への道（ハイエク⑧）*47 | 1947 9 月コミンフォルム成立 |
| 1946 価値と資本（ヒックス⑤）*58 | 　　　10 月関税貿易一般協定（GATT），国際 |
| 1947 経済分析の基礎（サミュエルソン③）*80 | 　　　　　通貨基金（IMF）成立 |
| | 1948 6 月コミンフォルム，ユーゴを除名 |
| 1947 ケインズ革命（クライン 18）*87 | |
| 1948 動態経済学序説（ハロッド）*49 | 1949 1 月コメコン成立 |
| 1951 社会的選択と個人的評価（アロー⑥）*94 | 1949 10 月〔中〕中華人民共和国成立 |
| 1951 国民経済政策の理論（ミード⑬）*60 | 1953 3/5 スターリン死去 |
| 1953 計量経済学的方法研究（クープマンス⑪）*68 | 1955 4 月アジア・アフリカ諸国会議 |
| | 　　　5 月ワルシャワ条約機構成立 |
| 1954 経済分析の歴史（シュムペーター）*34 | 1956 2/14-25 スターリン批判 |
| 1955 経済理論と社会主義（ドップ）*48 | 　　　（ソ連共産党第 20 回大会） |
| 1956 資本蓄積論（ロビンソン）*53 | 　　　4 月コミンフォルム解散 |
| 1957 経済成長の理論（ドーマー） | 　　　10 月スエズ危機，ハンガリー動乱 |
| 1957 消費関数の理論（フリードマン⑫）*75 | 1957 欧州経済共同体（EEC）設立（67 に |
| | 　　　EC に拡大） |
| 1958 組織論（サイモン⑮）*82 | |
| 1960 商品による商品生産（スラッファ）*42 | 1958 3 月フルシチョフ党第一書記，首相兼任 |

| | |
|---|---|
| 1962 人間，経済及び国家（ロスバード）*99 | 1959 キューバ革命 |
| 1963 合衆国の貨幣的歴史 1867-1960（フリードマン⑫）*75 | 1960 ソ連，中国援助打切る，以降中対立深刻化 |
| 1963 経済のコアに関する極限定理（ドゥブリュー⑪）* 93 | |
| 1964 労働者戦略と新資本主義（ゴルツ） | 1964 10月フルシチョフ解任，プレジネフ |
| 1964 戦後の経済成長（クズネッツ④）*50 | 第1書記（その後 66.4.8 書記長と改称） |
| 1964 農業近代化の理論（シュルツ⑯）*52 | 以後18年 |
| 1965 個人主義（ハイエク⑧）*47 | 1965 〔米〕ヴェトナム戦争（～73） |
| 1965 資源の最適利用の経済計算（カントロヴィチ）*76 | |
| 1966 独占資本（バラン，スウィージー） | 1966 〔仏〕パリ5月革命 |
| | 〔中〕8月，文化大革命（～77） |
| 1966 投入―産出の経済学（レオンチェフ⑦）*59 | |
| 1966 国民の為の経済政策（トービン⑲）*84 | |
| 1968 資本論成立史（ロスドルスキー） | 1968 8月チェコ事件 |
| 1968 マルクスに於ける経済学の形成（リュベル） | |
| 1968 国際経済学（マンデル⑭）*111 | |
| 1968 マンデルの経済学入門（マンデル⑭）* 111 | 1969 ノーベル経済学賞始まる |
| 1970 成長理論（ソロー）*98 | 1971 8月〔米〕金とドルの交換停止， |
| | IMF体制崩壊 |
| 1971 貨幣理論（マンデル⑭）* 111 | 1973 10月第1次石油ショック，各国 |
| | 変動相場制へ，長期の世界不況 |
| | 1976 欧州 29 ケ国共産党会議，ユーロ |
| 1972 ケンブリッジ資本論争（ハーコート） | ・コミュニズム明確化 |
| 1975 小さな政府の経済学（スティグラー⑳）* 72 | 1979 第2次石油ショック |
| 1977 生産理論（パシネッティ） | 1982 11/10 プレジネフ書記長死去，アンド |
| | ロポフへ |
| 1977 自由の限界（ブキャナン㉔）*86 | 1984 2/9 アンドロポフ書記長死去， |
| 1978 国際経済秩序の進展（ルイス⑰）*79 | チェルネンコへ |
| 1980 不足の経済学（コルナイ）* 106 | 1985 3/10 チェルネンコ書記長死去， |
| 1983 景気循環に関する研究（ルーカス㊳）* 120 | ゴルバチョフへ |
| 1985 社会主義経済計算論争再考（ラヴォア） | 1986 4/26 チェルノブイリ原発事故 |
| 1989 合理的な愚か者（セン⑬）*113 | 1989 東欧で民主化始まる |
| 1989 資本主義のレギュラシオン（アグリエッタ） | 1990 3/15 ゴルバチョフソ連大統領へ |
| 1990 自由経済への道。社会主義制度からの移行：ハンガリーの例（コルナイ）* 106 | 1991 6/12 エリツィン，露大統領へ |
| | 6月コメコン解散 |
| 1990 企業・市場・法（コース㉛）*71 | 7月ワルシャワ条約機構解体 |
| 1991 資産選択（マーコヴィッツ㉘）* 103 | 12/25 ゴルバチョフ大統領辞任 |
| | ソ連解体，CIS 創設 |
| 1992 社会主義制度，共産主義の政治経済学（コルナイ）*106 | |
| 1993 ポスト社会主義経済での安定化，景気後退と成長（コトウォ） | 1993 11月マーストリヒト条約発効 |
| | 1996 7月エリツィン大統領再選 |
| 1994 体制転換景気後退（コルナイ）* 106 | 1999 1月ユーロ導入 |

| | | | |
|---|---|---|---|
| 1995 | 社会主義，資本主義，体制転換（バルツェロヴィチ）＊130 移行の経済学（ラヴィーニュ） | 12/31 | エリツィン大統領辞任 代行にプーチン首相を任命 |
| 1996 | ヨーロッパ（ノーマン・デイヴィス）近代化の理論（富永健一）＊110 | 2002 | 1/1 ユーロ硬貨紙幣流通 |
| 1998 | 学者人生のモデル（サイモン）＊82 | 2003 | 3/20 米英，イラク戦争（～5/1） |
| 1999 | 経済学の実証モデル（グレンジャー）＊117 | 2004 | 3/14 プーチン露大統領再選 |
| 2000 | 金融の本質（マートン）＊128 | 2007 | 7/26 サブプライムローン問題 |
| 2000 | 自由と経済開発（セン）＊113 | 2008 | 1/1 キプロス・マルタ，ユーロ導入 9/15 リーマン・ショック |
| 2000 | 貧困と飢饉（セン）＊113 | 2009 | 1/20 バラク・オバマ米大統領就任 |
| 2000 | 国際経済学（マンデル）＊111 | 2010 | 2/11 ギリシャ財政危機 |
| 2002 | 選択の自由（フリードマン）＊75 | 2011 | 3/11 東日本大震災 |
| 2003 | トービン金融論（トービン）＊84 | 2012 | 4/11 北朝鮮，金正恩体制に。 |
| 2008 | 資本主義と自由（フリードマン）＊75 | 2014 | 6/29「イスラム国」宣言。 |
| 2009 | アニマルスピリット（アカロフ）＊121 | 2015 | 1/1 リトアニアユーロ圏(19ヵ国)。 |
| 2013 | 経済史の構造と変化（ノース）＊90 | 2016 | 6/23 英国，EU離脱決定 |
| | | 2017 | 1/20 ドナルド・トランプ米大統領就任 |

備考：丸数字はノーベル経済学賞受賞者の通し番号(拙著『10ヵ国語経済・ビジネス用語辞典』及び『経済用語の総合的研究』第1版～第7版の付録「ノーベル経済学賞受賞者」)。
　　　＊数字は，本書「経済思想家列伝」の著者番号。

巻末付録　*291*

## 経済思想家列伝

(生年月日順，ゴシックはノーベル経済学賞受賞者。各思想家について，経歴・業績等を確認するための事典や文献，主要著書・論文を掲載した。)

* 1 ホッブス（Thomas Hobbes）(1588-1679) PALGRAVE Vol.2, pp.663-664.『哲学思想事典』1495-1496 頁。『臣民論』『リヴァイアサン』『ビヒモス』

*2 ロック（John Locke）(1632-1704) PALGRAVE Vol.3, pp.229-230.『哲学思想事典』1745 頁。『人間悟性論J『統治二元論』

*3 マンデヴィル（Bernard Mandeville）(1670-1733) PALGRAVE Vol.3, pp. 297-298.『哲学思想事典』1539 頁。『蜜蜂物語』［アダム・スミスの『国富論』のモデル］

*4 ケネー（François Quesnay）(1694-1774) PALGRAVE Vol.4, pp.22-29.『哲学思想事典』437 頁。『経済表』増井幸雄他訳（岩波文庫，1933 年）

*5 スミス（Adam Smith）(1723-90) PALGRAVE Vol.4, pp.357-375.『哲学思想事典』884-885 頁。『国富論』玉野井芳郎他訳（中央公論社，1968 年）『国富論』大河内一男監訳（中公文庫）『道徳感情論』水田洋訳（筑摩書房）

*6 ベンサム（Jeremy Bentham）(1748-1832) PALGRAVE Vol.1, pp.226-229.『哲学思想事典』1460-1461 頁。『政府論断片』『道徳及び立法の諸原理序説』

* 7 マルサス（Thomas Robert Malthus）(1766-1834) PALGRAVE Vol.3, pp.280-285.『経済学原理』小林時三郎訳（岩波文庫，1968 年）『人口論』永井義雄訳（中公文庫）

*8 セイ（Jean-Baptiste Say）(1767-1832) PALGRAVE Vol.4, p.249.『経済学概論』

*9 オーウェン（Robert Owen）(1771-1858) PALGRAVE Vol.3, pp.785-786.『哲学思想事典』175-176 頁。『社会制度論』(1821?)

* 10 リカード（David Ricardo）(1772-1823) PALGRAVE Vol.4, pp.183-198.『哲学思想事典』1668-1669 頁。『経済学及び課税の原理』小泉信三訳（岩波文庫，1952 年）『リカード全集(全 11 巻)』堀経夫他監訳（雄松堂書店）

* 11 リスト（Friedrich List）(1789-1846) PALGRAVE Vol.3, pp.216-218.『哲学思想事典』1674 頁。『経済学の国民的体系』小林昇訳（岩波書店）『アメリカ経済学綱要』正木一夫訳（未來社）『農地制度論』小林昇訳（岩波文庫）

* 12 クールノー（Antoine Augustin Cournot）(1801-77) PALGRAVE Vol. 1, pp.708-712.『富の理論の数学的原理』中山伊知郎訳（岩波文庫，1936 年）

* 13 ミル（John Stuart Mill）(1806-73) PALGRAVE Vol.3, pp.466-476.『哲学思想事典』1554 頁。『経済学原理』末永茂喜訳（岩波文庫，全 5 冊，1936 年）

* 14 マルクス（Karl Heinrich Marx）(1818-83) PALGRAVE Vol. 3, pp. 367-383.『資本論』向坂逸郎訳（岩波文庫，全 12 冊，1947-56 年）『ルイ・ボナパルトのブリューメル 18 日』村田陽一郎訳（国民文庫）『フランスにおける階級闘争』中原念生訳（国民文庫）『剰余価値学説史』岡崎次郎他訳（国民文庫，全 9 冊，1905-10 年）

* 15 ワルラス（Marie-Esprit Leon Walras）(1834-1910) PALGRAVE Vol.4, pp.852-863.『哲学思想事典』1768 頁『純粋経済学要綱』手塚寿郎訳（岩波文庫，全 2 冊，1953-54 年）

* 16 ジェヴォンズ（William Stanley Jevons）(1835-82) PALGRAVE Vol.2, pp.1008-1019.『経済学の理論』小泉信三他訳（日本評論社，1944 年）

* 17 メンガー（Carl Menger）(1840-1921) PALGRAVE Vol.3, pp.438-444.『哲学思想事典』1587 頁。『国民経済学原理』安井琢磨訳（日本評論社，1937 年）

292

* 18 マーシャル (Alfred Marshall) (1842-1924) PALGRAVE Vol.3, pp.350-363.『哲学思想事典』1521 頁.『経済学原理』馬場啓之助訳 (東洋経済新報社, 全 4 冊, 1965-67 年)『産業の経済学』『産業と商業』

* 19 エッジワース (Francis Ysidro Edgeworth) (1845-1926) PALGRAVE Vol.2, pp.84-99.『数理心理学』

* 20 パレート (Vilfredo Pareto) (1848-1923)『20 世紀思想家事典』870- 875 頁。PALGRAVE Vol.3, pp.799-813.『哲学思想事典』1291-1292 頁.『経済学提要』(未訳)

* 21 ヴィクセル (Johan Gustav Knut Wicksell) (1851 -1926) PALGRAVE Vol.4, pp.901-915.『国民経済学講義』堀経夫他訳 (高陽書院, 全 2 冊, 1938-39 年)

*22 ウィーザー (Friedrich von Wieser) (1851-1926) PALGRAVE Vol.4, pp.921-922.『社会経済の理論』

*23 ベーム・バヴェルク (Eugen von Bohm -Bawerk) (1851-1914) PALGRAVE Vol.l , pp.254-259.『経済的財価値の理論』長守善訳 (岩波文庫, 1932 年)『資本と利子』

*24 ヴェヴレン (Thorstein Veblen) (1857. 7.30-1929. 8. 3) PALGRAVE Vol.4, pp.799-800.『20 世紀思想家事典』, 144-150 頁.『哲学思想事典』124 頁.『有閑階級の理論』小原敬士訳 (岩波書店, 1961 年)『企業の理論』小原敬士訳 (勁草書房, 1965 年)

* 25 セリグマン (Edwin Robert Anerson Seligman) (1861-1939) PALGRAVE Vol.4, p.300.『経済学原理』(1905)『所得税』(1911)

*26 ゾンバルト (Werner Sombart) (1863-1941) PALGRAVE Vol.4, pp.422-423.『20 世紀思想家事典』618-622 頁.『近世資本主義』岡崎次郎訳 (生活社, 2 巻, 1942-43)『高度資本主義』梶山力訳 (有斐閣 1940)

*27 ヴェーバー (Max Weber) (1864. 4.21-1920. 6. 14) PALGRAVE Vol.4, pp.886-888.『20 世紀思想家事典』136-144 頁『プロテスタンティズムの倫理と資本主義の精神』大塚久雄訳(岩波文庫, 1989 年)『古代ユダヤ教』内田芳明訳 (岩波文庫, 1996 年)『音楽社会学』(安藤英治他訳解)『宗教社会学』(武藤一雄他訳)『支配の社会学』『都市の類型学』『法社会学』『支配の諸類型』(いずれも世良晃志郎訳) (創文社)

*28 フィッシャー (Irving Fisher) (1867-1947) PALGRAVE Vol.2, pp.369-376.『20 世紀思想家事典』951-956 頁,『利子論』気賀勘重・気賀健三訳 (日本経済評論社, 1980 年 (旧訳は岩波書店 1935 年))

*29 ピグー (Arthur Cecil Piegou) (1877-1959) PALGRAVE Vol.3, pp.876-879.『厚生経済学』気賀健三他訳 (東洋経済新報社『社会主義対資本主義』北野熊喜男訳 (東洋経済新報社)

*30 トロッキー (Leon Trotsky) (1879-1940) PALGRAVEVol.4, pp.702-704.『20 世紀思想家事典』732-739 頁.『哲学思想事典』1188-1189 頁.『ロシアは何処へ往く　資本主義か社会主義か』田中九一訳 (同人社書店, 1927 年)

*31 シュペングラー (Oswald (Arnord Gottfried) Spengler) (1880-1936)『20 世紀思想家事典』516-520 頁.『西欧の没落』村松正俊訳 (五月書房, 1978 年。1996 年, 新装縮訳普及版)

* 32 ミーゼス (Ludwig Edler von Mises) (1881.9.29 -1973. 10. 18) PALGRAVE Vol.3, pp.479-480.『ヒューマン・アクション』(村田稔雄訳, 春秋社)

*33 ケインズ (John Maynard Keynes) (1883-1946)『20 世紀思想家事典』370-376 頁。PALGRAVE Vol.3, pp.19-50.『哲学思想事典』426 頁.『雇用・利子及び貨幣の一般理論』塩野谷祐一訳 (ケインズ全集 7 巻, 東洋経済新報社)『貨幣論』小泉明他訳 (ケインズ全集 5, 6 巻東洋経済新報社)

*34 シュムペーター (Joseph Alois Schumpeter) (1883-1950)『20 世紀思想家事典』520-525 頁。PALGRAVE Vol.4, pp.263-267.『理論経本質と主要内容』中山伊知郎他訳 (岩波文庫)『経済発

巻末付録　*293*

展の理論』中山伊知郎他訳（岩波文庫）『資本主義・社会主義・民主主義』中山伊知郎他訳（東洋
経済新報社）『経済学史』（岩波文庫）『社会科学の過去と未来』玉野井芳郎監修（ダイヤモンド社）
『帝国主義と社会階級』都留重人訳（岩波書店）『景気循環（全5冊）』吉田肖三監修（有斐閣）『経
済分析の歴史（全7冊）』東畑精一訳（岩波書店）「租税国家の危機」木村元一他訳（岩波文庫）

*35 高田保馬（Takada Yasuma）（1883-1972）『経済学原理』『経済学新講』『勢力説論集』『社会と国家』
『労働価値説の分析』『消費函数の研究』

*36 ナイト（Frank Hyneman Knight）（1885. 11. 7-1972. 4. 15）『20世紀思想家事典』740-742頁。
『危険・不確実性及び利潤』奥偶栄喜訳（文雅堂銀行研究社, 1959年）

*37 ポランニー（Karl Polannyi）（1886-1964）PALGRAVE Vol.3, pp.898-899.『哲学思想事典』
1499-1500頁。『大転換　市場社会の形成と崩壊』吉沢英成他訳（東洋経済新報社）『経済の文明史』
玉野井芳郎他訳（日本経済新聞社）

*38 トインビー（Arnord Joseph Toynbee）（1889-1975）『20世紀思想家事典』696-704頁。『歴史
の研究』全25巻下島連他訳（経済往来社, 1969-1972年）

* 39 リンダール（Erik Robert Lindahl）（1891.11. 21-1960.1. 6）PALGRAVE Vol.3, pp.194-201.
『貨幣及び資本理論の研究』

*40 井藤半弥（Ito Hanya）（1894-1974）『財政学原理』『租税論』『新版租税原則学説の構造と生成』
『地方財政学総論』『社会政策総論』

*41 **フリッシュ**（Rognar Anton Kittel Frisch）（1895. 3.3-1973. 1. 31）ノーベル経済学賞（1969年.
第1回）『20世紀思想家事典』1059-1061頁。PALGRAVE Vol.2, pp. 428-430.『限界効用の新
しい測定法』（1932）『経済動学に於ける波及問題と衝撃問題』（1933）『均衡及び不均衡の概念に
ついて』（1936）『独占多占経済に於ける力の概念』（1951）

*42 スラッファ（Piero Sraffa）（1898-1983）PALGRAVE Vol.4, pp.445-461.『哲学思想事典』886
頁。『商品による商品の生産』菱山泉他訳（有斐閣, 1962年）

*43 ロビンズ（Lionel Charles Robbins）（1898-1984）『20世紀思想家事典』1609-1613頁。
PALGRAVE Vol.4, pp.206-208.『経済学の本質と意義』辻六兵衛訳（東洋経済新報社, 1957年）

*44 **ミュルダール**（Karl Gunnar Myrdal）（1898. 12.6-1987. 5. 17）ノーベル経済学賞（1974年,
第6回）PALGRAVE Vol.4, p.325.『アジアのドラマ』板垣与一監訳（東洋経済新報社）『経済学
説と政治的要素』山田雄一他訳（春秋社）『福祉国家を越えて』北川一雄他訳（ダイヤモンド社）『社
会科学と価値判断』丸尾直美訳（竹内書店）『反主流の経済学』加藤寛他監訳（ダイヤモンド社）

*45 **オリーン**（Bertil Gothard Ohlin）（1899.4.23. -1979. 8. 3.）ノーベル経済学賞（1977年, 第
9回）PALGRAVE Vol.4, pp.697-700.『貿易理論地域及び国際貿易』木村保彦訳（ダイヤモンド社）

* 46 カレツキ（Michal Kalecki）（1899.6.22 -1970. 4. 17）PALGRAVE Vol.3, pp.8 -14. Selected
Essays on the Economic Growth of the Socialist and the Mixed Economy, Cambridge:
Cambridge University Press, 1972.

*47 **ハイエク**（Friedrich August von Hayek）（1899. 8.5-1992. 3. 27）ノーベル経済学賞（1974
年, 第6回）『20世紀思想家事典』765-770頁。PALGRAVE Vol.2, pp.609-614.『哲学思想事典』
1255頁。『個人主義と経済秩序』嘉治元郎他訳（ハイエク全集3巻, 春秋社）『法と立法と自由』
矢島釣次他訳（ハイエク全集8, 9, 10巻春秋社）『貨幣発行自由化論』川口慎二訳（東洋経済新報社）
『隷従への道』西山千明訳（春秋社）

*48 ドッブ（Maurice Herbert Dobb）（1900-76）PALGRAVE Vol.1, pp.910-912.『経済理論と社
会主義』都留重人他訳（岩波書店）

*49 ハロッド（Roy Fobes Harrod）（1900-78）PALGRAVE Vol.2, pp.595-604.『動態経済学序説』
高橋長太郎他訳（有斐閣）『国際経済学』藤井茂訳（実業之日本社）『景気循環論』宮崎義一他訳（東

洋経済新報社）『経済動学』宮崎義一訳（丸善）

*50 **クズネッツ**（Simon Smith Kuznets）(1901-85) ノーベル経済学賞（1971 年，第 3 回）『20 世紀思想家事典』307-311 頁。PALGRAVE Vol.3, pp69-71.『近代経済成長の分析』塩野谷祐一訳（東洋経済新報社）『諸国民の経済成長』西川俊作訳（ダイヤモンド社）『戦後の経済成長』山田雄三他訳（岩波書店）

* 51 柴田敬（Shibata kei）(1902-86) PALGRAVE Vol.4, p. 325. *Beyond Keynesian Economics*, Minerva Press, 1977. ［邦訳『ケインズを越えて』］『新経済論理』

*52 **シュルツ**（Theodore William Schultz）(1902.4.30. -1998. 2. 26) ノーベル経済学賞（1979 年，第 11 回）PALGRAVE Vol.4, pp.262-263.『教育の経済価値』清水義弘他訳（日本経済新聞社）『農業近代化の理論』逸見謙三訳（東京大学出版会『貧困の経済学』土屋圭造訳（東洋経済新報社）

* 53 ロビンソン（Joan Violet Robinson）(1903-83)『20 世紀思想家事典』1613-1616 頁。PALGRAVE Vol.4, pp.212-217.『資本蓄積論』杉山清訳（みすず書房）『不完全競争の経済学』加藤泰夫訳（文雅堂銀行社）『異端の経済学』宇沢弘文訳（日本経済新聞社）『経済学の考え方』宮崎義一訳（岩波書店）

* 54 オーウェル（George Orwell）(1903-1950)『20 世紀思想家事典』212-216 頁。『動物農場』高島文夫訳（角川書店, 1972 年）『1984 年』新庄哲夫訳（早川書房, 1968 年）

* 55 ノイマン（John von Neumann）(1903-57)『20 世紀思想家事典』966-969 頁。PALGRAVE Vol.3, p.638.『ゲームの理論と経済行動』銀林浩他訳（モルゲンシュテルンとの共著，東京図書）

* 56 **ティンバーゲン**（Jan Tinbergen）(1903. 4. 12. -1994. 6. 9.) ノーベル経済学賞（1969 年，第 1 回）PALGRAVE Vol.4, pp.652-654.『経済政策の理論』気賀健三・加藤寛訳（厳松堂, 1956 年）『経済発展計画論』尾上久雄訳（有斐閣, 1963 年）『新しい経済』清水幾太郎訳（岩波書店, 1964 年）『所得分配論』（日本経済新聞社, 1977 年）

* 57 ランゲ（Oskar Richard Lange）(1904-65) PALGRAVE Vol.3, pp.123-129.『計画経済理論』土屋清訳（社会思想社）『計量経済学入門』竹浪祥一郎訳（日本評論社）

*58 **ヒックス**（John Richard Hicks）(1904. 4. 8-1989. 5. 20) ノーベル経済学賞（1972 年，第 4 回）PALGRAVE Vol.2, pp.641-646.『価値と資本』安井琢磨他訳（岩波書店）『資本と成長』安井琢磨他訳（岩波書店）『資本と時間』根岸隆訳（東洋経済新報社）『貨幣と市場経済』花輪俊哉他訳（東洋経済新報社）

*59 **レオンチェフ**（Wassily W.Leontief）(1906. 8. 5-1999. 2. 7) ノーベル経済学賞（1973 年，第 5 回）『20 世紀思想家事典』1586-1589 頁。PALGRAVE Vol.3, pp.164-167.『アメリカ経済の構造』山田勇他訳（東洋経済新報社）『産業連関分析』新飯田宏訳（岩波書店）『経済学の世界』時子山和彦訳（日本経済新聞社）『軍事支出』清水雅彦訳（デュティンとの共著，東洋経済新報社）

*60 **ミード**（James Edward Meade）(1907. 6.22-1995. 12. 22) ノーベル経済学賞（1977 年．第 9 回）PALGRAVE Vol.3, pp.410-417.『ミイド経済学入門 分析と政策』北野熊喜男他訳（東洋経済新報社）『理性的急進主義者の経済政策』渡部経彦訳（岩波書店）『公正な経済』柴田裕他訳（ダイヤモンド社）

*61 大塚久雄（Otsuka Hisao）(1907-1996)『株式会社発生史論』『社会科学の方法』『社会科学における人間』『大塚久雄著作集』（岩波書店）

* 62 カルドア（Nicholas Kaldor）(1908 -1986) PALGRAVE Vol.3, pp.3 -8. *An Expenduture Tax*, London: Allen and Unwin, 1955.

*63 ガルブレイス（John Kenneth Galbraith）(1908. 10.15-2006.4. 21) PALGRAVE Vol. 2, pp.455-456.『ゆたかな社会』鈴木哲太郎訳（岩波書店）『新しい産業国家』都留重人訳（TBS ブリタニカ）『不確実性の時代』齊藤精一郎訳（講談社文庫）『経済学の歴史』鈴木哲太郎訳（ダイヤ

モンド社)

*64 氣賀健三（kiga kenzou）（1908-2002）『経済政策の根本問題』『ソヴェート計画経済論』『歴史に漂うロシア』

* 65 喜多村浩（Kitamura Hiroshi）（1909-2002）*Zur Theorie des Internationalen Handels.Ein kritischer Beitrag*, Neuenschwander'sche Verlangsbuch -handlung A. G., Weifelden, 1941［邦訳『国際貿易理論の基本問題』小島清訳（青也書店, 1949)]『国際経済学』（勁草書房, 1951 年)

*66 安井琢磨（Yasui Takuma）（1909-I995）『安井琢磨著作集』（創文社）『均衡分析の基本問題』（1955）

* 67 川島武宣（Kawasima Takenobu）（1909-1992）『日本人の法意識』（岩波新書）『所有権法の理論』『科学としての法律』

*68 クープマンス（Tjaling Charles Koopmans）（1910. 8.28-1985. 2. 26）PALGRAVE Vol.3, pp.62-67.『計量経済学的方法研究』（1953）

*69 マスグレーヴ（Richard Abel Musgrave）（1910.12.14-2007.1.15）PALGRAVE Vol.3, pp.577-578.『財政理論（邦訳 3 巻）』（1961-62）『財政組織論』（1973）『財政学（邦訳 3 巻）』（1983-84）

*70 青山秀夫（Aoyama Hideo）（1910. 3.21-1992. 2. 16）PALGRAVE Vol.1, p.98.『近代国民経済の構造』『マックス・ウェーバーの社会理論』『独占の経済理論』

* 71 コース（Ronald Harry Coase）（1910. 12.29-2013.9.2）ノーベル経済学賞（1991 年, 第 23 回）PALGRAVE Vol. 1, pp.455-460.『企業・市場・法』宮沢健一他訳（東洋経済新報社, 1992 年)

*72 スティグラー（George Joseph Stigler）（1911. 1.17 -1993. 12.2）ノーベル経済学賞（1982 年, 第 14 回）PALGRAVE Vol.4, pp.498-500.『生産と分配の理論』松浦保訳（東洋経済新報社）『価格の理論』内田忠夫他訳（全 2 冊, 有斐閣）『産業組織論』神谷伝造他訳（東洋経済新報社）『小さな政府の経済学』余語将尊他訳（東洋経済新報社)

*73 アレー（Maurice Feli Charles Allais）（1911. 5.31-2010.10.10）ノーベル経済学賞（1988 年, 第 20 回）PALGRAVE Vol. 1, pp.78-80.『純粋経済学概論』（1943）

*74 ホーヴェルモ（Trygve Haavelmo）（1911. 12.13-1999. 7. 28）ノーベル経済学賞（1989 年. 第 21 回）PALGRAVE Vol.2, p.580.『計量経済学における確率的接近』（1944）

*75 フリードマン（Milton Friedman）（1912. 7. I3- 2006. 11. 17）ノーベル経済学賞（1976 年. 第 8 回）『20 世紀思想家事典』1061-1066 頁。PALGRAVE Vol.2, pp. 422-427.『選択の自由』西山千明訳（日本経済新聞社）『資本主義と自由』熊谷尚夫他訳（マグロウヒル社）『実証的経済学の方法と展開』佐藤隆三他訳（富士書房）『貨幣の悪戯』齊藤精一郎訳（三田出版会）『インフレーションと金融政策』新飯田宏訳（日本経済新聞社）『政府からの自由』西山千明監修（中央公論社）『インフレーションと失業』保坂直達訳（日本経済新聞社)

*76 カントロヴィチ（Leonid Vitalievich Kantorovich）（1912-86）ノーベル経済学賞（1975 年, 第 7 回）PALGRAVE Vol.3, pp.14-15.『社会主義経済と資源配分』吉田靖彦訳（創文社）

*77 ストーン（John Richard Nicolas Stone）（1913. 8.30-1991. 12. 6）ノーベル経済学賞（1984 年. 第 16 回）PALGRAVE Vol.4, pp.509-516.『投入と産出と国民所得』（1961）

*78 ヴィクリー（William Spencer Vickrey）（1914. 6.21-1996. 10. 11）ノーベル経済学賞（1996 年. 第 28 回）PALGRAVE Vol.4, pp.812.『累進税のアジェンダ』（1949, 再版1971）

*79 ルイス（William Arthur Lewis）（1915. 1.23-1991）ノーベル経済学賞（1979 年, 第 11 回）PALGRAVE Vol.3, pp.170-171.『国際経済秩序の進展』原田三喜雄訳（東洋経済新報社）

*80 サミュエルソン（Paul Anthony Samuelson）（1915. 5.15-2009.12.13）ノーベル経済学賞（1970 年, 第 2 回）PALGRAVE Vol.4, pp.234-241.『経済学』都留重人訳（岩波書店）『経済分析の基礎』佐藤隆三訳（勁草書房）『線型計画と経済分析』安井琢磨他訳（全 2 冊, 岩波書店）『サミュエルソ

*296*

ン経済学体系』篠原三代平他監修（全 10 巻，勁草書房）

* 81 ノーヴ（Alexander (Alec) Nove）(1915-) PALGRAVE Vol.3, pp. 684-685.『ソ連の経済システム』大野喜久之輔他訳（晃洋書房，1986 年）『ソ連経済史』石井規衛他訳（岩波書店，1982 年）

*82 サイモン（Herbert Alexander Simon）(1916.6.15 -2001. 2. 11) ノーベル経済学賞（1978 年，第 10 回）『20 世紀思想家事典』426-429 頁。『経営行動』松田武彦他訳（ダイヤモンド社）『組織と管理の基礎理論』岡本康雄他訳（ダイヤモンド社）『人間行動のモデル』宮沢光一監訳（同文舘）『オーガニゼーションズ』土屋守章訳（ダイヤモンド社）『システムの科学』高宮晋監訳（ダイヤモンド社）

*83 ロストウ（Walt Whitman Rostow）(1916-)『経済成長の諸段階』木村健康他訳（ダイヤモンド社，1961 年）

*84 トービン（James Tobin）(1918. 3.5-2006. 3. 13) ノーベル経済学賞（1981 年，第 13 回）『マクロ経済学の再検討』浜田宏一訳（日本経済新聞社）『インフレと失業の選択』矢島鈞次他訳（ダイヤモンド社）『国民の為の経済政策』間野英雄他訳（東洋経済新報社）

*85 モディリアーニ（Franco Modigliani）(1918. 6.18-2003. 9. 25) ノーベル経済学賞（1985 年，第 17 回）『モジリアーニ論文集』（全 5 巻 MIT プレス）

*86 ブキャナン（James Megill Buchanan）(1919.10.3-2013.1.9) ノーベル経済学賞（1986 年，第 18 回）『公共選択の理論』タロックとの共著，宇田川障仁監訳（東洋経済新報社）『赤字財政の政治経済学』ワグナーとの共著深沢実他訳（文真堂）『コンスティテューショナル・エコノミックス』加藤寛監訳（有斐閣）『ケインズ財政の破綻』共著，水野正一訳（日本経済新聞社）『公共財の理論』山之内光射他訳（文真堂）『公共選択の租税理論』ブレナンとの共著，深沢実監訳（文真堂）

*87 クライン（Lawrence Robert Klein）(1920. 9. 14-) ノーベル経済学賞（1980 年. 第 12 回）「20 世紀思想家事典』324-328 頁『ケインズ革命』篠原三代平訳（東洋経済新報社）『計量経済学』宮沢光一他訳（岩波書店）

*88 小島清（Kojima Kiyoshi）(1920. 5. 22-2010.1.7)『外国貿易』『雁行型経済発展論』『多国籍企業の直接投資』

*89 ハーサミ（John Charles Harsanyi）(1920. 5.29-2000. 8.13 ) ノーベル経済学賞（1994 年，第 26 回）『ゲーム及び社会状態における合理的行動と交渉均衡』(1977)

*90 ノース（Douglass Cecil North）(1920. 11. 5-) ノーベル経済学賞（1993 年，第 25 回）『制度，制度変化，経済成果』竹下公規訳（晃洋善房，1994 年）

* 91 ロールズ（John Broadley Rawls）(1921.2.21-2002.11.24)『20 世紀思想家事典』1616-1619 頁。『正義論』矢島鈞次監訳（紀伊國屋書店，1979 年）

*92 シェリング（Thomas Crombie Schelling）(1921. 4. 14-) ノーベル経済学賞（2005 年, 第 37 回）『国際経済学』(1958 年. アライン・ベイコン出版）『対立の戦略』(1960 年，オックスフォード出版）『ミクロ動機とマクロ行動』(1978 年，ノートン出版）

*93 ドゥブリュー（Gernard Debreu）(1921.7.4-2005.1. 6) ノーベル経済学賞（1983 年，第 15 回）『価値の理論』丸山徹訳（東洋経済新報社）『経済のコアに関する極限定理』

*94 アロー（Kenneth Joseph Arrow）(1921.8.23 -) ノーベル経済学賞（1972 年，第 4 回）『社会的選択と個人的評価』長名寛明訳（日本経済新聞社）『組織の限界』村上泰亮訳（岩波書店）

*95 ブルス（Wlodzimierz Brus）(1921-)『体系経済学辞典 6 版』『社会主義経済の機能モデル』鶴岡重成訳（合同出版，1971 年）『マルクスから市場へ』佐藤経明他訳（岩波書店，1995 年）

*96 ミラー（Merton Howaed Miller）(1923. 5.16-2000. 6. 3) ノーベル経済学賞（1990年, 第 22 回）『デリバティブとは何か』（斉藤治彦訳，東洋経済新報社，2001 年）

*97 森嶋通夫（Morishima Michio）(1923.7.18-2004.7.13)『無資源国の経済学』（岩波全書）『思想

巻末付録　297

としての近代経済学」（岩波新書）

*98 **ソロー**（Robert Merton Solow）（1924. 8. 23-）ノーベル経済学賞（1987 年，第 19 回）『成長理論（第 2 版）』福岡正夫訳（岩波書店，2000 年）

*99 ロスバード（Murray N.Rothbard）（1926-1995）『人間，経済及び国家』吉田靖彦訳（青山社）

* 100 加藤寛（Kato Hiroshi）（1926.4.3-2013.1.30）『計画経済の成長方式—現代ソビエト経済論』ダイヤモンド社，1968 年。『現代ソビエト経済の構造』（共著 1983 年）『行財政改革への証言』（東洋経済新報社，2002 年）

* 101 **フォーゲル**（Robert William Fogel）（1926. 7. 1 -）ノーベル経済学賞（1993 年, 第 25 回）『苦難のとき』共著，田口芳弘他訳（創文社，1981 年）

* 102 **スミス**（Vernon Lomax Smith）（1927. 1. 1 -）ノーベル経済学賞（2002 年，第 34 回）

* 103 **マーコヴィッツ**（Harry M.Makovitz）（1927. 8. 24-）ノーベル経済学賞（1990 年，第 22 回）『資産選択（第 2 版）』（ブラックウェル，1991）（英文）

*104 **ナッシュ**（John Forbes Nash Jr.）（1928.6. 13-）ノーベル経済学賞（1994 年，第 26 回）『非協力的なゲーム』（1951）

* 105 宇沢弘文（Uzawa Hirobumi）（1928. 7. 21 -2014.9.18）『自動車の社会的費用』（岩波新書）『経済発展と変動』共著（岩波書店）

* 106 コルナイ（Kornai Janos）（1928 -）［ハンガリー語（マジャール語）では日本語と同じく姓名］『資本主義への大転換：市場経済へのハンガリーの道』佐藤経明訳（日本経済新聞社）

* 107 **オーマン**（Robert J.Aumann）（1930. 6. 8-）ノーベル経済学賞（2005 年，第 37 回）『不完全情報を持つ繰り返しゲーム』（MIT 出版，1995 年）『精選論集』全 2 巻，（MIT 出版，2000 年）

*108 **ゼルテン**（Reinhardt J. Selten）（1930.10. 10）ノーベル経済学賞（1994 年，第 26 回）

* 109 **ベッカー**（Gary Stanley Becker）（1930. 12. 2 - ）ノーベル経済学賞（1992 年，第 24 回）『人的資本』佐野陽子訳（東洋経済新報社）『経済理論』宮沢健一他訳（東洋経済新報社）

* 110 富永健一（Tominaga Kenichi）（1931. 7. 1 -）「社会変動の理論：経済社会学的研究』（岩波書店，1965 年）「マックス・ヴェーバーとアジアの近代化」（講談社学術文庫，1998 年）『近代化の理論』（講談社学術文庫，1996 年）『経済と組織の社会学理論』（東京大学出版会，1997 年）

* 111 **マンデル**（Robert A.Mundell）（1932-）ノーベル経済学賞（1999 年，第 31 回）『新版国際経済学』渡辺太郎他訳（ダイヤモンド社，2000 年）『マンデルの経済学入門』竹村健一訳（ダイヤモンド社，2000 年）『新版マンデル貨幣理論』柴田裕訳（ダイヤモンド社，2000 年）

*112 **フェルプス**（Edmund S.Phelps）（1933. 7. 26-）ノーベル経済学賞（2006 年，第 38 回）『雇用とインフレ理論のマクロ経済的基礎』（1970 年）

*113 **セン**（Amartya Sen）（I 933-）ノーベル経済学賞（1998 年，第 30 回）『合理的な愚か者』大庭健訳（勁草書房，1989 年）『福祉の経済学』鈴村興太郎訳（岩波書店，1998 年）『不平等の経済学』鈴村興太郎他訳（東洋経済新報社，2000 年）

*114 根岸隆（Negishi Takashi）（1933-）「経済学の歴史』（東洋経済新報社）『ワルラス経済学入門』（岩波書店）

*115 **シャープ**（William Sharpe）（1934. 6. I6 -）ノーベル経済学賞（1994 年，第 22 回）『現代証券投資論』小野二郎他監修（日本証券アナリスト協会，1983 年）

*116 **カーネマン**（Daniel Kahneman）（1934-）ノーベル経済学賞（2002 年，第 34 回）「プロスペクト理論：リスク下における意思決定の分析」（1979）

*117 **グレンジャー**（Clive W.Granger）（1934. 9. 4-）ノーベル経済学賞（2003 年，第 35 回）『経営・経済予測入門』アカデミック出版（1980）（宣名真勇他訳，有斐閣，1989 年）『経済学に於ける実証的モデル：仮定と評価』ケンブリッジ大出版（1999）

*118 **マーリーズ**（James Alexander Mirrlees）（1936. 7. 5-）ノーベル経済学賞（1996 年, 第 28 回）「最適所得課税理論における探究」（1972）

*119 **マクファーデン**（Daniel L. McFadden）（1937. 7. 29-）ノーベル経済学賞（2000 年, 第 32 回）「都市往来の需要」（1975）「生産の経済学」（1978）

*120 **ルーカス**（Robert Emerson Lucas Jr.）（1937. 9. 15. -）ノーベル経済学賞（1995 年, 第 27 回）『マクロ経済学のフロンティア』清水啓典訳（東洋経済新報社, 1995 年）

*121 **アカロフ**（George Arthur ASkerlof）（1940-）ノーベル経済学賞（2001 年, 第 33 回）『ある理論経済学者のお話の本』幸村千佳良他訳（ハーベスト社, 1995 年）

*122 **プレスコット**（Edward C.Prescott）（1940. 12. 26-）ノーベル経済学賞（2004 年, 第 36 回）『金持ちへの障害 J（S.L プレンテと共著, MIT 出版 2000 年）

*123 **ショールズ**（Myron S.Scholes）（1941-）ノーベル経済学賞（1997 年, 第 29 回）『税金とビジネス戦略』（1962）

* 124 **エングル**（Robert F. Engle）（1942-）ノーベル経済学賞（2003 年, 第 35 回）『ARCH: 選集』（オックスフォード大出版, 1995）『金融計量経済学－新しい手法を伴う新技法』PDF 版

*125 **スティグリッツ**（Joseph Eugenes Stiglitz）（1943. 2. 9-）ノーベル経済学賞（2001 年, 第 33 回）『公共経済学』『入門経済学』『ミクロ経済学』『マクロ経済学』（いずれも東洋経済新報社）

*126 **スペンス**（Andrew Michael Spence）（1943-）ノーベル経済学賞（2001 年, 第 33 回）「雇用市場におけるシグナリング」（1973）

*127 **キドランド**（Finn E.Kydland）（1943-）ノーベル経済学賞（2004 年, 第 36 回）「国際的実質景気循環理論」『ジャーナル・オブ・ポリティカル・エコノミー』1992 年, 共著

*128 **マートン**（Robert C.Merton）（1944-）ノーベル経済学賞（1997 年, 第 29 回）『金融の本質』野村総合研究所（2000 年）『現代ファイナンス論』ピアソン・エジュケーション（2001 年）

*129 **ヘックマン**（James J. Heckman）（1944. 4. 19-）ノーベル経済学賞（2000 年, 第 32 回）『労働市場データの長期的分析』（1985）『社会プログラムの評価』（2000）

*130 **ディートン**（Angus S. Deaton）（1945.10.19- ）ノーベル経済学賞（2015 年, 第 47 回）『経済学と諸費者行動』（共著）『大脱出』（2013）（邦訳, みすず書房）

*131 **バルツェロヴィチ**（Leszek Balcerowicz）（1947.1.19. -）『社会主義, 資本主義, 体制転換』家本博一他訳（多賀出版, 2000 年）

*132 **ハート**（Oliver Hart）（1948.10.9-）ノーベル経済学賞（2016 年, 第 48 回）

*133 **ホルムストロム**（Bengt Holmstrom）（1949.4.18-）ノーベル経済学賞（2016 年, 第 48 回）

*134 **チィロール**（Jean M.Tirole）（1953.8.9-）ノーベル経済学賞（2014 年, 第 46 回）

*135 清滝信宏（1955.6.24- ）「経済に対しての小さいショックがどのように生産性下落の循環を引き起こすかを示す清滝ムーアモデル」（2010 年）

備考 PALGRAVE : John Eatwell et al.eds., The New PALGRAVE, A Dictionary of Economics, 4vols., London : Macmillan, 1998.20 世紀思想家事典：E. ディヴァイン他著木田元他監修『20 世紀思想家事典』（誠信書房 2001 年）［Thinkers of The Twentieth Century: A Biographical, Bibliographical and Critical Dictionary, Edited by Elizabeth Devine et al., Farmington Hills (MI) :St.JamesPress, 1985］体系経済学辞典：高橋泰蔵・増田四郎編『体系経済学辞典第 6 版』（東洋経済新報社, 1984 年）哲学・思想事典：廣松渉他編『岩波哲学・思想事典』（岩波書店, 1998 年）木村武雄『10 ヵ国語経済・ビジネス用語辞典』（創成社, 2014 年）付録ノーベル経済学賞受賞者総覧（第 1 回 1969 年－第 45 回 2013 年受賞者, 業績及び代表部著作, 主な理論と解説, 学位記, 職歴）。

# 索引（事項）

## （あ行）

IS-LM 分析　　137，139
愛知県　　19
飛鳥村　　20
アファーマティヴ・アクション　　244
天草市　　17
苺栽培　　27
一物一価の法則　　237
一般均衡理論　　105
今治市　　3
入間市　　14
エコノミー　　51
愛媛県　　2
オイコス　　51
大分県　　5
オークンの法則　　228
オックスフォード大学　　50

## （か行）

外部経済　　142
外部不経済　　142
下部構造　　92
干瓢　　24
企業規模別賃金格差　　239
帰属理論　　98，101
北山村　　43
岐阜県　　9
救貧法　　78
教育投資　　240
均衡賃金　　231
均衡労働価格　　231
均衡労働数量　　231
郡上市　　10
熊本県　　16
蜘蛛の糸　　37
景気後退　　232
景気循環　　148
経済学及び課税の原理　　72
経済表　　59，60
ケイパビリティ　　165
契約曲線　　111

ゲーム理論　　145
限界革命　　95
限界コスト　　98
ケンブリッジ資本論争　　137
交換エンタイトルメント　　165
交換価値　　68
交換の一般均衡　　105
交換の理論　　109
厚生経済学　　127
構造的失業　　226
功利主義　　81
合理的期待学説　　158
合理的期待形成　　159
高齢者の労働力　　256
コース別雇用管理制度　　255
国際（内）均衡　　180
国富論　　72
国民総生産　　148
雇用形態別賃金格差　　239
雇用差別　　242
雇用調整　　261
雇用調整係数　　263

## （さ行）

最大多数者の最大幸福　　81
埼玉県　　13
最低賃金制　　234
最適通貨圏理論　　174
差別嗜好理論　　243
差別の定義　　242
サレルノ大学　　50
産業革命　　66
産業別賃金格差　　239
産業連関表　　168
市場価格　　237
自然失業率仮説　　134，226
失業者　　223
実質賃金率　　216
支配労働価値論　　69
自発的失業　　226
資本主義　　124
資本増大的技術進歩　　156

資本論　92
下野市　24
社会システム　270
重商主義　58
囚人のジレンマ　147
重農主義　59
自由放任　59
主観価値論　100
使用価値　68
小水力発電　10
上部構造　92
職業差別　243
職種別賃金格差　239
女性の労働力率　252
所得効果　217
新機軸　124
人口構造の変化　270
人口論　77, 78
新古典派総合　137
人的資本投資の存在　263
人的資本の分析　200
ストゥデイウム・ゲネラーレ　50
正規労働者　246
生産技術　219
生産要素の相対価格　219
生産量　219
制度派経済学　209
創造的破壊　124

**（た行）**

大学の起源　50
代替効果　217
タオル業　3
高岡市　40
高岡銅器　40
男女間賃金格差　254
男女雇用機会均等法　244, 255
千葉県　29
長期雇用契約　263
賃金　208
賃金格差　239
賃金基金説　73, 82,
賃金構造基本統計調査　254
賃金差別　242
賃金体系　236
燕市　33
鶴岡市　36

ドイツ歴史学派　88
投下労働価値論　69
動態的均衡論　114
トービンの q 理論　196
栃木県　23
富山県　39
トリガー戦略　147
トレードオフ曲線　228

**（な行）**

新潟県　32
二重構造的発展　191
年齢別賃金格差　239

**（は行）**

派生需要　219
蜂の寓話　67
バック・ベンド　218
パリ大学　50
比較生産費説　74
非正規労働者　246
日田市　6
フィリップス曲線　228
不完全情報の経済学　143
分業　68
ヘクシャー＝オリーンの定理　183
ポートフォリオ理論　162
保護主義政策　88
補償賃金格差仮説　69
ボックスダイアグラム　110
ポリシー・ミックス・モデル　175
ボローニャ大学　50

**（ま行）**

マンデル＝フレミング・モデル　172
見えざる手　67
無差別曲線　98, 110, 215

**（や行）**

山形県　35
有効需要理論　118

**（ら行）**

ラジアーの理論　258
落花生　30
労働価値説　69, 73, 92
労働供給曲線　233

労働組合　　266
労働組合の影響　　234
労働組合の形態　　266
労働経済学　　208
労働時間　　208, 216
労働市場　　208
労働需要曲線　　233

労働人口減少　　232
労働争議　　268
ロマン主義思想　　86

### （わ行）

和歌山県　　42


# 索引（人名）


### （あ行）

青山秀夫　　295
アカロフ　　298
アダム・スミス　　51, 65, 291
アレー　　295
アロー　　296
井藤半弥　　293
今村奈良臣　　7
ウィーザー　　292
ヴィクセル　　292
ヴィクリー　　295
ヴェーバー　　292
ヴェヴレン　　55,292
宇沢弘文　　297
エッジワース　　110,292
エングル　　298
オーウェル　　294
オーウェン　　291
大塚久男　　294
オーマン　　297
オリーン　　183,293

### （か行）

カーネマン　　297
カルドア　　294
ガルブレイス　　55,294
カレツキ　　293
川島武宣　　295
カントロヴィチ　　295
氣賀健三　　295
喜田村浩　　295
キドランド　　298
清滝信宏　　298

クープマンス　　295
クールノー　　291
クズネッツ　　148,294
クライン　　296
グレンジャー　　297
ケインズ　　53, 116, 292
ケネー　　51, 58, 59, 291
コース　　142, 295
小島清　　296
コルナイ　　297

### （さ行）

サージェント　　57
サイモン　　296
サミュエルソン　　136, 295
ジェヴォンズ　　52, 109,291
シェリング　　296
柴田敬　　294
シャープ　　297
シュペングラー　　292
シュムペーター　　122, 292
シュルツ　　199,294
ショールズ　　298
ノイマン　　145
スチュアート　　51
スティグラー　　295
スティグリッツ　　298
ストーン　　295
スペンス　　298
スミス　　297
スラッファ　　293
セイ　　291
セリグマン　　292
ゼルテン　　297

セン　　　164, 297
ソロー　　　154, 297
ゾンバルト　　　292

### （た行）

高田保馬　　　293
チィロール　　　298
ディートン　　　298
ティンバーゲン　　　294
トインビー　　　293
ドゥブリュー　　　296
トービン　　　195, 296
ドッブ　　　293
トロツキー　　　292

### （な行）

ナイト　　　293
ナッシュ　　　297
根岸隆　　　297
ノイマン　　　294
ノーヴ　　　296
ノース　　　296

### （は行）

ハーサミ　　　296
ハート　　　298
ハイエク　　　55, 56, 293
バヴェルク　　　292
バルテツェロヴィッチ　　　298
パレート　　　52, 292
ハロッド　　　53, 293
ピグー　　　126, 292
ヒックス　　　139, 294
フィッシャー　　　53, 292
フェルプス　　　297
フォーゲル　　　297
ブキャナン　　　56, 296
フリードマン　　　56, 133, 295
フリッシュ　　　293
ブルス　　　296
プレスコット　　　298
ベッカー　　　57, 199, 297
ヘックマン　　　298
ベンサム　　　291
ホーヴェルモ　　　295
ホッブス　　　291
ポランニー　　　293

ホルムストロム　　　298

### （ま行）

マーコヴィッツ　　　161, 297
マーシャル　　　112, 292
マートン　　　298
マーリーズ　　　298
マクファーデン　　　298
マスグレーブ　　　295
マルクス　　　54, 91, 291
マルサス　　　77, 291
マンデヴィル　　　67, 291
マンデル　　　172, 297
ミーゼス　　　129, 292
ミード　　　180, 294
ミュルダール　　　293
ミラー　　　296
ミル　　　80, 291
メンガー　　　52, 99, 291
モディリアーニ　　　296
森嶋道夫　　　296

### （や行）

安井琢磨　　　295

### （ら行）

リカード　　　52, 72, 291
リスト　　　54, 86, 291
リンダール　　　293
ルイス　　　191, 295
ルーカス　　　57, 158, 298
レオンチェフ　　　167, 294
ロールズ　　　296
ロストウ　　　296
ロスバード　　　297
ロック　　　291
ロビンズ　　　293
ロビンソン　　　294

### （わ行）

ワルラス　　　52, 104, 291

## [著者紹介]
**木村武雄**（きむら・たけお）
1953 年　 1 月　29 日，鎌倉生まれ。
1977 年　青山学院大学経済学部経済学科卒業。
1979 年　青山学院大学大学院経済学研究科修士課程修了。
1984 年　桜美林大学経済学部非常勤（近代経済学）
　　　　　以降現在に至るまで，以下何れかの大学で途切れなく非常勤を歴任。
　　　　　青山学院大学（一部二部［計画経済論，各国経済論 A，外書講読］，二部演
　　　　　習［比較経済体制論のゼミを 17 年間担当。ゼミ卒業生は 200 余名（共著者
　　　　　の江口君も）。夜間のゼミには珍しく 1 期生から大日本印刷，テルモ等の東
　　　　　証一部上場企業に就職した例もあり，年度によっては 3 年定員 10 名を超え
　　　　　て 20 名近くの時もあった］，東洋大学（一部二部短期大学，［経済学，経済
　　　　　体制論，比較経済体制論 A・B，移行期経済論 A・B］，麗澤大学［ロシア
　　　　　研究，東欧研究，ロシア経済論，東欧経済論，国際地域研究総論］，富士短
　　　　　期大学（現東京富士大学）［必修，経済政策論，経済入門］，通信教育［必修，
　　　　　経済政策論］），高崎経済大学［現代経済思想，外書購読］，筑波学院大学（旧
　　　　　東京家政学院筑波女子大）［日本経済論，国際経済論］，中央大学［経済計画
　　　　　論，サービス産業論，日本経済論］，淑徳大学［労働政策論及び経済構造と
　　　　　経済政策 C］。（最終 3 大学の最終科目のみ現在に至る）。
1985 年　青山学院大学大学院経済学研究科博士課程経済政策専攻単位取得。
1997 年　アテネ・フランセ（御茶ノ水）古典ギリシャ語修了。
2003 年　中央大学経済研究所客員研究員（現在に至る）。
## [学術業績]
（単著）『地方創生と日本経済論』五絃舎，2016 年 9 月。
　　　　『10 カ国語経済・ビジネス用語辞典』創成社，2014 年 11 月。
　　　　『欧露経済研究の新地平　普遍主義を切り口として』五絃舎，2009 年 10 月。
　　　　『EU におけるポーランド経済』創成社，2009 年 5 月。
　　　　『ポーランド経済（最新第 2 版）』創成社，2003 年 4 月（2 刷 05 年 3 月）。
　　　　『欧州におけるポーランド経済』創成社，2000 年 2 月（2 刷 00 年 10 月）。
　　　　　☆書評①　香川敏幸「木村武雄箸『経済体制と経済政策―体制転換国の経
　　　　　　済分析を中心に』『欧州におけるポーランド経済（ Gospodarka polska w
　　　　　　europie)』」『公共選択の研究』第 34 号 107-109 頁，2000 年 4 月。
　　　　　☆書評②　箱木真澄「木村武雄箸『欧州におけるポーランド経済』」『広島経
　　　　　　済大学経済研究論集』第 23 巻第 1 号 107-108 頁，2000 年 6 月。
　　　　　☆書評③　小山洋司「木村武雄箸『欧州におけるポーランド経済』」『新潟大
　　　　　　学経済論集』第 73 号 17-22 頁，2002 年 9 月。
　　　　『経済用語の総合的研究（第 7 版）』創成社，2009 年 7 月（初版 2001 年 4 月）。
　　　　　［2 刷 2001 年 4 月，2 版 02 年 9 月，3 版 03 年 4 月，4 版 05 年 3 月，5 版，
　　　　　06 年 4 月，6 版 08 年 5 月，7 版 09 年 7 月］。☆書評③　22 頁。
　　　　『EU と社会システム』創成社，2008 年。
　　　　　☆書評④　『ヨーロッパ』2008 年秋号（通巻 255 号）27 頁，駐日欧州委
　　　　　　員会代表部
　　　　『戦略的日本経済論と移行期経済論(第 2 版)』五絃舎，2008 年（初版 05 年 9 月）。
　　　　『経済思想と世界経済論（第 2 版）』五絃舎，2007 年（初版 04 年 4 月）。

『経済体制と経済政策』創成社，1998 年 12 月（初版），2003 年 3 月（5 刷）
　　☆書評①及び　☆書評③ 21 頁。
（共著）（江口充崇氏と）『経済分析手法』五絃舎，2012 年 10 月。
　　飯島大邦・谷口洋志・中野守編著『制度改革と経済政策』中央大学出版部，
　　　2010 年 3 月。
　　中野守編『現代経済システムと公共政策』中央大学出版部，2006 年 12 月。
（単著）［市場流通定期刊行物雑誌論文］
　　「ソヴィエト刺激システム」『科学技術と経済政策』勁草書房，1984 年。
　　「ソ連の財政トリックの解明」『経済往来』第 36 巻第 9 号，1984 年。
　　「ロシア財政赤字の起源」『海外事情』第 42 巻第 5 号，1994 年。
　　「波蘭経済 CEFTA の問題点」『国際経済』第 48 巻，1997 年。
（共著論文）
　　（日向寺純雄氏と）「欧州におけるポーランド経済（Ⅰ）」『青山経済論集』第
　　　49 巻第 4 号，1998 年。
　　（日向寺純雄氏と）「欧州におけるポーランド経済（Ⅱ）」『青山経済論集』第
　　　49 巻第 5 号，1998 年。
（所属学会）
　　ロシア東欧学会（旧ソ連東欧学会）1977 年筆者修士課程 1 年入会，学会報告
　　　1984 年 9 月）
　　日本経済政策学会（1979 年筆者博士課程 1 年入会，学会報告 83 年，2002 年
　　　5 月，部会報告 97 年 1 月）
　　日本財政学会（1979 年筆者博士課程 1 年入会，学会報告 84 年 10 月）
　　日本経済学会（旧理論・計量経済学会）（1979 年筆者博士課程 1 年入会）
　　日本国際経済学会（旧国際経済学会 1979 年筆者博士課程 1 年入会，学会報告
　　　96 年 10 月）
　　比較経営学会（旧社会主義経営学会）（1979 年筆者博士課程 1 年入会，幹事（履
　　　歴書・学術業績目録は当時の文部省提出義務），学会報告 97 年 3 月，部会
　　　報告 85 年 1 月）

## 大学教官歴 30 年超シリーズ

①大学教官歴 30 周年記念著作
　『10 ヶ国語・ビジネス用語辞典』創成社，2014 年。
②大学教官歴 33 周年記念著作
　『地方創生と日本経済論』五絃舎，2016 年。
③大学教官歴 35 周年記念著作
　『地方創生と労働経済論』五絃舎，2017 年。（本書）

## 著作本インターネット検索（　キーワード　→　木村武雄，　経済　）

NACSIS（全国大学図書館ネット），日本国国会図書館及び WORLDCAT（世界大学図
　　書館ネット）。
WORLDCAT には，米国議会図書館（Library of Congress），ハーヴァード大学，プリ
　　ンストン大学，イェール大学，シカゴ大学，ケンブリジ大学（英），クインズ
　　ランド大学（豪），エラスムス大学（オランダ），ブリュッセル大学（ベルギー）
　　等の大学図書館。
　　早大・慶大・中大は NACSIS 加盟大学でないので直接当該大学図書館に。

地方創生と労働経済論

2017 年 10 月 15 日　第 1 刷発行

著　者：木村武雄
発行者：長谷雅春
発行所：株式会社五絃舎
　〒 173-0025　東京都板橋区熊野町 46-7-402
　電話・ファックス：03-3957-5587
組　版：office five strings
印刷所：モリモト印刷
ISBN978-4-86434-076-2
Printed in Japan Copyright Reserved 2017 © Takeo　Kimura